中等职业教育汽车专业理实一体化系列教材

汽车发动机构造与维修

（配实训任务书）

主　编　谢伟钢　张　伟

副主编　黄泽锋　鲍银娟　赵洪臣　马正勇

机 械 工 业 出 版 社

为了能让初学汽车维修的读者更轻松、更形象地理解汽车，本书配置了大量的结构图和示意图展示汽车发动机的构造原理和维修方法，主要内容包括：发动机基础知识，曲柄连杆机构、配气机构、燃料供给系统、点火系统、润滑系统、冷却系统的工作原理与维修。书中还介绍了可变配气相位、缸内直接喷射、宽频氧传感器和可变排量机油泵等汽车新技术内容。

书中配有视频微课，扫描二维码可以轻松学习；同时配有《汽车发动机构造与维修实训任务书》单册，方便教学使用。

本书可作为中等职业学校、技师学院等汽车专业教材，也可以供汽车维修技工学习参考或作为培训教材使用。

图书在版编目（CIP）数据

汽车发动机构造与维修：配实训任务书／谢伟钢，张伟主编．—北京：机械工业出版社，2020.7（2022.1 重印）
中等职业教育汽车专业理实一体化系列教材
ISBN 978-7-111-65626-5

Ⅰ.①汽… Ⅱ.①谢… ②张… Ⅲ.①汽车-发动机-构造-中等专业学校-教材②汽车-发动机-车辆修理-中等专业学校-教材 Ⅳ.①U472.43

中国版本图书馆 CIP 数据核字（2020）第 084410 号

机械工业出版社（北京市百万庄大街 22 号 邮政编码 100037）
策划编辑：齐福江　　责任编辑：齐福江　丁　锋
责任校对：王　欣　　封面设计：陈　沛
责任印制：常天培
北京机工印刷厂印刷
2022 年 1 月第 1 版·第 3 次印刷
184mm×260mm·13.75 印张·339 千字
3 001-6 000 册
标准书号：ISBN 978-7-111-65626-5
定价：39.00 元

电话服务
客服电话：010-88361066
010-88379833
010-68326294
封底无防伪标均为盗版

网络服务
机　工　官　网：www.cmpbook.com
机　工　官　博：weibo.com/cmp1952
金　书　网：www.golden-book.com
机工教育服务网：www.cmpedu.com

前言 Preface

汽车发动机构造与维修是汽车检测维修等专业的一门重要课程，学好此课程对后续其他课程的学习及走好汽车职业生涯都有重要意义。然而多年来常用教材的主要问题是配图看不清，线条图看不明白，内容针对性不强，大大影响学习兴趣和学习效果，为此，我们特编写本书。

本书保留了汽车知识的系统性，为发动机故障诊断打下基础。为了便于初学者学习，书中对汽车发动机构造及维修都进行了讲述，对维修工具及量具的使用也进行了详细阐述。书中还特别加入了“技师指导”环节，让读者犹如亲临现场，感受到维修技师的亲自指引；对汽车发动机维修过程中的拆装注意事项做了重点介绍，而对于拆装步骤则大大简化，重点培训学生学习发动机工作原理和拆装方法。

书中配有二维码，扫描可看操作视频，另外配有《汽车发动机构造与维修实训任务书》单册，便于教学使用。

本书由谢伟钢、张伟主编，黄泽锋、鲍银娟、赵洪臣、马正勇任副主编，参编人员有罗裕雄、唐保华、何建德、朱杰彬、董道礼、陈元华、梁华明、张宗潮、袁书新、马剑、刘恒辉。

特别感谢广州合赢教育科技股份有限公司为本书提供了大量的视频。编写此书时参考了大量的网站、书籍和期刊等资料，在此对广大同仁致以敬意。

主编联系电话（微信）15220106694，课件及交流 QQ 群号码 204942900。

编　者

目录 Contents

项目一

汽车与汽车维修的认知

任务一 汽车的认知

一、汽车的类型

1. 按用途分类

汽车是由动力驱动、具有四个或四个以上车轮的非轨道承载车辆。现代汽车的类型较多，目前汽车主要分为乘用车和商用车。

乘用车主要用于载运乘客及其随身行李，其座位包含驾驶人座位在内应少于9座。乘用车包括普通乘用车、活顶乘用车、高级乘用车、小型乘用车、敞篷车、舱背乘用车、旅行车和多用途乘用车等，前六者也称为轿车。

不同车型对车身、车门、车顶等有不同的要求。如图1-1所示，普通乘用车采用封闭式车身，采用固定式硬顶车顶，有的顶盖一部分可开启。汽车座位至少有两排，座位数量

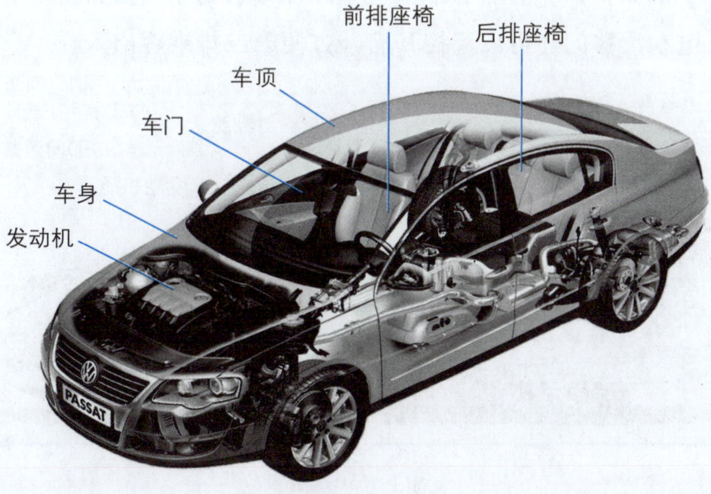

图1-1 普通乘用车

是4个或4个以上，后座椅可折叠或移动，以形成装载空间。有2个或4个侧门，可有一后启门。

常见的多用途乘用车包括SUV（运动型多用途汽车）和MPV（多用途汽车）。SUV外形较大，一般称之为城市越野车。SUV既有轿车的舒适性，又具有越野车的通过性，如图1-2所示。SUV驾驶舱和行李舱连通在一起，乘坐空间较大。SUV一般都有行李架，便于携带自行车等物品。

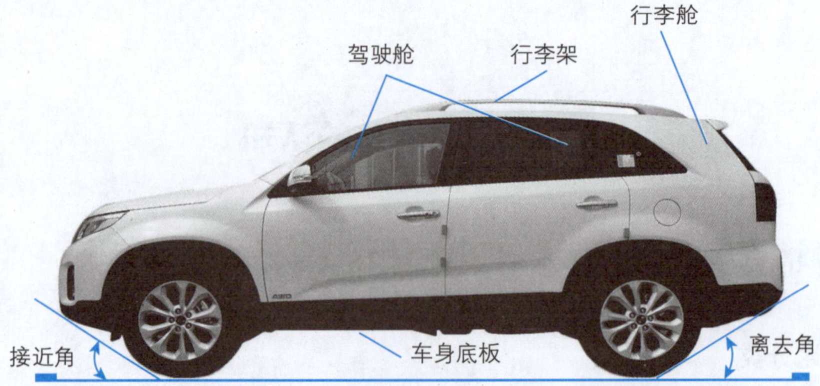

图1-2 SUV

SUV动力强劲，车身底板离地间隙高，驾驶座位比较高，接近角和离去角大，使得整车通过性较好。但SUV体型较大，所以风阻大。SUV选用轮胎的阻力也大于普通轮胎，所以其油耗高于普通轿车。

MPV是多用途汽车，如图1-3所示。MPV一般为两厢车，包括驾驶舱和发动机舱。MPV是从旅行轿车逐渐演变而来的，它集旅行车宽大的乘员空间、轿车的舒适性和厢式货车的多功能于一身。例如，别克GL8 2017款2.8T车身长度为5203mm，第二排更配备了豪华的贵宾级座椅，电动滑移门还可以遥控开启，方便第二排乘客出入。

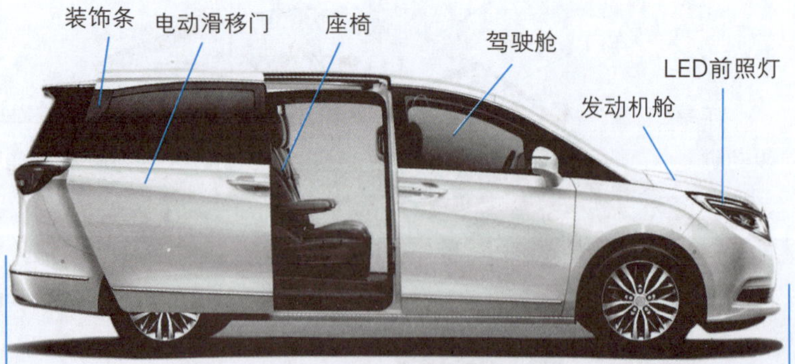

图1-3 MPV

MPV一般直接采用轿车的底盘（包括变速器和悬架等）、发动机，因而具有与轿车相近的外形和同样的驾驶感、乘坐舒适感。MPV拥有完整、宽大的乘员空间，多样的座椅组合功能，在内部结构上具有很大的灵活性，既可载人又可载货，这也是MPV最具吸引力的地方。

商用车在设计和技术特征上是用于运送人员和货物的汽车，具体包括客车、货车、半挂车等。客车可以分为小型客车、城市客车、长途客车、旅游客车等，货车可以分为普通货车、多用途货车、专用货车等。

人们习惯将多用途货车称为皮卡或轿卡，如图1-4所示。这种货车用于载运货物，同时又能运送三个以上乘客。多用途货车离地间隙较高，为了上下车方便，采用了外置的门槛。多用途货车常采用四轮驱动来改善车辆的通过性能。相比于轿车，多用途货车有承载性和通过性好等优点，相比于轻、微型货车，多用途货车有安全性和驾乘舒适性好等优点。

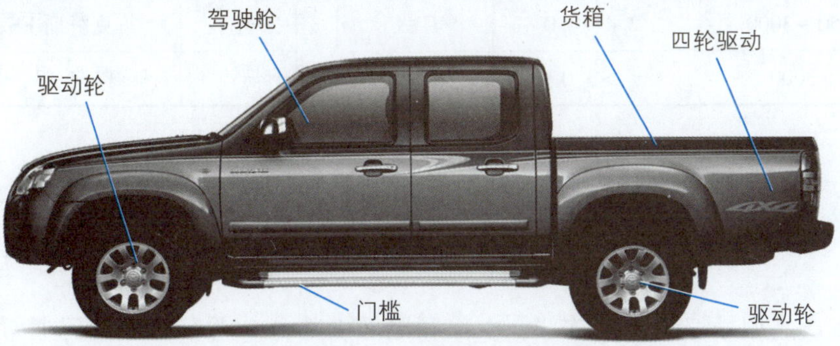

图1-4　多用途货车（皮卡）

2. 按轴距和排量分类

很多轿车采用断开式前轴和后轴，断开式车轴由副车架、摆臂等组成。轴距指汽车前轴中心到后轴中心的距离，如图1-5所示。轴距是影响乘坐空间最重要的因素，轴距对轿车舒适性、操纵稳定性的影响很大。

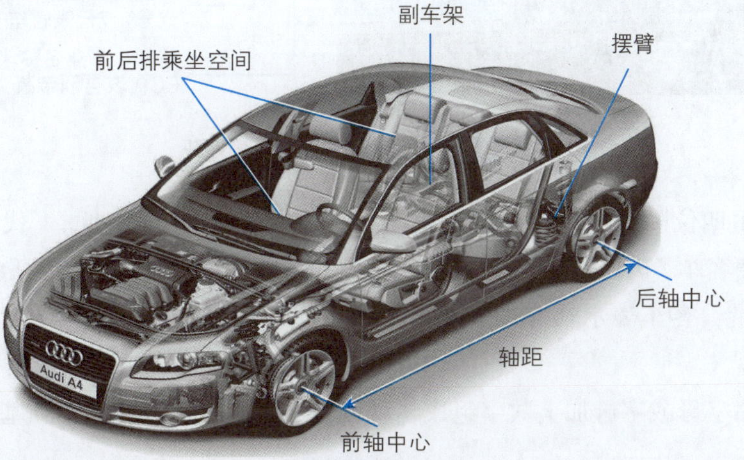

图1-5　轴距

一般而言，轿车级别越高，轴距越长。德国根据汽车轴距、发动机排量等参数分级，分为A、B、C、D四个等级，A级车包括A0、A00级车，分别对应微型车、小型车，见表1-1。

表1-1 轿车按轴距和排量分类

序号	轴距/mm	排量/L	分类	车型	代表车型
1	<2400	<1	A00级	微型车	奔驰smart、昌河北斗星
2	2400~<2550	1~1.5	A0级	小型车	丰田威驰、本田飞度
3	2550~<2700	1.6~2.0	A级	紧凑型车	别克威朗、大众宝来
4	2700~<2850	1.8~2.4	B级	中型车	奥迪A5、奔驰C级
5	2850~3000	2.4~3.0	C级	中大型车	雷克萨斯ES、宝马6系
6	>3000	>3.0	D级	豪华车	奥迪A8、奔驰S级

二、国产汽车的型号编码

国产汽车产品型号编码包括首部、中部和尾部三部分。轿车型号编码通常在行李舱盖上，如图1-6所示，首部是企业名称代号，用代表企业名称的两个或三个字母表示。

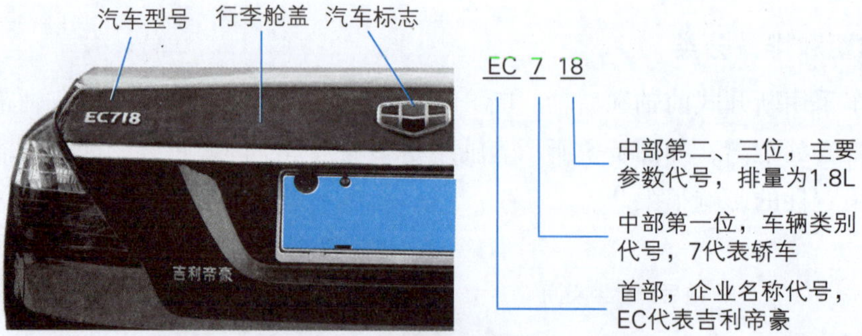

图1-6 国产汽车产品型号编码

型号中部由四位阿拉伯数字组成。第一位数字代表该车的类型，1代表货车，2代表越野车，6代表客车，7代表轿车；第二、三位代表各类汽车的主要特征参数，载货汽车表示汽车总质量，客车表示汽车总长度，轿车表示汽车排量；末尾数字为企业自定序号（可省略）。

型号尾部由字母或字母加上数字组成，可以表示专用汽车或变型车和基本型的区别，如X代表厢式汽车。

三、汽车的组成

如图 1–7 所示，燃油汽车都是由发动机、底盘、电气设备和车身组成的，电动汽车采用电机代替发动机。发动机（电机）是汽车的“心脏”，为汽车提供动力；底盘是汽车的“手脚”，保证汽车正常行驶；车身是汽车的“身体骨架”，承受各种负荷；电气设备是汽车的“神经”系统，用于汽车处理、传递信息。

图 1–7　汽车的组成

1. 发动机

汽车动力来自于发动机。在密封的汽油发动机气缸内，火花塞适时点燃混合气（柴油机不需要点火），混合气燃烧就会产生一个巨大的爆发力，迫使活塞向下运动，活塞通过连杆推动曲轴，转动输出动力。

2. 底盘

汽车底盘由传动系统、行驶系统、转向系统和制动系统组成。底盘的作用是支撑、安装汽车发动机及其各部件、总成，形成汽车的整体造型，并接受发动机的动力，使汽车产生运动，保证正常行驶及制动。

3. 电气设备

电气设备是汽车的“神经”系统，保证车辆在行驶过程中的可靠性、安全性和舒适性。电气设备主要包括电源系统、配电装置和用电设备，电气设备可以分为起动系统、点火系统、照明系统等。电源系统包括蓄电池和发电机等，配电装置包括配电盒和熔断器等。

4. 车身

车身主要包括车身壳体、门窗、前后钣金件、车身附件、内外装饰件和座椅等装置。车身壳体是车身零部件的安装基础，由纵梁、横梁和支柱等主要承力零件和相连钣金件构成。

按车身壳体的受力情况或车身有无车架，车身可以分为承载式车身和非承载式车身。一般轿车采用承载式车身，承载式车身没有刚性的车架，可以减少整车重量，车身作为发动机和底盘各总成的安装基体，代替车架承受全部载荷。

任务二 汽车维修的认知

一、汽车维修的定义

汽车维修是汽车维护和汽车修理的总称。汽车维护是为了维持汽车完好的技术状况或工作能力而进行的作业，包括清洁、检查、补给、润滑、紧固和调整等作业。图 1-8 所示为汽车维护的补给发动机润滑油作业。汽车修理是为了恢复汽车使用性能而进行的作业，包括分解、清洗、检验、修复、装配和调校等作业。

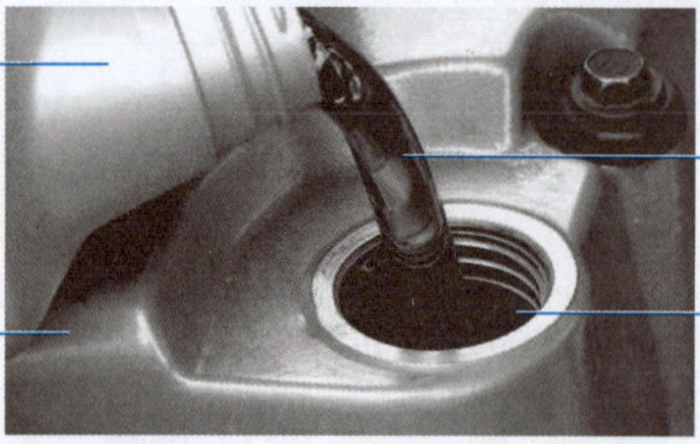

图 1-8 汽车维护的补给发动机润滑油作业

二、汽车机械拆装的注意事项

1. 拆装作业准备

1）拆卸之前，检查所拆部件密封处是否存在油渍、水渍及漏气现象。如存在密封不良的情况，在拆卸后，需要查明原因。

2）使用工具前，应熟悉工具的摆放位置，将工具摆放整齐，如图 1-9 所示。使用工具时应轻拿轻放，注意爱护工具。使用前后注意清洁工具，使用中注意从工具车上取下工具的位置，以便使用后及时放回工具车上原来的位置，同时做到工具不落地。

3）将类似图 1-10 所示的机油盆放置在发动机油底壳下面，然后再放掉机油，否则机油可能洒落而造成地面或其他部件脏污，甚至造成人员滑倒而受伤。

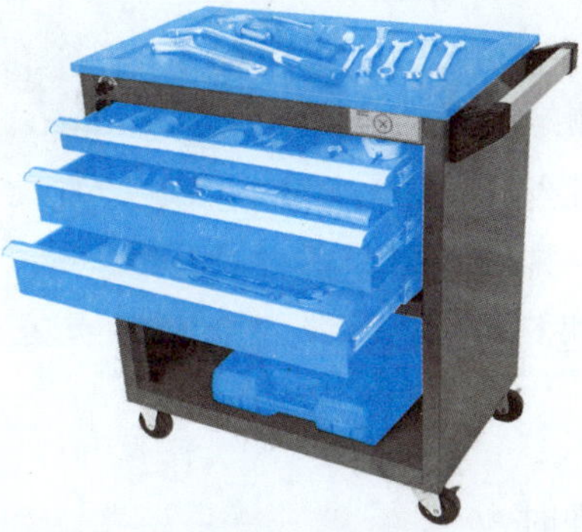

图 1-9　摆放工具

汽车维修车间通常实行“三不落地”规定。“三不落地”规定是指使用工具、量具不落地；拆下来的零件不落地；油水污物不落地。

图 1-10　机油盆

2. 拆装螺栓、螺母的注意事项

1）拆卸和安装螺栓、螺母时，选择工具的一般顺序是六角套筒、梅花套筒、梅花扳手、呆扳手、活扳手，图 1-11 所示为螺栓的拆装工具。通常螺栓或螺母需要拧紧到规定力矩，拧紧时需要使用扭力扳手。

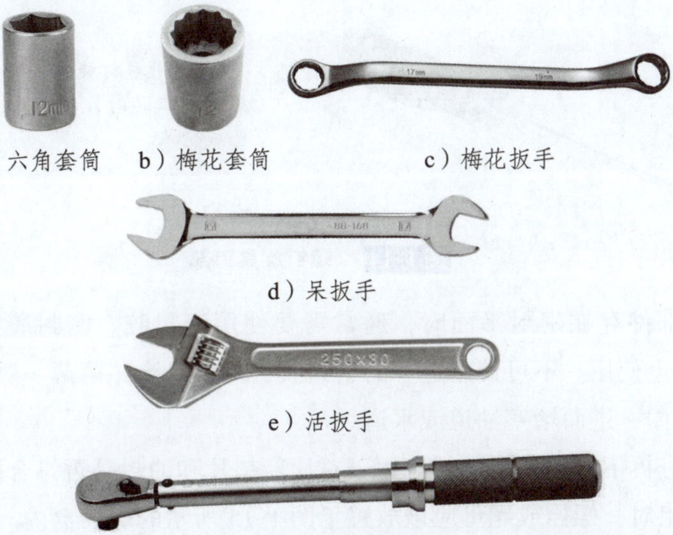

a）六角套筒　b）梅花套筒　c）梅花扳手

d）呆扳手

e）活扳手

f）扭力扳手

图 1-11　螺栓拆装工具

拆装螺栓前，需要佩戴手套保护手指，以防受到碰撞伤害。拆装螺栓过程中，要防止螺栓松动或断裂而引起操作人员受伤。在拆装过程中，尽量采用拉动扳手的用力方式，而不采用推动扳手的用力方式。

2）为了使螺栓均匀受力，减少零件变形并使零件间配合紧密，拆装螺栓时，要让每个螺栓均匀受力，并按顺时针或对角的方向进行拆装。

3）检查螺栓、螺母、螺栓孔等是否损坏。目测螺栓是否存在弯曲、圆角等损坏，检查各螺栓、螺母及螺栓孔丝牙是否损坏。火花塞安装孔螺纹损坏多于一牙，其他螺栓、螺纹孔螺纹损坏不多于两牙，可用图1–12所示的丝锥和板牙进行修复。

图1–12 丝锥和板牙

3. 拆装时其他注意事项

1）拆卸气门室盖之类容易变形或损坏的零部件时，不可以使用铁锤敲击，以防止气门室盖或其他部件变形或其他形式的损坏。需要敲击时，可以采用橡胶锤，如图1–13所示。

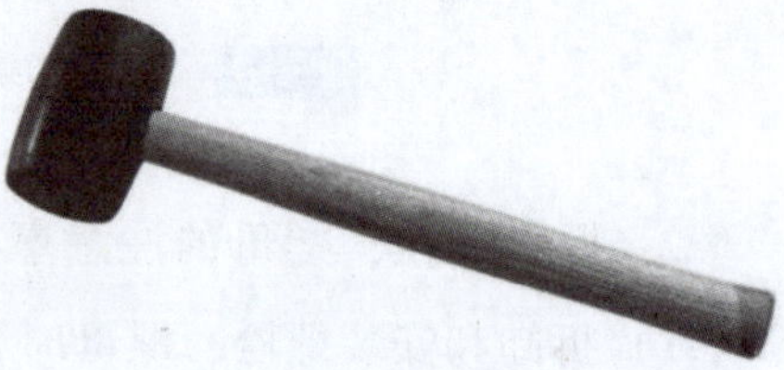

图1–13 橡胶锤

2）插入螺钉旋具撬起气缸盖或其他部件时，注意不要损坏气缸体和气缸盖接触表面。因为螺钉旋具材质较硬，撬动铝合金部件容易造成损伤，因此在使用之前，要在螺钉旋具的刃部（图1–14）缠上胶带。

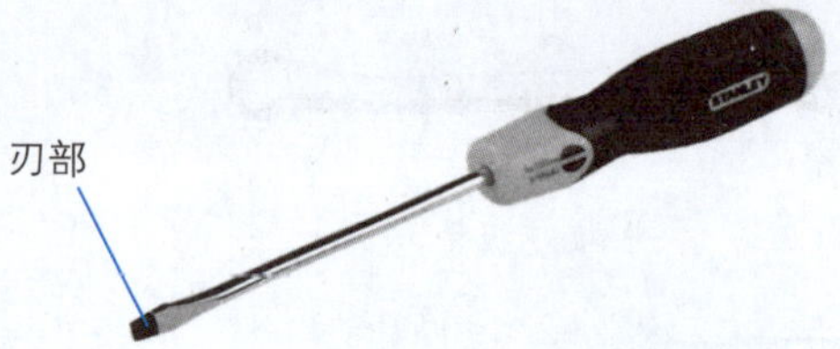

使用螺钉旋具、刮刀等带有刃部的工具时，刃部不能朝向自己或他人。

图1–14 螺钉旋具刃部

3）安装的零部件存在密封平面时，通常需要使用密封胶。密封胶干透需要一定的时间，安装后不能马上使用。不可使用过多的密封胶，只可以涂抹薄薄一层，以防止过多的密封胶被挤到发动机内，进而堵塞油道或水道。

4）必须保留好拆下的垫片和油封，用于对比新垫片和油封是否符合要求。

5）拆卸机体组时，螺栓或螺母应该放置于图1–15所示的螺栓盒内。实训时如果暂时没有螺栓盒，可以利用纸盒等。

安装通常是按与拆卸相反的顺序进行。可以一边拆卸机体组，一边利用相机将过程拍摄下来，以便于安装时参考。

图1–15 螺栓盒

三、量具使用的注意事项

1. 塞尺

塞尺俗称厚薄规，主要用来检验两个接合面之间的间隙大小，如图 1-16 所示。塞尺由许多层厚薄不一且带有厚度标记的薄钢片组成。测量时，根据接合面间隙的大小，用一片或数片重叠在一起塞进间隙内。

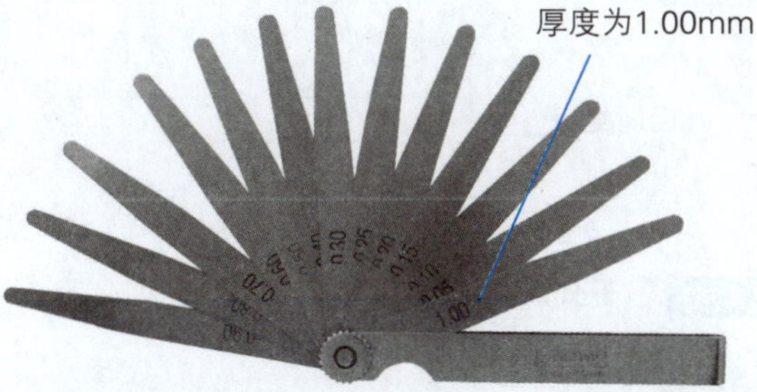

使用塞尺测量时不能用力太大，以免塞尺遭受弯曲和折断；不可测量温度较高的工件。

图 1-16　塞尺

2. 游标卡尺

游标卡尺是一种常用的量具，如图 1-17 所示，它主要由尺身（主尺）、内量爪、外量爪、游标尺（副尺）、深度尺、紧固螺钉等组成。游标卡尺具有结构简单、使用方便、精度中等和测量的尺寸范围大等特点，可以用来测量零件的外径、内径、长度、宽度、厚度、深度和孔距等，应用范围很广。使用游标卡尺要轻拿轻放，不得碰撞或跌落地下。游标卡尺读数方法如下：

1）读取副尺零线前主尺上的整数，图中为 20mm。

2）读出副尺上每个刻度的值，有的游标卡尺为 0. 02mm，图中为 0. 05mm。

3）从副尺上查看小数，找出副尺上零线后第 n 个刻线与主尺上任一刻线对齐，即为 n 个 0. 05mm，如图中第 2 个刻度线对齐，即 0. 10mm。

4）计算整数加小数值，图中为 20. 10mm。

5）读数时，视线应与尺面垂直。

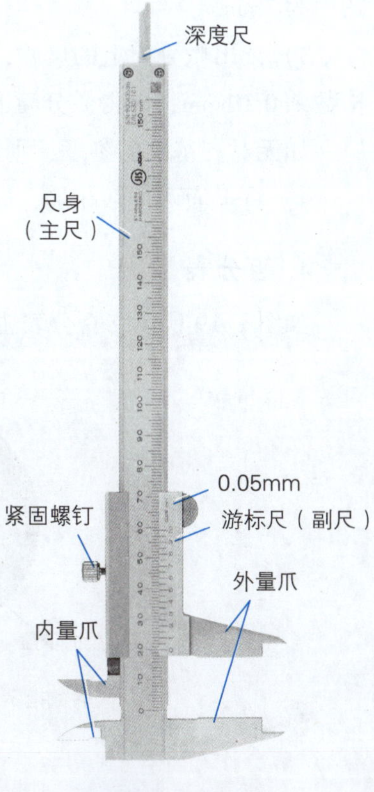

图 1-17　游标卡尺

3. 千分尺

外径千分尺常简称为千分尺，它是比游标卡尺更精密的长度测量仪器，常见千分尺结构如图 1–18 所示，它的量程是 0 ~ 15mm。千分尺只限于测量精密元件，使用时要轻拿轻放，要注意保护，其读数方法如下：

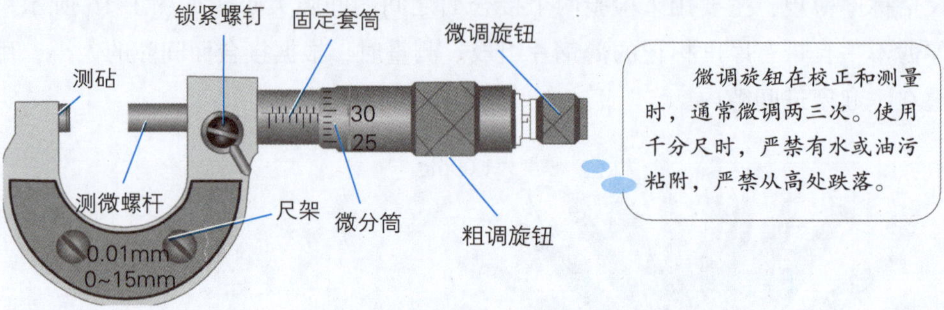

图 1–18　千分尺

1）使用千分尺时先要检查其零位是否校准。

2）读出固定套筒上露出的刻线尺寸，一定要注意不能遗漏。应读出 0.5mm 的刻线值，图中为 7mm。

3）读出微分筒上的尺寸，要看清微分筒圆周上哪一格与固定套筒的中线基准对齐，将格数乘 0.01mm，即得微分筒上的尺寸。

如无对齐基准的刻度，则读取基准下靠近刻度，再估算一位，图中为 0.296mm。

4）将上面两个数相加，即为图中千分尺上测得尺寸，图中为 7.296mm。

4. 百分表

如图 1–19 所示，百分表主要由活动表盘、测量杆、转数指示盘、转数指示针等组成。

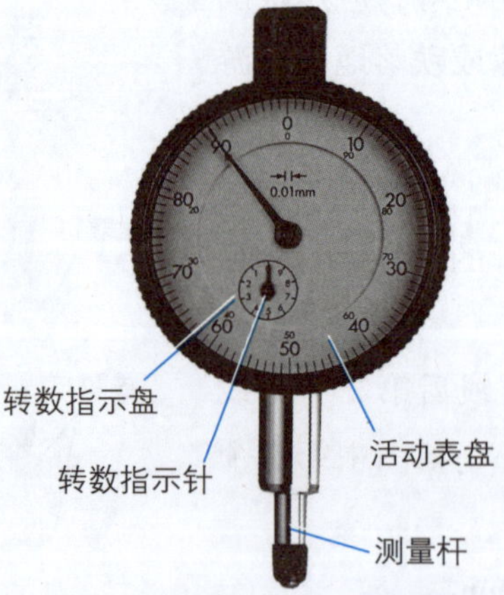

曲轴止推间隙的测量

图 1–19　百分表

百分表是可将测杆的直线位移变为指针的角位移的计量器具，主要用于测量制件的尺寸、形状和位置误差等。使用前，要检查百分表的测量杆移动是否灵活，指针是否跳动，回位是否正常。

1）将百分表安装在支架上，使测量杆预压缩 1～3mm，观察小指针停留的位置，再转动表盘，使长指针对准该表面上的“0”，即可进行测量。

2）将测量杆端的测头抵住被测量面，使被测机件按要求移动或转动，从百分表表盘上观察机件的间隙或偏差。

3）先读小指针转过的刻度线（即毫米整数），再读大指针转过的刻度线（即小数部分），并乘以 0.01，然后两者相加，即得到所测量的数值。

四、检测汽车电路的注意事项

1. 万用表的基本使用方法

万用表常用来检测汽车电路，是一种多功能、多量程的测量仪表，一般可测量直流电流、直流电压、交流电压、电阻等。万用表如图 1–20 所示，使用万用表时，需要注意以下事项：

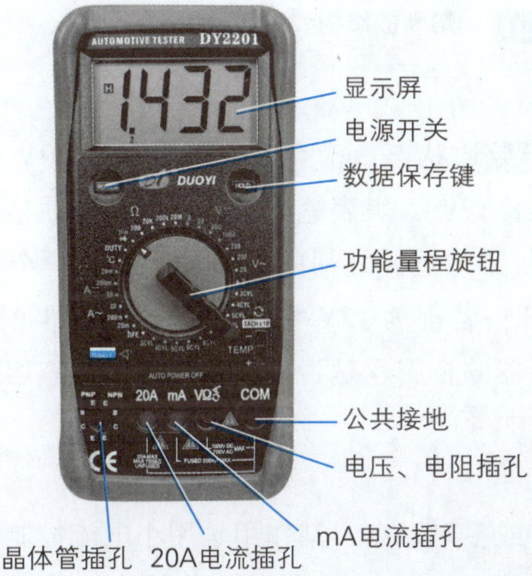

万用表的使用方法

图 1–20　万用表

1）不能用手去接触表笔的金属部分，以免影响测量的准确性。

2）测量前，先旋至欧姆档的最小量程，红黑表笔相碰，读数应显示小于 1Ω，否则说明万用表不准确。

3）如果不知道被测电压范围，应将功能开关置于大量程再逐渐降低量程。不能在测量中改变量程。

4）测量电流时，选择相应的插孔连接红表笔，当电流超过限定数值时，会烧坏熔断器或万用表。

2. 使用万用表对熔断器和继电器进行检查

熔断器俗称保险丝，它串联在所要保护的电路中起保护作用。熔断器有不同的规格和种类，如图 1-21 所示。为了便于检查，熔断器上有两个检查点。熔断器都有额定电流，禁止使用过大或过小额定电流的熔断器；不能用电阻丝或其他导体代替，否则将失去保护作用。

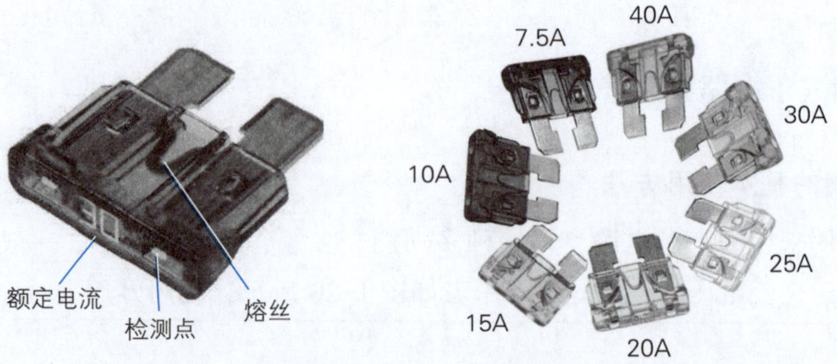

图 1-21 熔断器结构和类型

（1）熔断器的检查

检查熔断器时，需要使该电路处于导通状态。检查时，用万用表 20V 电压档，先后测量两个检测点的对地电压，红表笔触及检查点，黑表笔触及蓄电池负极或搭铁。

若两检测点电压都为 0V，说明熔断器与电源之间的电路开路；若一个检查点的电压为 12V 左右，一个为 0V，说明熔断器断开；若都为 12V 左右，说明熔断器是好的。在不便使电路导通时，可拆下熔断器，目测熔断器的金属丝是否断开；也可以检查熔断器阻值，标准阻值小于 1Ω。

（2）继电器的检查

常见继电器能自动接通或切断一对或多对触点，其作用是用小电流控制大电流，减小控制开关触点的电流负荷。继电器结构和原理如图 1-22 所示，30 接脚连接不受点火开关等控制的电源，87a、87b 接脚连接负载设备，86 接脚连接电源，85 接脚搭铁。

1）检查继电器电磁线圈两端的电阻。大多数继电器的电阻为 50 ~ 150Ω，电阻不应为 0 或无穷大，否则说明电阻短路或断路。

2）检查继电器常开触点或常闭触点的电阻。常开触点电阻应为无穷大，常闭触点电阻应小于 1Ω。

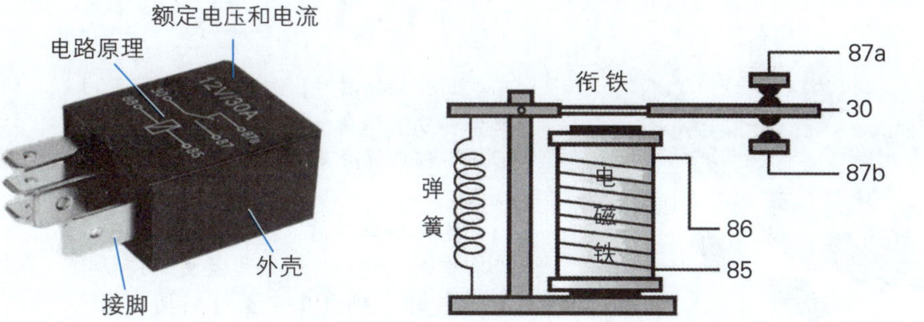

继电器的原理与检修

图 1-22　继电器结构和原理

3）在继电器电磁线圈两端加 12V 电压，检查继电器常开触点或常闭触点的电阻。常开触点电阻应小于 1Ω，常闭触点电阻应为无穷大。

4）继电器内接脚焊点松脱，会引起继电器所控制电路出现间歇性故障，因此针对间歇性故障检查继电器时，需要边测量边晃动继电器接脚或使用换件法检查。

3. 使用万用表对导线进行检查

汽车上使用的导线很多，为了便于辨别，导线采用了带有主色及辅助色的绝缘材料，如图 1-23 所示。导线、绝缘护套、接线端子等包扎成线束，连接电气部件。插接器的插头和插座（图 1-24）用于线束与线束或导线与导线间的相互连接。拆卸线束插接器如图 1-25 所示。

a）红色导线　　b）蓝色白条纹导线

图 1-23　导线

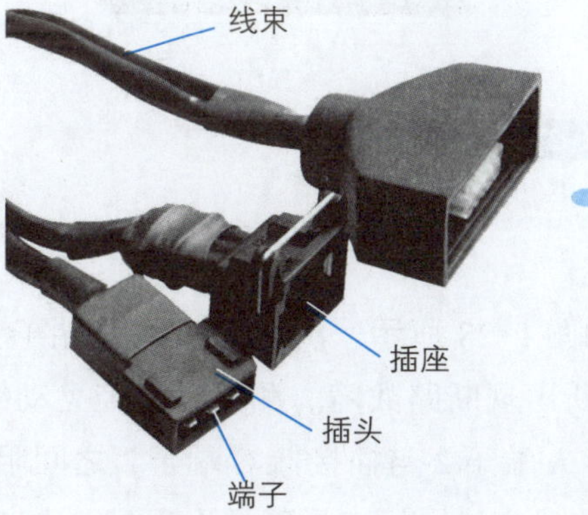

测量线束插接器端子间的电阻时，应小心插入检测仪探针以防止端子弯曲。

图 1-24　线束和插接器

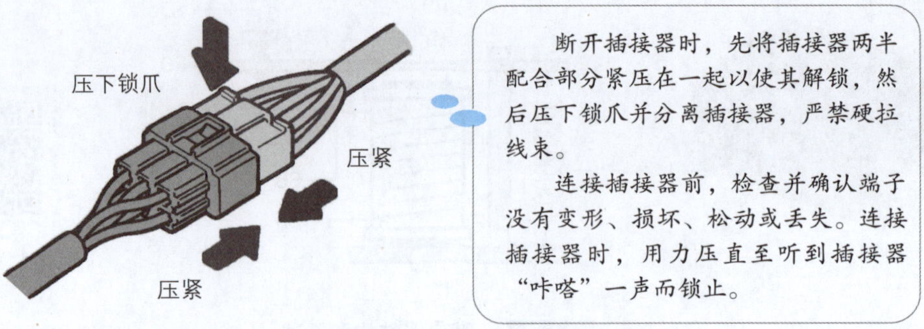

图 1-25 拆卸线束插接器

插座和插头端子标注顺序不同，如图 1-26 和图 1-27 所示，插座从左上到右下依次标出编号，插头从右上到左下依次标出编号。

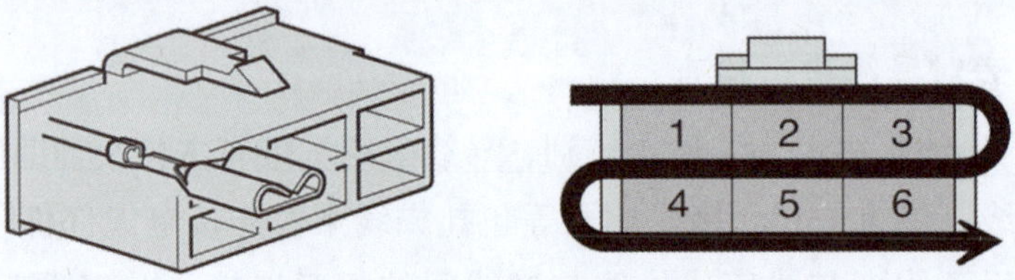

图 1-26 插座

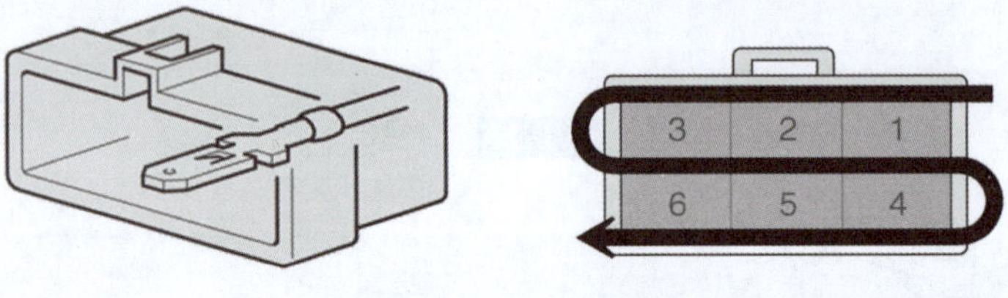

图 1-27 插头

（1）检查接线是否断路

关闭点火开关，断开插接器 A 和 C，如图 1-28 所示，测量插接器 A 端子 1 与插接器 C 端子 1 之间的电阻，如果大于 10kΩ，则判断出现断路故障。测量时轻轻晃动线束，防止漏检线路出现间歇性断路的情况。测量插接器 A 端子 2 与插接器 C 端子 2 之间阻值，若正常，应小于 1Ω。进一步断开插接器 B，按以上测量方法，检查故障是出现在 C 与 B 还是 B 与 A 之间。

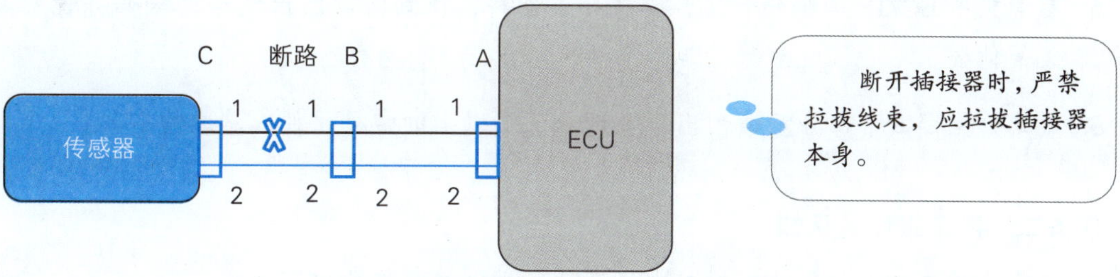

图 1-28　传感器断路处检查

检测传感器电压也可以判断是否存在断路。在各插接器保持连接时，测量插接器 A、B、C 端子 1 与搭铁之间的电压。若插接器 A、B 端子 1 与搭铁之间为 5V 左右，插接器 C 与搭铁之间低于 1V，则说明插接器 B 和 C 处有断路。

（2）检查接线是否短路

断开插接器 A 和 C，如图 1-29 所示，检查插接器 A 端子 1、2 分别与搭铁之间的阻值，正常值应大于 10kΩ。若小于 1Ω，则为对地短路，进一步断开插接器 B 进行检查，判断故障是处于插接器 A 和 B 还是插接器 B 和 C 之间。

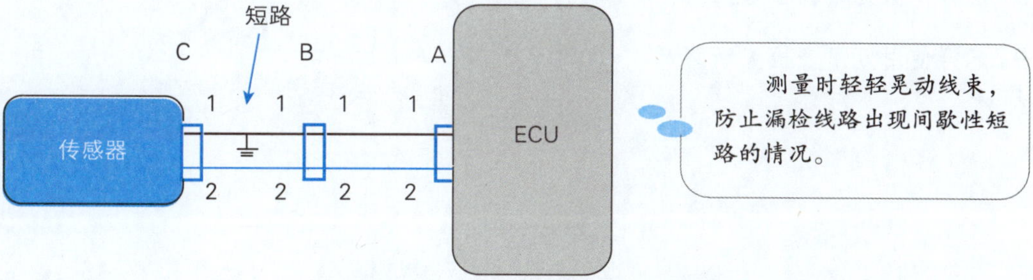

图 1-29　传感器间歇性短路处检查

复习题

任务一　汽车的认知

1. 查找资料，描述高级乘用车有何特点。

2. 简单描述 SUV 有何特点。

3. 简单描述 MPV 有何特点。

4. 简单描述一款 B 级车的特点。

5. 参考文中 EC718 的编码含义，查找相关资料，找到两款国产汽车的编码并说明其含义是什么。

6. 汽车分为哪四个部分？请列出每个部分三个以上的常见元件或总成的名称。

任务二　汽车维修的认知

1. 汽车维护包括哪些作业？对其中任意两项举例说明作业内容。

2. 汽车发动机上螺栓、螺母等常用的拆装工具有哪些？怎么进行选择？

3. 查找资料找出哪些工具带有“刃部”，使用带有刃部的工具需要注意什么？

4. 怎样正确读取游标卡尺上的数据？

5. 怎样正确读取千分尺上的数据？

6. 怎样使用万用表检查普通继电器？

7. 怎样使用万用表检查熔断器？

8. 怎样使用万用表检查短路？

9. 怎样使用万用表检查断路？

项 目 二

发动机的认知

任务一 发动机的作用和类型

一、发动机的作用

发动机是汽车的“心脏”，是车辆的动力源，如图 2–1 所示。燃料在气缸中燃烧产生热能，通过活塞、连杆及曲轴等元件将热能转变为机械能，产生旋转作用力，位于发动机后面的飞轮将力传递给变速器等机构，最终驱动车辆。

通常发动机以曲轴传动带（链）轮为前方，以飞轮为后方，安装活塞等零部件时，可以参照此方向。

图 2–1 发动机

如图 2–2 所示，发动机前端曲轴传动带轮用传动带将动力传递给以下装置：发电机，用于给蓄电池充电和用电器供电；空调压缩机，用于空调制冷；转向助力泵，用于驾驶人转向助力；有些发动机前端曲轴传动带轮还带动冷却液泵、散热风扇和真空泵等装置。

发动机产生的热量还为汽车暖风提供热源，通过水管将热量带入车厢。发动机产生真空，用于制动踏板助力，缓解驾驶人的疲劳程度。

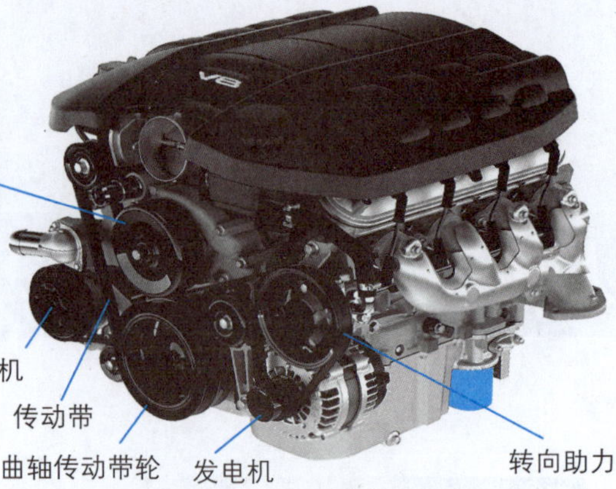

图 2-2 发动机前端

二、发动机的类型

目前汽车上常用的是四冲程往复活塞式、水冷、直列或 V 型发动机。发动机按使用燃料、燃油喷射位置、气缸排列方式等分为不同的形式。

1. 根据发动机使用燃料不同分类

根据发动机使用燃料不同，可以分为汽油发动机、柴油发动机、液化石油气发动机、压缩天然气发动机等。汽油发动机是目前小型车的主流，特点是体积小、质量轻、转速高。

柴油发动机（图 2-3）主要应用在大众宝来、奥迪等轿车上，但其广泛应用于大中型客车和货车。柴油发动机有一个专用的高压油泵，能够使柴油建立起很高的压力，然后通过高压油管及喷油器将柴油喷入气缸中，柴油与空气混合后被压燃。

图 2-3 柴油发动机

2. 根据燃油喷射位置不同分类

根据燃油进入气缸的位置，汽油发动机可以分为进气歧管喷油式和缸内直接喷油式。进气歧管喷油式是将汽油喷在气缸外的进气歧管内。目前普遍使用的进气歧管喷油式为每个气缸设置一个喷油器，如图 2-4 所示，喷油器分别向各气缸进气道（进气管前方）喷油。

缸内直接喷油式比进气歧管喷油式先进，如图2-5所示，这种发动机喷油器直接将汽油喷入气缸，这种喷射方式有利于汽油的雾化，燃烧效率更高，提升了发动机动力，降低了油耗。部分汽车尾部标示“FSI”“TSI”等都表示采用了缸内直接喷油式发动机。

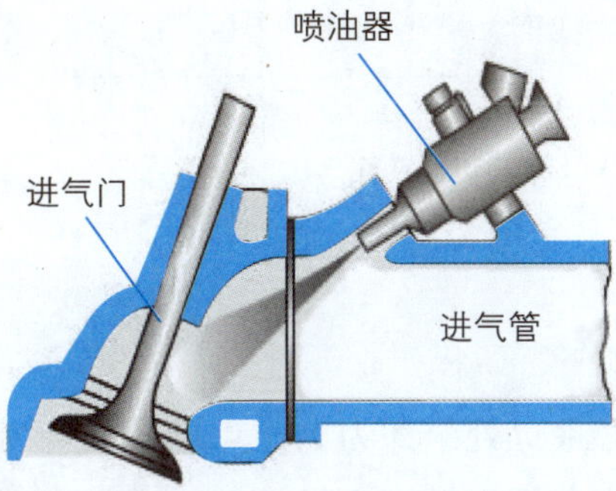

图 2-4 进气歧管喷油式

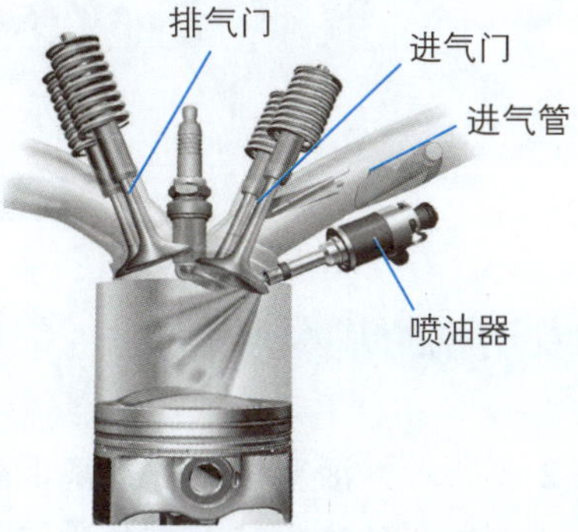

图 2-5 缸内直接喷油式

3. 根据气缸排列方式分类

发动机按气缸排列方式可以分为直列（L 型）发动机、V 型发动机、W 型发动机和水平对置发动机等。前两种发动机在乘用车上得到普遍应用，后两种发动机使用较少。

如图 2-6 所示，直列发动机所有气缸排列成一排，一般为四缸或六缸。直列四缸发动机只有一个气缸盖。这种发动机性能稳定，成本低，结构简单，运转平衡性好，而且体积小。但当排气量和气缸数增加时，发动机长度将大大增加。

> 直列四缸发动机的1缸和4缸，2缸和3缸互为“对应缸”。所谓“对应缸”是指活塞高度位置相同且运行方向相同的气缸。

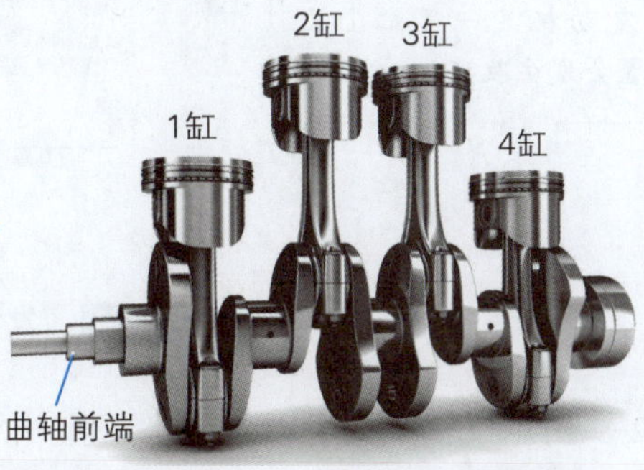

图 2-6 直列四缸发动机

如图 2-7 所示，V 型发动机将所有气缸排成两排，从侧面看像 V 字形，两列气缸夹角一般为 90°。V 型发动机高度和长度尺寸都较小，这样可以使得发动机舱盖更低，以满足空气动力学的要求。V 型发动机的气缸呈一个角度对向布置，这样可以抵消一部分振动，但必须要使用两个气缸盖，结构相对复杂。

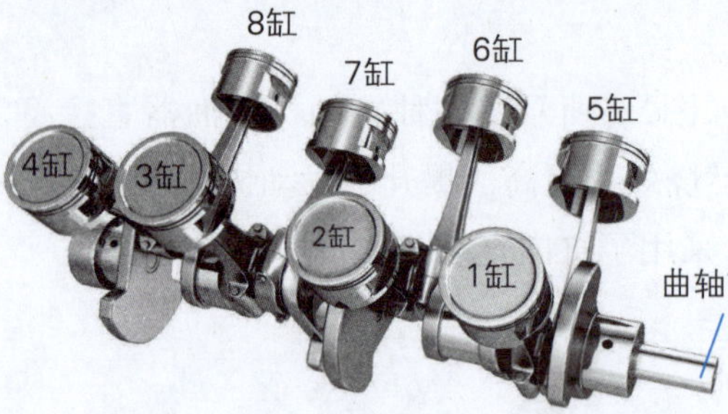

V型六缸发动机做功顺序有多种，丰田锐志3GR-FE发动机以曲轴传动带轮为前，右列气缸排序为1、3、5，左列气缸排序为2、4、6，其做功顺序为1-2-3-4-5-6。V型八缸发动机一般面向曲轴前端，左手边为1缸，右手边为5缸，其余依次编号。

图 2-7 V 型八缸发动机

三、发动机的基本术语

如图 2-8 所示，活塞顶到达远离曲轴回转中心最远处，即为上止点。通常直列发动机上止点就是活塞运行的最高处。下止点是指活塞顶离曲轴回转中心最近处。通常直列发动机下止点就是活塞运行的最低处。冲程是活塞移动的过程，活塞行程是上、下止点间的距离，曲轴回转一周，活塞移动两个行程。

想一想分析在什么情况下，发动机某一气缸上止点位置会发生改变？

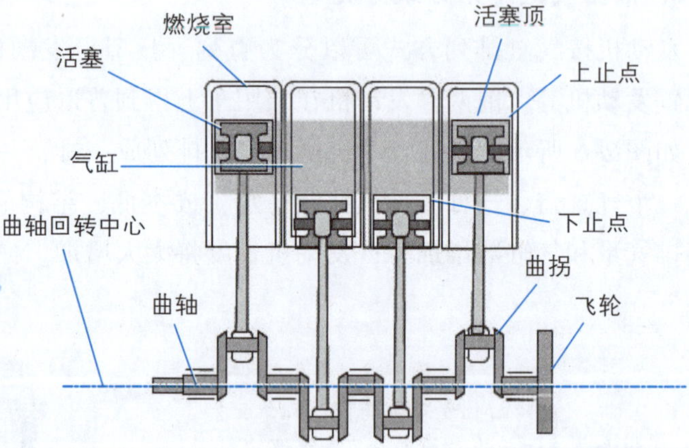

图 2-8 发动机基本术语

如图 2-9 所示，气缸内可以分成“一室一厅”，上止点上部的活塞顶面和气缸盖底面以下所形成的空间称为燃烧室。在上、下止点间的气缸容积所形成的“厅”，就是气缸工作容积。所有气缸工作容积的总和称为排量。“一室一厅”的总面积就是气缸总容积。气缸工作容积与燃烧室容积之和为气缸总容积，气缸总容积与燃烧室容积之比称为压缩比。通常压缩比越大的发动机，其动力性和经济性越好，当然其所需的汽油标号也越高。

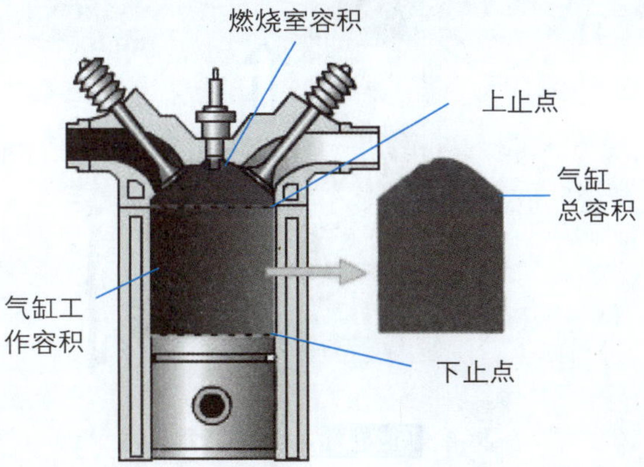

以前很多乘用车将排量标于汽车尾部，例如，大众宝来汽车尾部的“1.6”，代表其发动机排量为1.6L。目前，部分乘用车不再使用排量标识，例如，奥迪Q5尾部的“40”是表示加速性能，其数字越大表示加速能力越强。

图 2-9　气缸工作容积和总容积

任务二　发动机的基本原理和结构

一、发动机的基本原理

汽车发动机普遍采用四冲程，曲轴转动带动活塞上下往复运动，完成进气、压缩、做功和排气四个行程，在做功行程，燃料在发动机内燃烧膨胀产生动能，四冲程汽油机缸外喷射发动机工作原理如下：

1. 进气行程的工作情况

如图 2-10 所示，在进气行程，排气门关闭，进气门打开，活塞由曲轴带动从上止点移动到下止点。此时就好比注射器吸液，随着气缸容积变大，产生真空，吸进混合气。缸外喷射发动机将空气和汽油的混合物（即混合气）吸入气缸，并在气缸内进一步混合形成可燃混合气。

2. 压缩行程的工作情况

在压缩行程，活塞对混合气进行压缩，使得混合气压力和温度提高，以便于点燃。如图 2-11所示，压缩行程时，进、排气门都关闭，活塞由曲轴带动从下止点移动到上止点。随着活塞向上移动，空间变小，压力与温度都在升高。

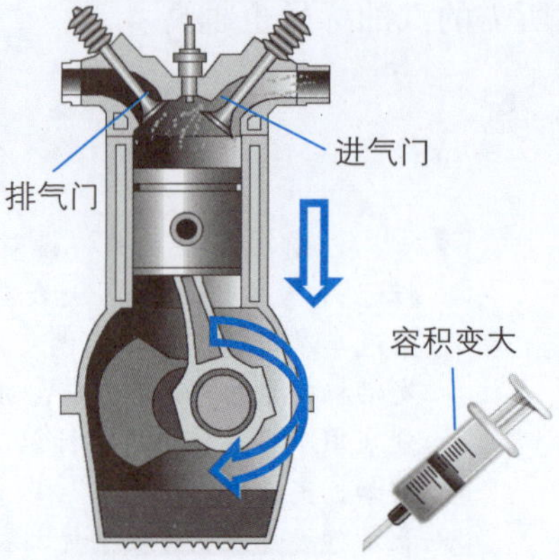

图 2-10　进气行程

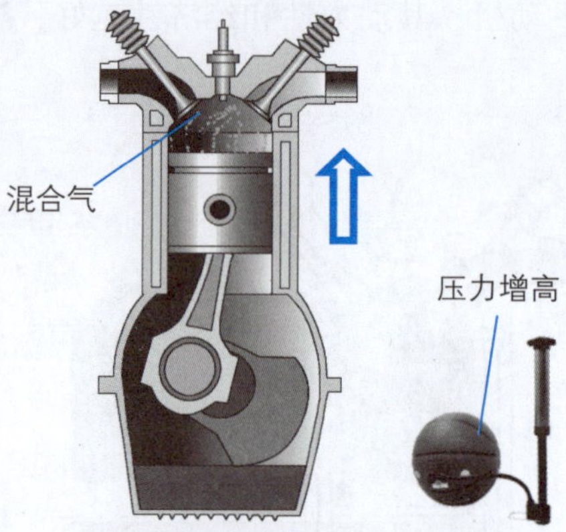

图 2-11　压缩行程

3. 做功行程的工作情况

如图 2-12 所示，在做功行程，进、排气门关闭形成封闭空间，火花塞适时产生高压电火花，将温度很高的混合气点燃，火焰迅速传播，混合气燃烧后产生巨大的压力，推动活塞移动使曲轴旋转，产生能驱动车轮的动力。

4. 排气行程的工作情况

如图 2-13 所示，排气行程开始，排气门开启，进气门关闭，活塞上行，推动废气通过排气门排出。汽车排气管排出的废气是汽车的主要污染源，在汽车维修或年检时使用废气分析仪检测的气体就是排气管排出的废气。

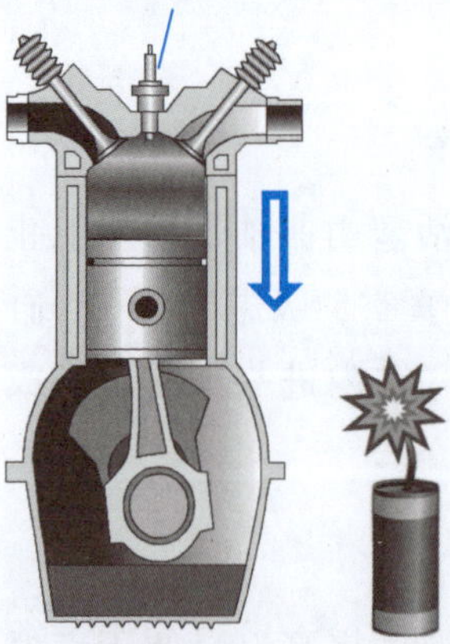

图 2-12　做功行程

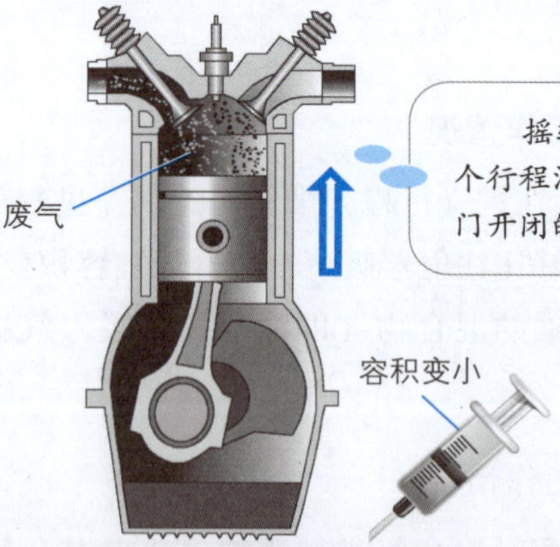

图 2-13　排气行程

> 摇转发动机，观察各个行程活塞运行方向、气门开闭的规律。

二、发动机的组成

发动机是汽车上最复杂的部分，汽油发动机（图 2–14）包括两大机构和五大系统，两大机构是曲柄连杆机构和配气机构，五大系统包括点火系统、燃料供给系统、冷却系统、润滑系统和起动系统。柴油发动机的组成与汽油发动机基本类似，只是柴油发动机没有点火系统。

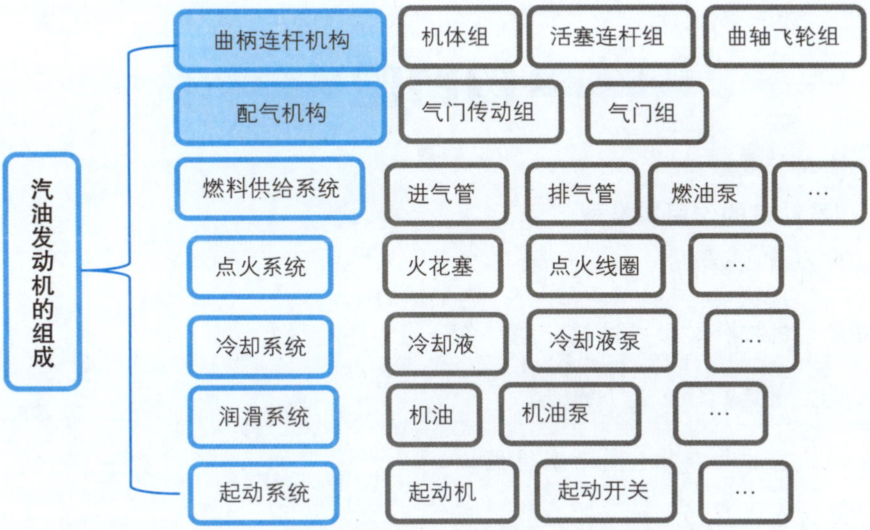

图 2–14　汽油发动机的组成

图 2–15 所示为发动机的曲柄连杆机构和配气机构。曲柄连杆机构是发动机的“躯体”，是实现工作循环和完成能量转换的主要部分，它主要包括曲轴、活塞、连杆等部件。配气机构的作用是定时开启和关闭进、排气门，实现换气，它主要包括正时传动带、凸轮轴、进气门和排气门等部件。

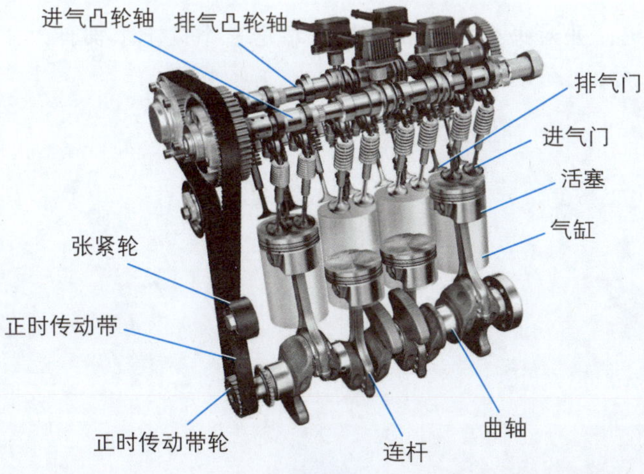

在检查运转的发动机时，身体部位及衣服应远离转动的部件，尤其是风扇和传动带。

图 2–15　发动机的曲柄连杆机构和配气机构

燃料供给系统将混合气供入气缸，将废气排出车外。润滑系统向发动机曲轴等运动零件表面输送机油。冷却系统的作用是将气缸工作时高温零件所吸收的热量及时带走，使发动机保持在正常的温度范围内。点火系统适时点燃气缸内的混合气，从而使混合气燃烧对外做功。起动系统通常归类于汽车电气设备，通过起动机将蓄电池的电能转换成机械能，带动发动机初始运转。

复习题

任务一　发动机的作用和类型

1. 发动机有哪些作用？

2. 常用发动机按什么形式进行分类？各分为哪些类型？

3. 什么是上止点？什么是下止点？

4. 什么是活塞冲程？什么是活塞行程？

5. 什么是排量？什么是压缩比？

任务二　发动机的基本原理和结构

1. 简述进气行程的工作过程，哪些因素会影响进气量？

2. 简述压缩行程的工作过程，哪些因素会影响压缩压力？

3. 简述排气行程的工作过程，哪些因素会影响废气排出？

4. 简述发动机的组成机构和系统，并对每个机构和系统列举出三个以上零部件。

项目三

曲柄连杆机构的结构与维修

任务一 机体组的结构与维修

机体组是发动机的支架，是曲柄连杆机构、配气机构和发动机各系统主要零部件的装配基体。

如图 3–1 所示，机体组主要包括气缸盖罩、气缸盖、气缸体和油底壳等，在以上零件接合面都有密封垫片。

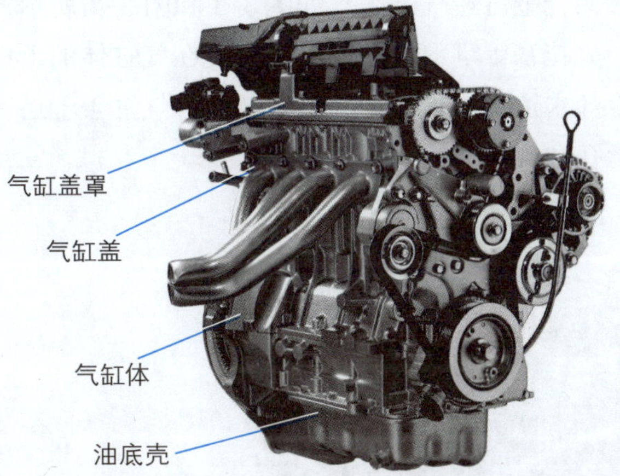

图 3–1 机体组

> 机体组各个接合面的密封垫片也是机体组的组成部分，当它们出现损坏后，会引起机体组漏油、漏气等故障。

一、机体组的结构

1. 气缸盖罩的结构

气缸盖罩如图 3–2 所示。它安装在气缸盖上面，遮盖并密封气缸盖。气缸盖罩上通常有火花塞承孔。气缸盖罩衬垫起到密封作用，防止机油渗漏。有些车型采用塑料制成的气缸盖罩，以减轻汽车重量。

有的气缸盖罩内部装有油气分离器，用于分离机油和废气，废气通过气缸盖罩的曲轴箱通风管及进气道进入气缸。气缸盖罩上还有机油加注孔，方便添加机油。

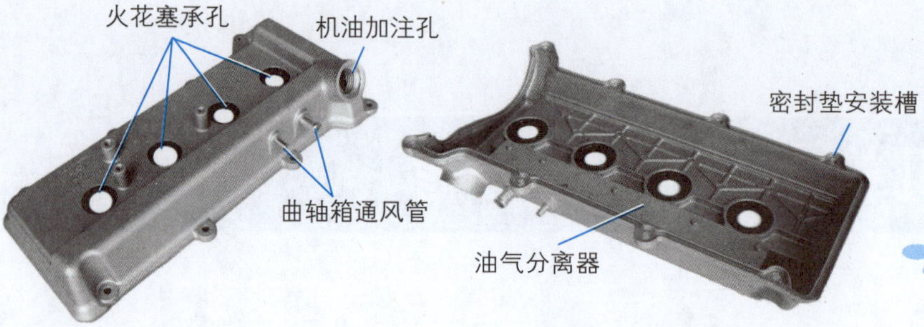

通过什么方法可以检查气缸盖衬垫密封不良的故障？如果曲轴箱内压力高，是否会引起气缸盖衬垫密封不良？

图 3-2　气缸盖罩

2. 气缸盖的构造

气缸盖位于发动机上部，直列发动机只有一个气缸盖，而 V 型发动机有两个气缸盖。发动机气缸内会产生非常高的压力，而气缸盖就像高压锅的盖子，其利用非常平整的下端面来封闭气缸上部。

乘用车用的汽油发动机多采用整体式铝合金铸造气缸盖。如图 3–3 和图 3–4 所示，气缸盖还用于安装凸轮轴、进气门、排气门、火花塞等零部件。气缸盖安装在气缸体的上面，在气缸盖上安装气缸盖罩。气缸盖内部有冷却水道，用于冷却其高温部分。气缸盖上还有机油进、回油道，进、排气管道，气门导管承孔和火花塞座孔等。

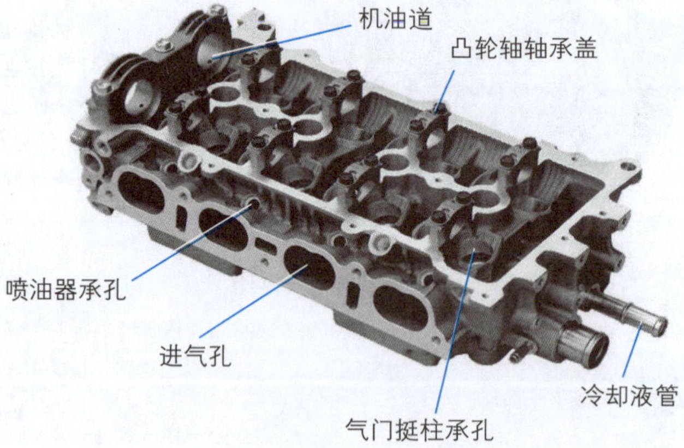

图 3-3　气缸盖

气缸垫装在气缸盖和气缸体之间，其功用是保证气缸盖与气缸体接触面的密封，防止漏气、漏水和漏油。气缸垫要有一定的弹性，同时要有好的耐热性和耐压性，在高温高压下不烧损、不变形。

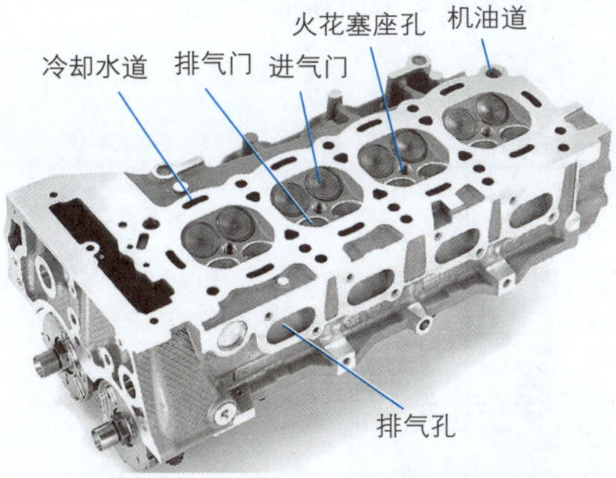

观察气缸盖上的进气管道、排气管道、机油进油道、机油回油道、冷却水道等孔道，观察气缸盖有哪些密封平面？拆装时具体需要更换哪些衬垫？

图 3-4　气缸盖的底面

安装气缸垫时，气缸垫上的孔要和气缸体上的孔对齐，尤其要注意气缸垫上机油进油孔要与气缸体上相应的机油进油孔对齐。如果气缸垫是对称的，有金属包边的面或印有批次号的一面向上，如图 3-5 所示。

根据图中提示思考气缸垫损坏后的故障现象。

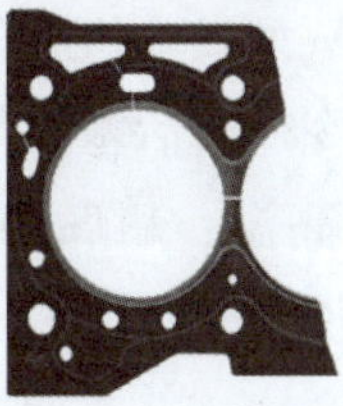

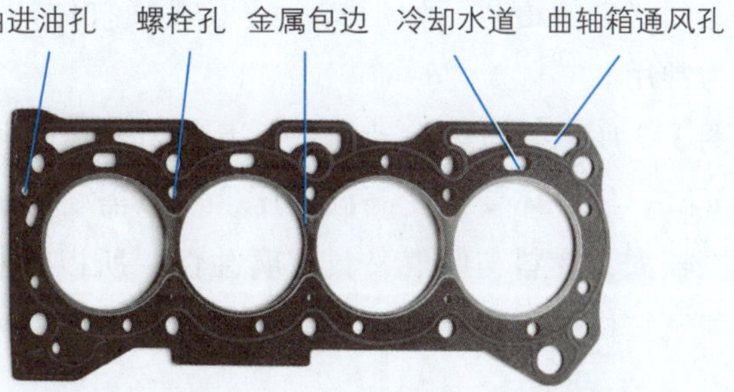

图 3-5　气缸垫

3. 燃烧室的结构和类型

汽油机气缸盖还用来构成燃烧室。燃烧室的形状对发动机的工作影响很大，燃烧室按其结构分为半球形燃烧室、楔形燃烧室和盆形燃烧室。

如图 3-6a 所示，半球形燃烧室使用广泛，结构紧凑，火花塞布置在燃烧室中央，火焰行程短，故燃烧速度高。

如图 3-6b 所示，楔形燃烧室结构简单、紧凑，散热面积小，热损失也小，能保证混合气在压缩行程中形成良好的涡流运动，有利于提高混合气的混合质量，进气阻力小，充气效率高。

如图 3-6c 所示，盆形燃烧室气缸盖工艺性好、制造成本低，但因气门直径易受限制，进、排气效果要比半球形燃烧室差。捷达、奥迪发动机均采用盆形燃烧室。

a）半球形燃烧室 b）楔形燃烧室 c）盆形燃烧室

图 3-6 燃烧室

思考燃烧室在什么情况下其容积会变小？

4. 气缸体的结构

气缸体是发动机的主要骨架，其上部使用螺栓连接气缸盖，下部安装油底壳，中部是发动机的主要部分，即气缸。根据气缸体与油底壳安装平面位置的不同，通常把气缸体分为一般式、龙门式、隧道式三种形式。一般式气缸体油底壳安装平面和曲轴旋转中心在同一高度，较为常用。

如图 3-7 所示，直列发动机和 V 型发动机气缸体结构不同，V 型发动机在气缸体上布置了两排气缸。气缸体要经受高温高压，所以需要冷却水道以便于冷却。活塞在气缸中往复运动，摩擦较大，燃料与废气又具有腐蚀性，所以气缸体必须能耐高温、耐腐蚀、耐磨损等。气缸盖和气缸体采用螺栓连接，一旦螺栓孔损坏，可能需要更换整个气缸体。

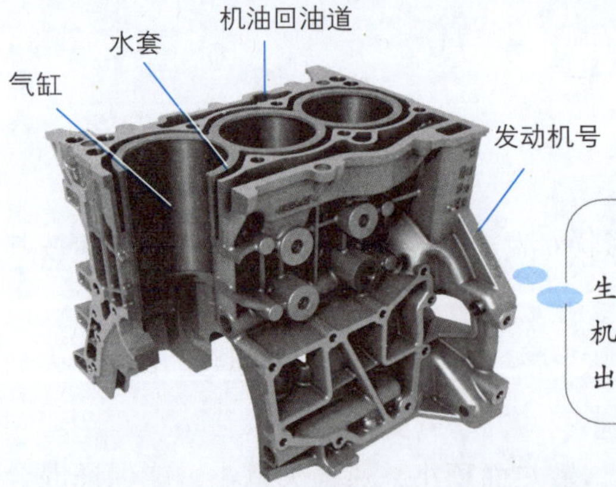

a）直列发动机气缸体

发动机号是生产厂家在发动机缸体上打印的出厂号码。

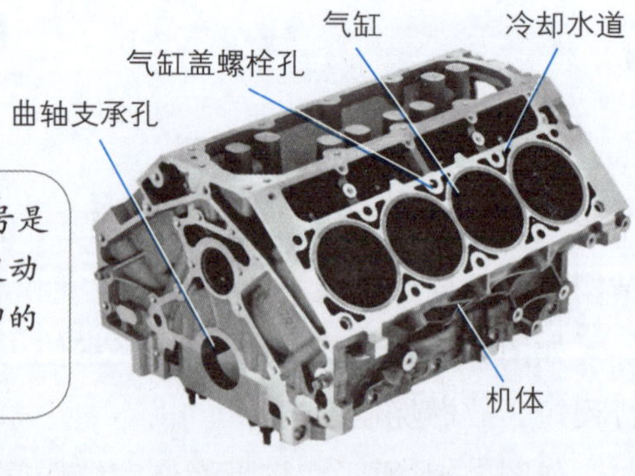

b）V型发动机气缸体

图 3-7 气缸体

活塞在气缸中以极快的速度往复运动，所以气缸体耐磨性要很好。通常在气缸中镶入镀有耐磨金属的气缸套，磨损后可以进行更换或维修。汽油机采用厚度较小的干式气缸套，它不与冷却液直接接触，如图3–8a所示。柴油机采用厚度较大的湿式气缸套，它直接与冷却液接触。整体式缸体无气缸套，气缸磨损后通常需要更换气缸体。

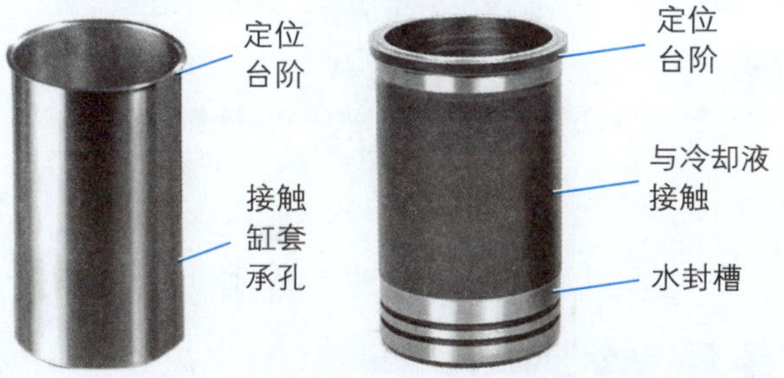

a）干式气缸套　　b）湿式气缸套

图 3–8　**气缸套**

从气缸体上部和下部观察实训用的发动机气缸套是否属于整体式？

5. 油底壳的结构和工作原理

油底壳属于机体组，也属于润滑系统，它用来容纳和冷却机油，内部设有隔板防止机油的晃动，如图 3–9 所示。油底壳可以采用铝合金或钢板制成。油底壳与气缸体之间用密封垫密封，用于防止机油渗漏。

放油螺栓有磁性，用于吸附机油中的金属粉末。放油螺栓采用橡胶垫或铜垫密封，每次拆装放油螺栓，都必须更换密封垫，否则有可能漏油。

要按规定力矩拧紧放油螺栓，注意防止拧紧力矩过大损坏油底壳。

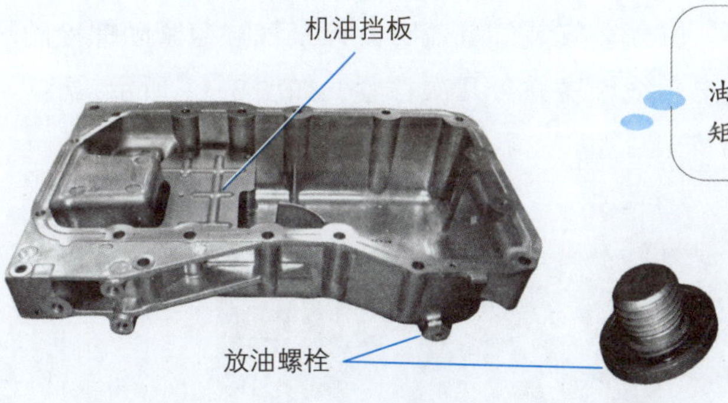

图 3–9　**油底壳及放油螺栓**

二、机体组拆卸和安装注意事项

1）分别在曲轴前传动带轮、正时链轮或传动带轮、凸轮轴传动齿轮查找正时记号。如

图 3-10 所示，丰田 1ZR 发动机气缸盖上没有气门正时检查的标记，只有将正时链条上的涂色片和链轮上的标记对准，才能够检查气门正时。

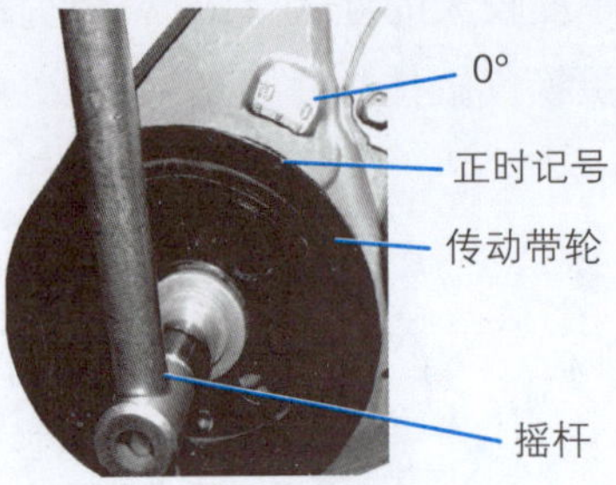

a）传动带轮上记号

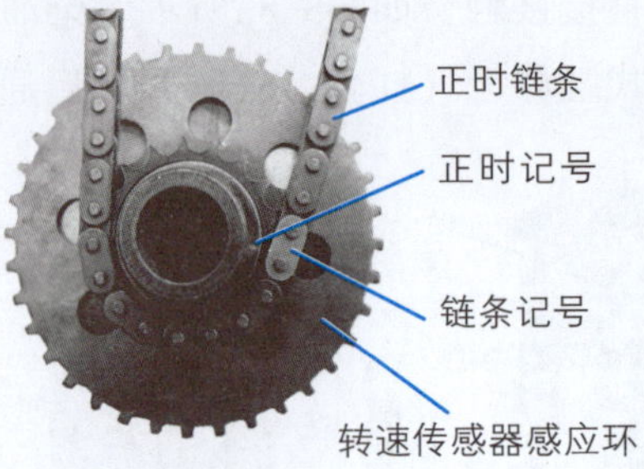

b）曲轴链轮上记号

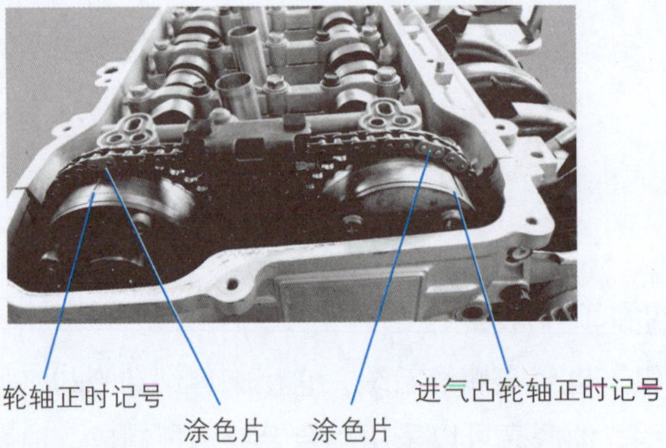

拆卸气缸盖

c）凸轮正时链轮正时标记

图 3-10　丰田 1ZR 发动机正时记号

2）拆卸气缸盖螺栓时，由外到内，按对角线顺序并分几次拧松气缸盖紧固螺栓，如果不按此顺序拆卸，就有可能损坏气缸盖。安装气缸盖时，拧紧气缸盖紧固螺栓的顺序按与拆卸时相反的顺序进行，也需要按对角线顺序并分几次拧紧，如图 3-11 所示。

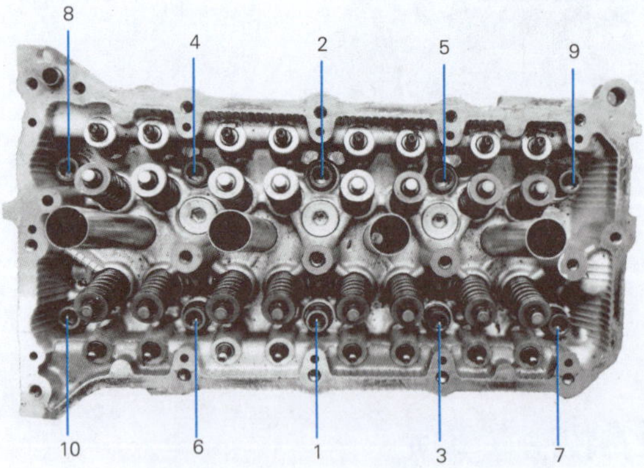

安装气缸盖

图 3-11　气缸盖螺栓拧紧顺序

3）气缸盖塑性螺栓拧紧方法如图 3-12 所示，用扭力扳手和气缸盖螺栓拆装专用工具拧紧气缸盖螺栓。先使用扭力扳手拧至 49N · m，用油漆在气缸盖螺栓的前面标记。按顺序号再将气缸盖螺栓拧紧 90°，然后再紧固 45°，检查并确认油漆标记与前端成 135°。

4）气缸盖螺栓在工作中受到很大的拉力，容易被拉伸而损坏，需要使用游标卡尺检查其长度和最小直径，如图 3-13 所示。如果气缸盖固定螺栓长度大于最大值或最小直径小于最小值，则更换所有的气缸盖固定螺栓。丰田 1ZR 发动机气缸盖螺栓最大螺栓长度为 86. 7mm，最小直径为 9. 1mm。

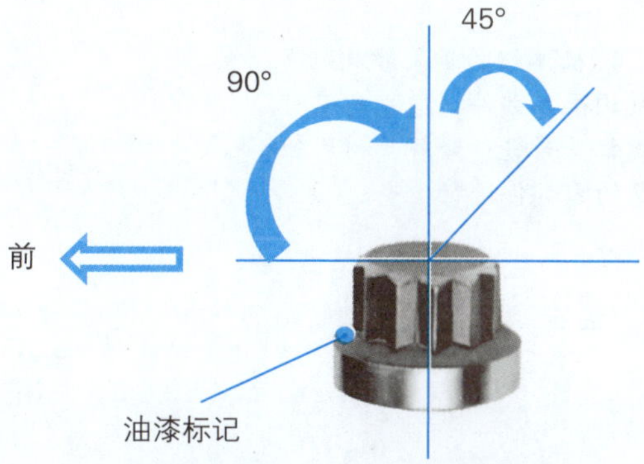

图 3-12　拧紧气缸盖螺栓

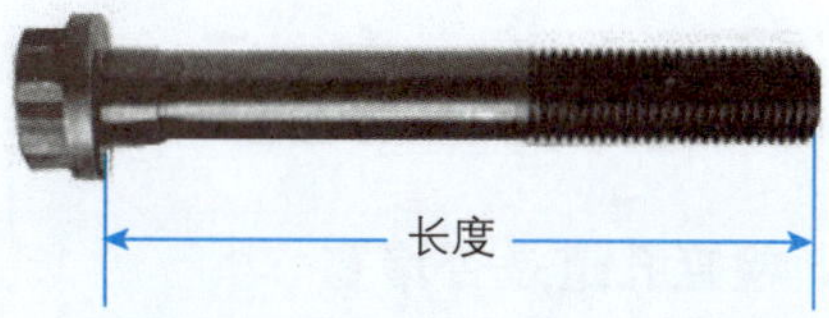

图 3-13　检测气缸盖螺栓长度

5）用专用工具固定传动带轮，使用扭力扳手拧松传动带轮固定螺栓，如图 3-14 所示。安装时，丰田 1ZR 发动机固定螺栓拧紧力矩为 190N · m。

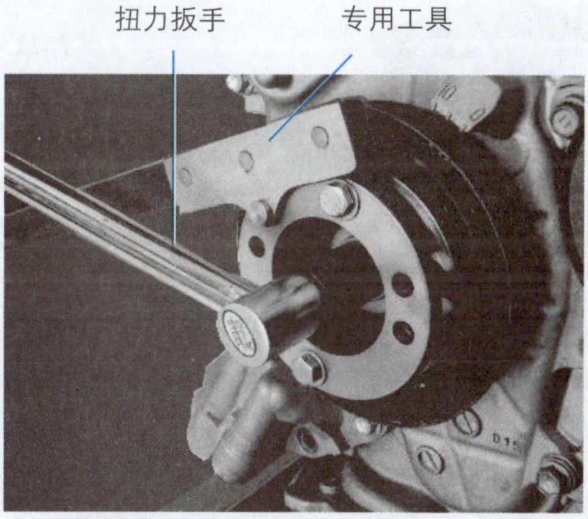

图 3-14　拆下传动带轮固定螺栓

三、机体组的检修

将机体组零件进行彻底的清洗，清洗完成后按顺序进行摆放。在清洗过程中，需要目视检查零部件有无明显裂纹、磨损、腐蚀等损伤，清除零部件表面的积炭，不要损伤零部件。机体组气缸体与气缸盖的主要损伤形式有裂纹、磨损和变形等。

1. 机体组的基础检查

检查气门导管、气门座圈是否松动；检查气缸盖各个接合面是否有腐蚀、裂纹、伤痕等其他形式的损坏。如伤痕较轻微，可以用图 3-15 所示的油石进行修整，不能修整则进行更换。

机体组的拆装涉及配气机构很多部件，建议先不对气缸盖等进行分解，利用独立的零部件进行检查。

图 3-15 油石

2. 检查孔道是否堵塞

使用类似图 3-16 所示的气动风枪对油气分离器进行检查，如果发现有堵塞现象，必须清洗疏通。用压缩气体检查气缸盖和气缸体上的润滑油道、冷却液通道、进气口、排气口是否堵塞，并检查以上位置有无腐蚀的小孔等。

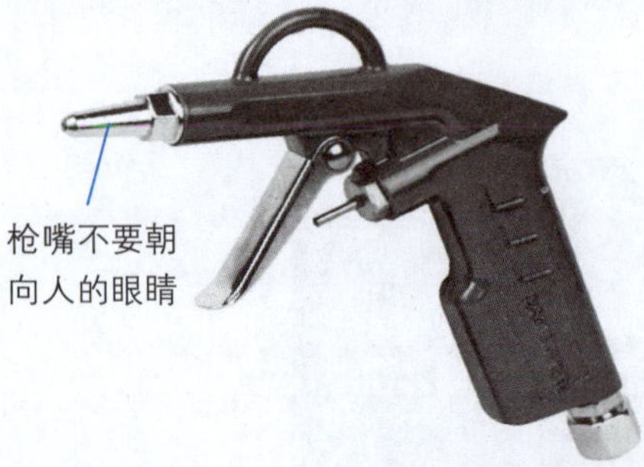

实际维修时，拆卸下来的弹簧垫、油封等密封元件不能重复使用，需要更换新件。请根据实训发动机具体结构，列出需要更换的零配件。

图 3-16 气动风枪

3. 机体组零件裂纹的检查

气缸体和气缸盖产生裂纹的部位常发生在主轴承隔墙、气缸套承孔、气缸盖螺栓孔、火花塞孔等处。

清洗气缸盖或气缸体，并清理衬垫上的残留物。将图 3-17 所示的渗透剂均匀喷涂在待检查位置，等待 5 ~ 15min。使用清洗剂将喷涂位置清洗干净，用显像剂对燃烧室、火花塞螺纹口、排气口等处保持 150 ~ 300mm 距离均匀喷涂，等待几分钟，即可显示缺陷。对于有裂纹的气缸盖，一般要求更换。

使用气动风枪时及检查裂纹时，最好使用防护镜来保护眼睛。检查裂纹时，不能朝人体喷射，还要避开火源。使用完毕后，切勿将渗透剂等扔入火中焚烧，应将罐体刺穿后废弃。

图 3-17　清洗剂、显像剂、渗透剂

4. 机体组零件变形的检查

机体组零件的变形主要影响密封性能，所以需要对气缸盖罩、气缸盖、气缸体各平面做变形检查。变形检查的方法类似，下面以气缸盖为例介绍变形情况的检查。

气缸盖翘曲变形，指的是气缸盖下平面的平面度误差逾限。气缸盖平面变形后，会使气缸密封不严。图 3-18 所示为测量气缸盖下平面的平面度，测量时，可将钢直尺放在气缸盖的所测平面上，然后用塞尺测量钢直尺与平面间的间隙，塞入塞尺的最大厚度即变形量。

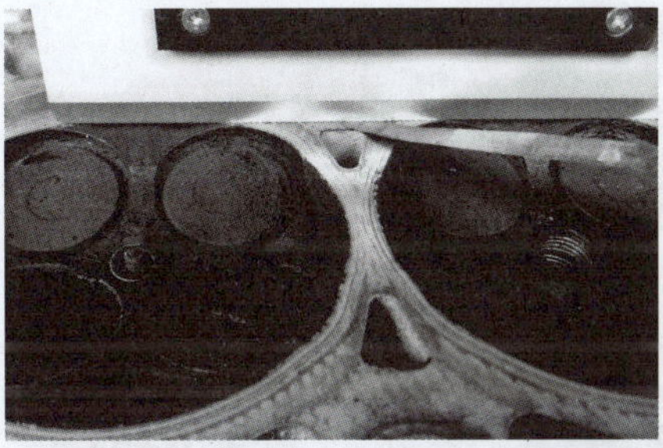

检查机体组平面度主要包括气缸盖下平面、进气侧、排气侧，气缸体上平面等。平面度超过最大值时，可以采用铣削或磨削修复，铣削或磨削量不能超过0.5mm。

气缸体气缸盖平面度的测量

图 3-18　测量气缸盖下平面的平面度

摆放气缸盖等表面要求比较高的部件要格外小心，要确保其不被外物划伤或磕碰，并且将这些部件要求较高的表面朝上放置或放置于木块上。

测量一个矩形平面的平面度误差，需要测量该平面的 4 条边及对角线处，取 6 次测量的最大值。测量气缸盖与气缸体的接触平面，丰田 1ZR 发动机平面度最大值不超过 0.05mm，测量气缸盖与进气歧管及排气歧管接触面的平面，平面度最大值不能超过 0.10mm，如图 3-19所示。

图 3-19　测量气缸盖侧面平面度

5. 气缸磨损程度的检查

气缸磨损的测量主要是确定气缸磨损后的圆度、圆柱度和最大直径，如图 3-20 所示，若超过维修标准值，则需要维修或更换。在气缸同一断面上活塞销方向和垂直活塞销方向，测量到的最大值与最小值直径差值的一半，即为圆度误差。在 3 个断面内所测得的所有读数中最大与最小直径差值的一半，即为气缸的圆柱度误差。

汽油机的圆度误差不超过 0.05mm，圆柱度误差不超过 0.175mm，丰田1ZR发动机气缸的标准缸径为80.500～80.513mm，最大值为80.633mm。

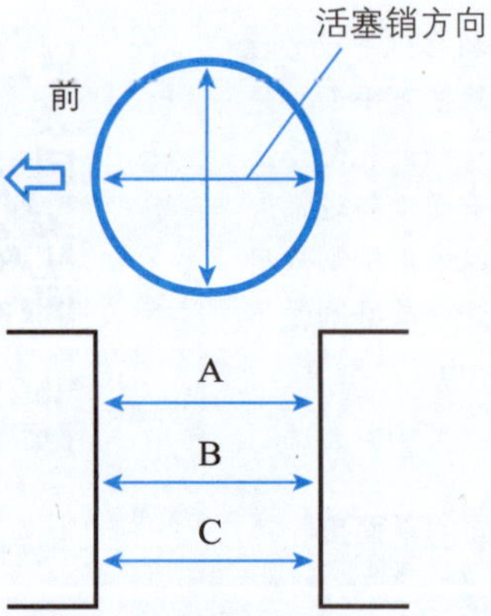

气缸的测量

图 3-20　测量气缸

A—活塞位于上止点时，第一道环所对应的位置　B—气缸中部　C—气缸下部

1）清洁气缸，目测气缸有无明显损坏，用手感觉上止点时第一道活塞环对应的位置，是否存在明显的磨损。

2）将百分表、表杆座安装到表杆上，选取适合气缸直径的测量接杆安装到表杆上。

3）在气缸体的纵向将量缸表放入气缸，前后摆动量缸表找出百分表最小读数值，即气缸直径位置，转动表壳使百分表的指针指在0。

4）在气缸体的纵向将量缸表取出，转动量缸表90°再放入气缸，前后摆动量缸表找出气缸直径位置的读数。此时，百分表读数的一半即为此断面圆度值。

5）测出上、中、下三个截面的圆度，该气缸的圆度以三个截面中圆度的最大值表示。计算该气缸的圆柱度，并将测量值与标准值进行比较，确定气缸是否需要维修。

四、发动机的支撑

发动机通过发动机悬置（发动机脚垫）与车身连接。发动机悬置安装在气缸体或气缸盖上，它能有效地吸收振动，避免将发动机振动传递到车身上，同时可以提高舒适性能和降低其他零部件因为过多振动产生的疲劳破坏。

通常，发动机采用3处或4处脚垫支撑在车身的前纵梁或副车架上，如图3-21所示。

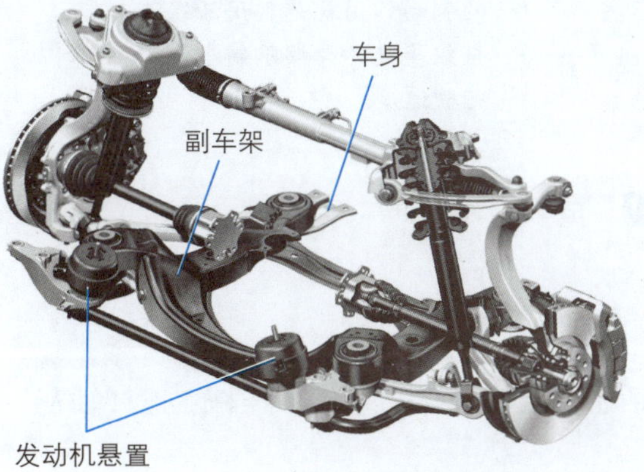

观察实训用的发动机有几处支撑。拧松发动机悬置固定螺栓，起动发动机，感受其异常现象。

图3-21　发动机悬置位置

发动机悬置包括橡胶悬置、液压悬置和空气悬置等，图3-22和图3-23所示分别为发动机橡胶脚垫和发动机液压脚垫。发动机液压脚垫能隔离发动机的振动和噪声向车厢内传递，

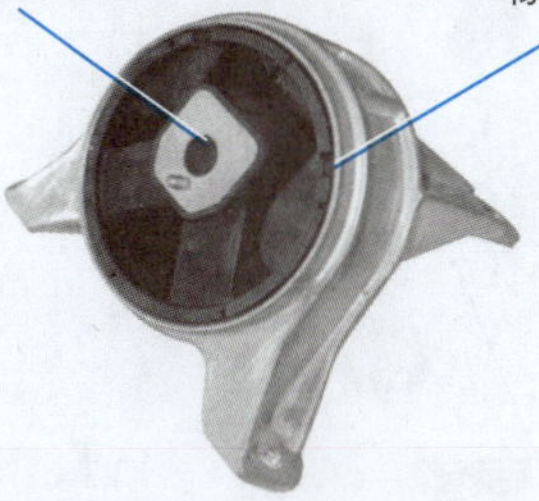

图3-22　发动机橡胶悬置

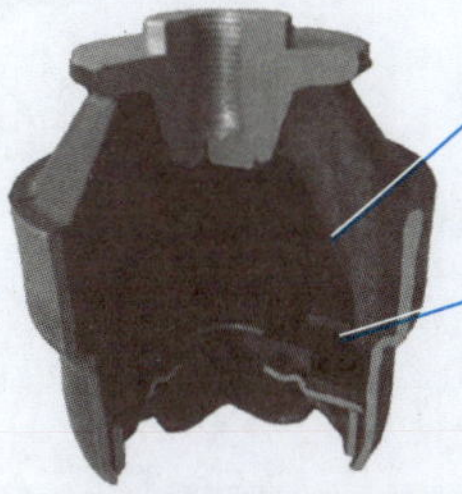

图3-23　发动机液压悬置

明显提高车内的舒适性。高档乘用车为了追求最佳的隔振效果采用主动悬置，主动悬置理论上可以使振动影响接近到零。

任务二 活塞连杆组的结构与维修

活塞连杆组处于发动机的中心位置，是发动机的动力源。如图 3-24 所示，活塞连杆组将活塞的往复运动转变为曲轴的旋转运动，并把作用在活塞组上的燃气压力传递给曲轴，使曲轴旋转并输出动力。

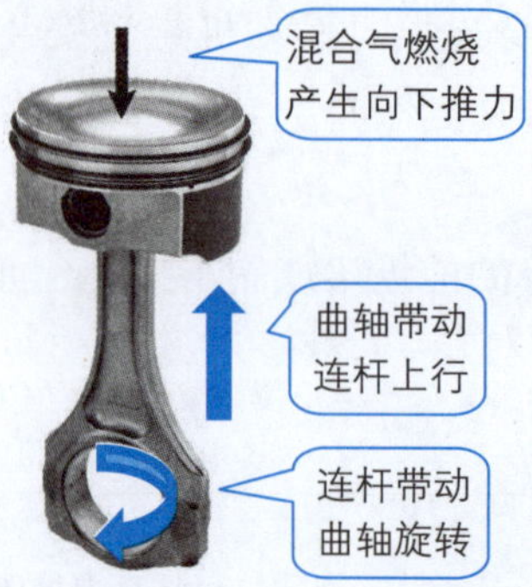

汽车下长坡时，驾驶人常常利用发动机的制动作用低档运行，避免长时间制动引起制动系统发热。发动机的制动作用就是利用活塞连杆组等处的摩擦限制车辆的行驶速度。

图 3-24 活塞连杆组作用

一、活塞连杆组的结构

如图 3-25 所示，活塞连杆组主要由活塞、活塞环、活塞销、连杆、连杆轴瓦、连杆轴承盖、连杆螺栓等组成。

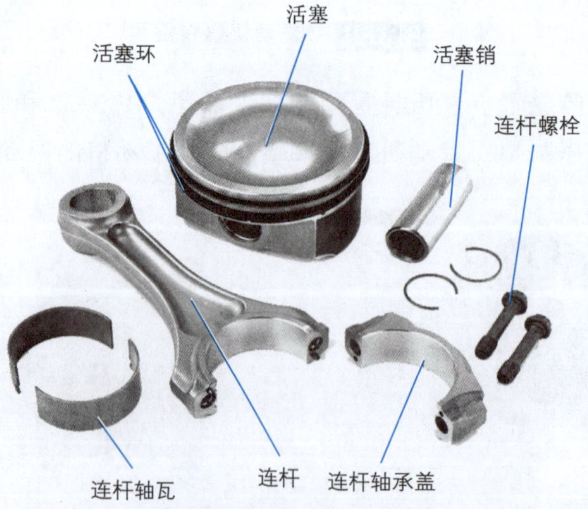

图 3-25 活塞连杆组的组成

1. 活塞

活塞是发动机的重要动力部件，活塞与气缸盖、气缸等形成密闭的容器，保证工作过程的顺利进行，同时将承受的燃气压力变为动力，通过连杆传给曲轴。

如图 3-26 所示，活塞需要承受高温高压，并在高速、润滑不良和散热困难的条件下工作。因此，活塞需要有足够大的刚度和强度，还需要耐高温、高压，且重量较轻。活塞一般采用铝合金制成。

活塞顶部与气缸盖、气缸体共同组成燃烧室。顶部的凹坑可以改善混合气的形成和燃烧情况。活塞头部是指活塞环槽以上的部分。油环下面钻有许多油孔，油环从气缸壁上刮下来的机油可以通过油孔流回油底壳。

活塞裙部是指油环槽以下部分，用于活塞在气缸内做往复运动时导向和承受侧压力。

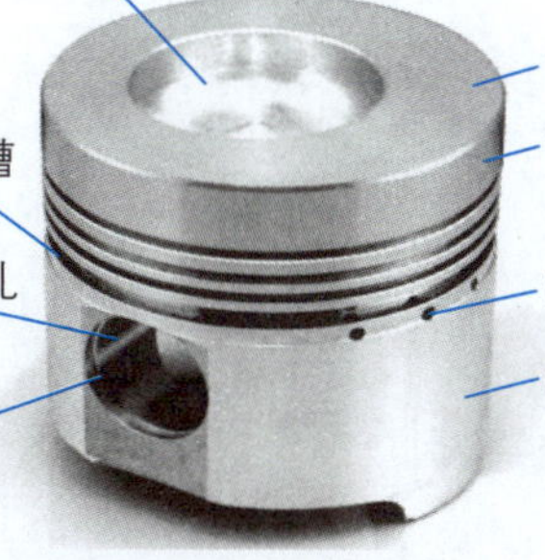

图 3-26　活塞的结构

2. 活塞环

活塞环包括气环和油环两种，如图 3-27 所示。气环的作用是保证活塞与气缸壁间的密封，防止高温高压燃气进入曲轴箱；同时还将活塞顶部的大部分热量传导给气缸体，再由冷却液或空气带走。油环由两片刮片和衬簧组成，它主要起到刮油、布油和辅助密封作用。油环用来刮除气缸体上多余的机油，并在气缸体上铺涂一层均匀的机油膜，这样既可以防止机油串入，又可以减小活塞与气缸之间的摩擦阻力。

图 3-27　活塞环

3. 活塞销

活塞销的作用是连接活塞和连杆小头，它把活塞承受的气体作用力传递给连杆，使连杆小头同活塞一起运动。为了减轻重量，活塞销一般用优质合金钢制造，并做成空心，如图3–28所示。活塞销多采用“全浮式”支撑，它可以在连杆小头衬套和销座孔内转动，其两端采用卡环定位。“半浮式”活塞销通常与连杆小头固定，与活塞之间可以相对运动。

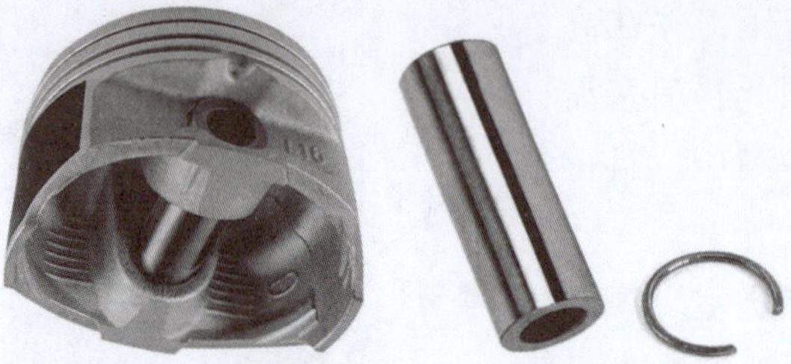

“半浮式”活塞销与连杆小头在冷态时为过盈配合，因此装配半浮式活塞销时，需要加热连杆小头至230℃左右，再装入活塞销。

图 3–28　活塞销

4. 连杆

连杆是活塞与曲轴连接的部件，其作用是将活塞承受的力传给曲轴，并将活塞往复运动变为曲轴的旋转运动。

如图 3–29 所示，连杆由连杆小头、杆身和连杆大头构成。连杆小头通过活塞销连接活塞，有些连杆小头孔内还压入耐磨青铜衬套，如图 3–30 所示。连杆小头油孔向活塞顶内壁喷射机油，用于冷却活塞。连杆大头通过连杆轴承连接曲轴，连杆大头孔内安装连杆轴承。连杆通常采用碳钢等材料锻造成形，为了减轻重量及不易变形，断面均制成“工”字形。

连杆轴承用来保护曲轴连杆轴颈及连杆大头孔，它由钢背和减摩层组成，如图 3–31 所示。钢背由 1 ~ 3mm 的低碳钢制成。减摩层为 0. 3 ~ 0. 7mm 的减摩合金，层质较软，能有效保护轴颈。

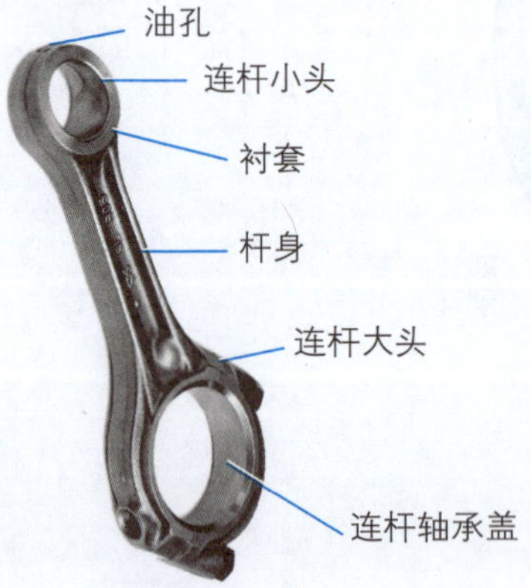

图 3–29　连杆

图 3–30　衬套

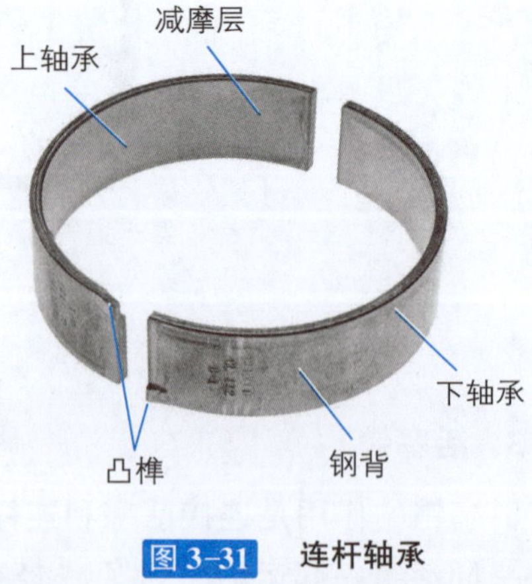

图 3–31　连杆轴承

二、活塞连杆组的拆卸和安装

1. 拆装前的准备

1）准备好活塞环压缩器、活塞环扩张器、连杆校正仪等活塞连杆组拆装专用设备，及千分尺、塞尺等量具，如图 3-32 所示。

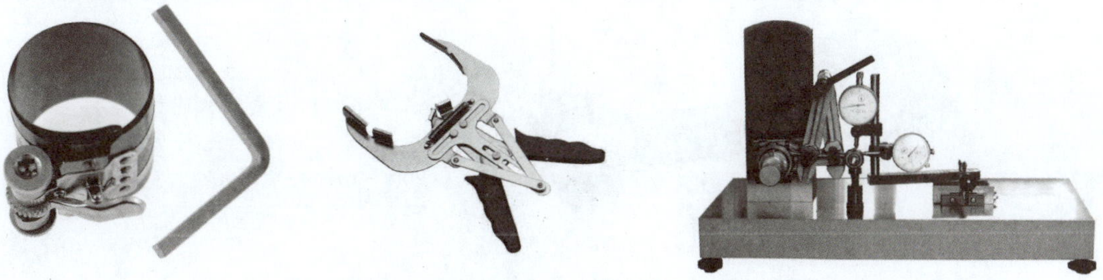

a）活塞环压缩器　　b）活塞环扩张器　　c）连杆校正仪

图 3-32　活塞连杆组拆装专用工具

2）用橡胶锤推出活塞连杆组时，应事先刮去气缸上的积炭形成的台阶，以免损坏活塞环。注意清除气缸上的积炭时，不要采用过于锋利的刮刀，以免损坏气缸。

3）测量工具要轻拿轻放，不得碰撞或跌落。

4）准备软管，拆下连杆螺母时，剪一段短软管套在连杆螺栓上，防止损伤螺纹。

2. 拆装的其他注意事项

1）彻底清洗活塞连杆组零部件，目视检查活塞等零部件有无明显的损坏，如活塞、连杆轴承等出现图 3-33 所示的损伤，则需要更换。

在活塞、连杆轴承等处出现拉伤的痕迹，多是因为活塞与气缸、连杆轴承与连杆轴颈配合间隙过小或温度过高引起。

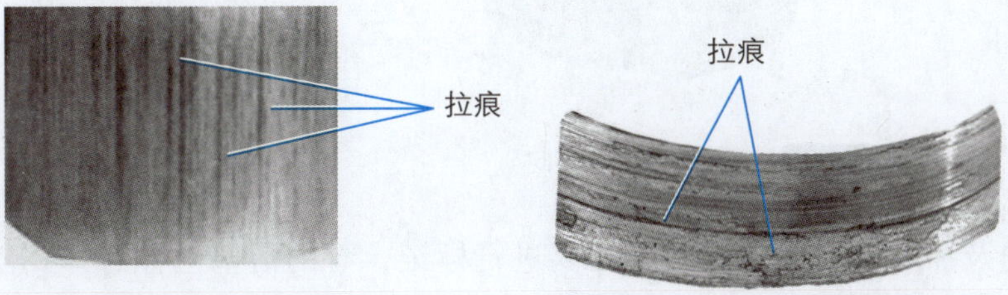

活塞连杆组的拆卸与安装

图 3-33　损伤的活塞和连杆轴承

2）需要敲击活塞或连杆时，只能采用橡胶锤或木棒。用橡胶锤推出活塞连杆组时，注意不要倾斜，不要硬撬和硬敲，以免损坏气缸。

3）取出活塞连杆组后，应将连杆轴承盖、螺栓螺母及连杆轴承按原位装回，如图3–34所示，并检查连杆的装配标记及序号。安装连杆时，其止口方向应与气缸体曲轴轴承止口方向一致。

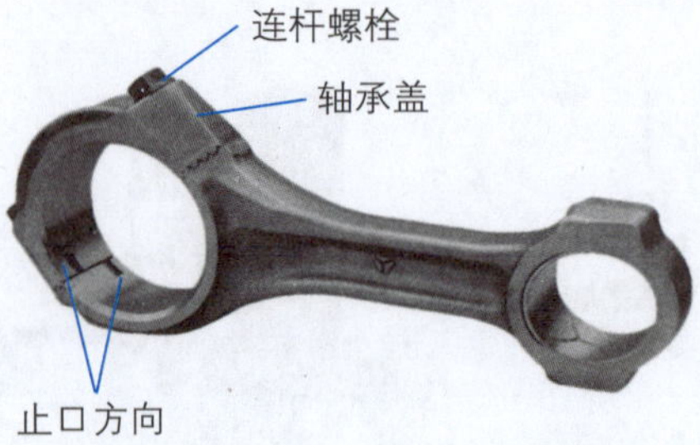

丰田1ZR发动机连杆螺栓拧紧方法：先拧紧20N·m，再紧固90°。

图 3–34　装配连杆轴承

4）装配活塞环从下至上的顺序：油环隔圈、油环侧轨、第二道环、第一道环。用活塞环扩张器拆下活塞环，如图3–35所示，观察活塞环上的标记，“TOP”朝向活塞顶。

安装活塞环时，将活塞环开口相互错开120°（对3道气环而言）或180°（对2道气环而言），不要重合，且避开活塞销座及其垂直部分，将1～3道气环的切口相互错开形成“迷宫式”封气装置。

活塞裙部受燃烧压力和压缩压力不同，安装活塞环时第一道环端口应该避开做功行程活塞裙部受压力侧。

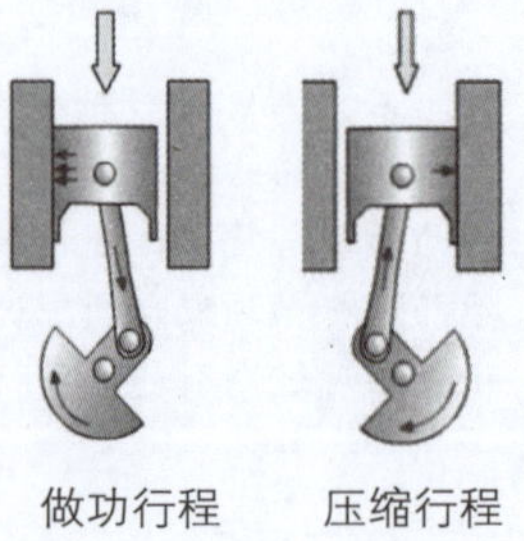

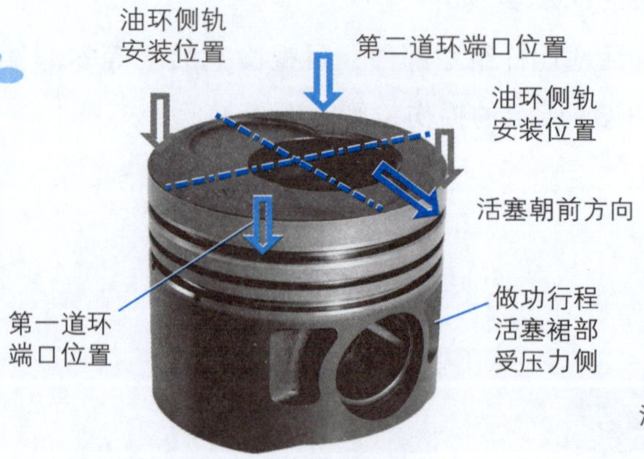

活塞环的拆卸与安装

图 3–35　活塞环端口方向

5）观察活塞的安装方向及序号，如果无序号则需要进行标记，有的活塞上标有“IN”的位置朝向发动机进气侧。

6）拆卸活塞，加热到60℃，利用专用工具，拆下活塞销。活塞和活塞销是配套件，需要注意按顺序摆放。

7）将 1 缸曲柄转到下止点位置，使用活塞环压缩器，按正确的位置把活塞和连杆总成推入各自的气缸，如图 3-36 所示，注意活塞的标记朝前，然后把连杆轴承盖装在连杆上。

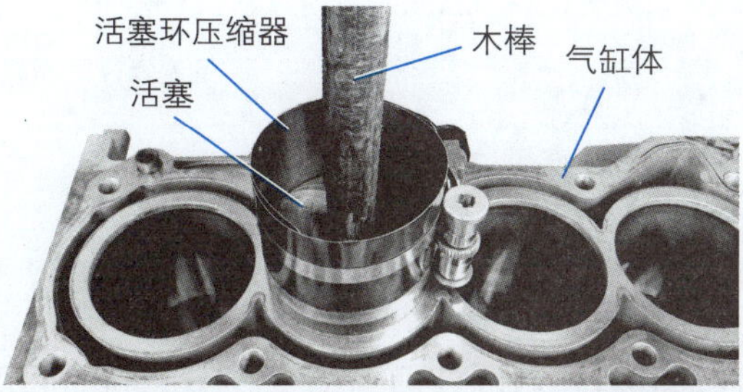

活塞环装配不当会使活塞环“对口”。活塞环“对口”是指两个或两个以上的活塞环端口基本对齐，这会使活塞环漏气，气缸压缩压力变小，泄漏的气体还会引起机油变质。

图 3-36　安装活塞

8）在连杆盖螺母下方涂一薄层机油，拧紧螺母时应多次交替进行，最后以 29N · m + 90°的方法拧紧螺母。拧紧螺母后，曲轴应转动灵活。

9）安装活塞销卡环时，其端隙与活塞上的安装切口部位要错开，如图 3-37 所示。

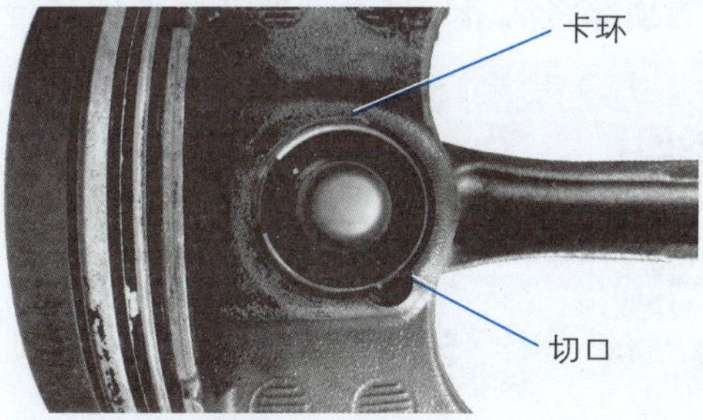

图 3-37　卡环端隙与切口错开

三、活塞连杆组的检修

1. 检测活塞与气缸配合间隙

在与活塞销孔轴线垂直的方向处测量活塞头部直径，如图 3-38 所示，在距活塞底部 12.6mm 处，丰田 1ZR 发动机标准直径为 80.461 ~ 80.471mm。若直径不符合标准要求，应更换活塞。以上止点时活塞裙部所对应位置作为测量点，使用量缸表测量气缸内径。用气缸直径减去活塞直径即配合间隙，也是活塞油膜间隙，丰田 1ZR 发动机活塞油膜间隙标准为 0.029 ~ 0.052mm。超过最大油膜间隙 0.090mm 时，需要更换所有活塞或气缸体。

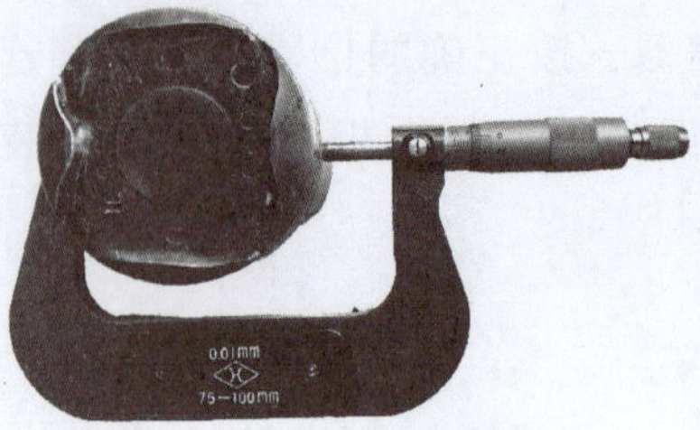

测量活塞直径时要注意测量的位置，原因是：活塞裙部呈椭圆形，长轴垂直于活塞销孔轴线，短轴平行于活塞销孔轴线，长短轴之差为0.3～0.5mm。

活塞直径的测量

图 3-38　测量活塞直径

2. 检查活塞环的配合间隙

活塞环的背隙是活塞与活塞环装入气缸后，活塞环内圆柱面与活塞环槽底间的间隙，其值为活塞环槽深度与活塞径向厚度的差值。丰田 1ZR 发动机 3 道活塞环标准间隙分别为：第一道为 0.02～0.07mm，第二道为 0.02～0.06mm，第三道（油环）为 0.02～0.065mm。如果环槽间隙不符合规定，则应更换活塞。

活塞环侧隙是指活塞环的厚度与活塞上相应环槽宽度的差值，其测量方法如图3-39所示。活塞环端隙是指活塞环随活塞装入气缸后环的两端头之间的间隙，测量方法如图 3-40 所示，要用活塞从气缸体的顶部将活塞环推至活塞环底部使其行程超过 50mm。

活塞环侧隙的测量

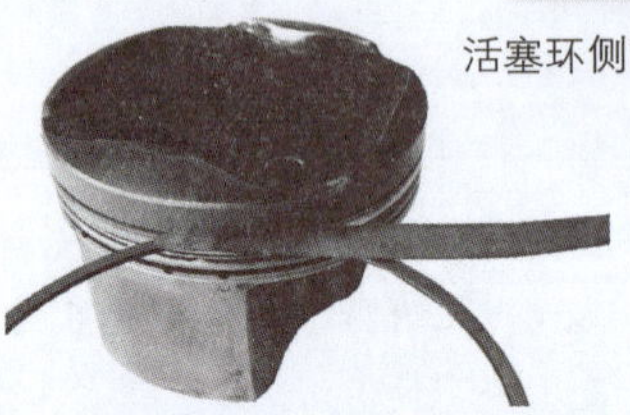

图 3-39　检测活塞环侧隙

丰田1ZR发动机第一道环端隙标准值为0.2～0.3mm，不应超过0.5mm；第二道环端隙标准值为0.3～0.5mm，不应超过0.7mm；第三道环端隙标准值为0.1～0.4mm，不应超过0.7mm。

活塞环端隙的测量

图 3-40　检测活塞环端隙

3. 检查活塞销油膜间隙

测量活塞销孔径、连杆小头孔径、活塞销直径，分别用活塞销孔径、连杆小头孔径减去活塞销直径，即油膜间隙，油膜间隙通常不应大于 0.01mm。

4. 检查连杆的损坏情况

检查连杆螺栓受力部分的直径，如果直径小于最小值，则更换连杆螺栓。查看连杆的凸点朝前标志，分清测量的 A 向和 B 向，如图 3-41 所示，正对着朝前标志，与垂直方向偏左相夹15°大头直径方向为A向，与水平面右端偏上相夹15°直径方向为B向。用内径百分表测量A前、A后、B前、B后的数值，并计算出圆度和圆柱度。

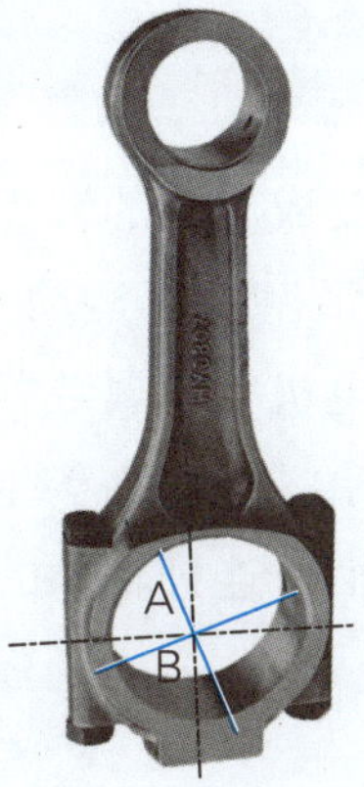

整车涉水时，发动机气缸进水后，如果强制起动，会导致连杆弯曲变形。

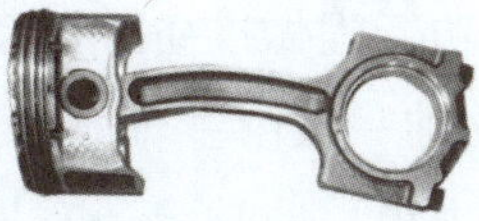

弯曲的连杆

图3-41 连杆的测量方向

把活塞销和连杆装在测量校正仪上，测量三脚架安放在活塞销上，分别测量弯曲值和扭曲值，如图3-42和图3-43所示。丰田1ZR发动机连杆最大弯曲值为0.05mm，最大扭曲值为0.15mm。

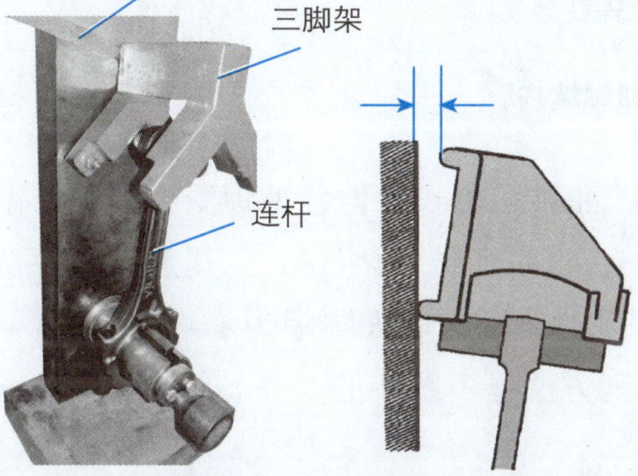

图3-42 弯曲值的测量

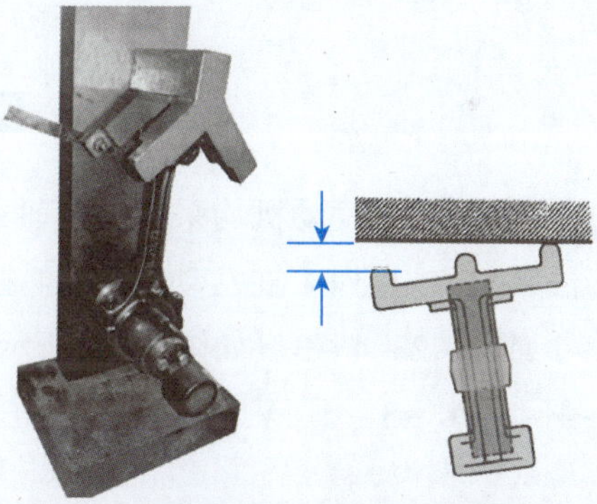

图3-43 扭曲值的测量

任务三 曲轴飞轮组的结构与维修

曲轴飞轮组包括曲轴、飞轮和曲轴扭转减振器。曲轴飞轮组的作用是将活塞连杆组传来的压力转变成曲轴飞轮组的旋转力，驱动汽车以及发动机的配气机构及其他辅助装置。

一、曲轴飞轮组的结构

1. 曲轴

曲轴的主要作用是在做功行程中，将连杆传来的力矩变成旋转的转矩，经汽车传动系统驱动车辆行驶；利用曲轴和飞轮的旋转惯性，经连杆带动活塞上下运动，完成排气、进气、压缩等行程，为下一做功行程做准备；驱动配气机构、发电机等附属装置。

如图 3-44 所示，曲轴一般由主轴颈、连杆轴径、曲柄、平衡块等组成。平衡块用来平衡曲轴的离心力和离心力矩。曲轴上还有贯穿主轴颈、曲柄、连杆轴颈的油道，以便润滑主轴颈和连杆轴颈。

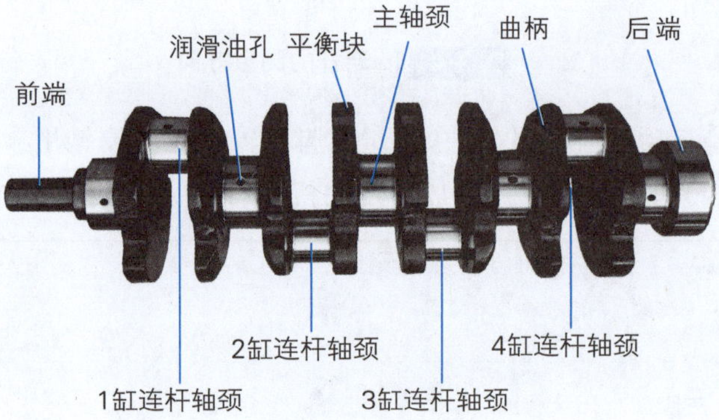

图 3-44 曲轴结构

现代 4 缸汽油发动机均采用 5 道轴颈式曲轴，曲轴虽然长，但各轴颈受力较小，振动较小，寿命较长。直列 4 缸发动机 1、4 缸与 2、3 缸的曲柄臂相隔 180°，其点火顺序为 1－3－4－2 或 1－2－4－3，如图 3-45 所示。6 缸直列发动机的点火顺序为 1－5－3－6－2－4 或 1－4－2－6－3－5。V 型发动机气缸序号的排列方法是不统一的。

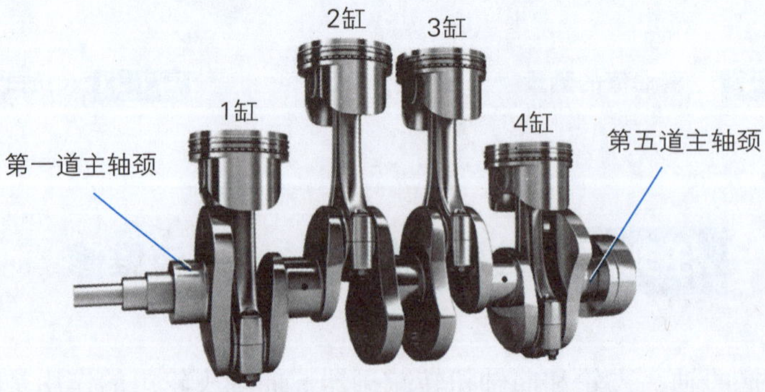

图 3-45 曲轴形状和点火顺序

2. 曲轴轴承

曲轴主轴颈被支撑在气缸体上，在主轴颈和气缸体之间，安装两片曲轴轴承，用于限制曲轴的径向跳动，如图 3–46 所示。止推轴承用来限制曲轴的轴向窜动。

曲轴轴承和连杆轴承的材质相同，分为上、下两片。它们在自由状态下不是半圆形，装入轴承盖后，因有过盈量，故能均匀地紧贴在孔壁上，具有很好的承受载荷和导热的能力。如图 3–47 所示，轴承上有定位的凸榫，安装时嵌入定位槽中，可以防止轴承前后移动或转动。有的轴承上还有油槽、油孔，安装时注意对齐相应的油道。

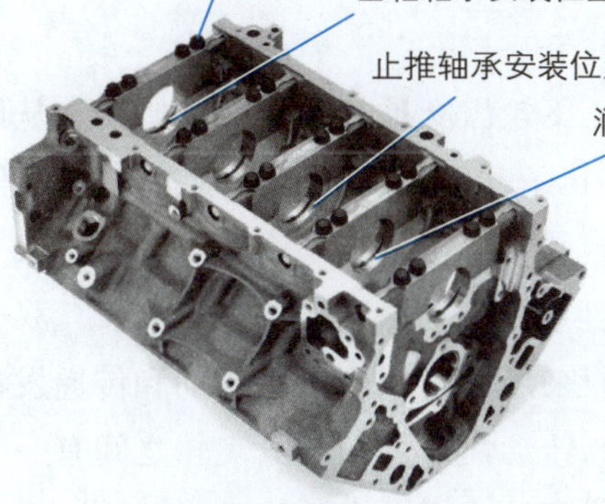

图 3–46 曲轴轴承安装位置

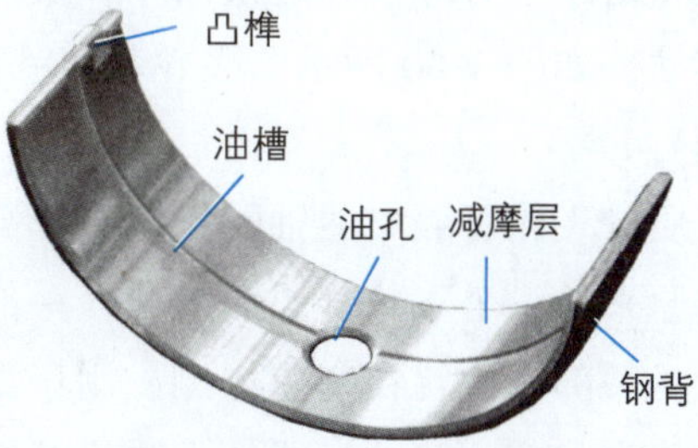

图 3–47 曲轴轴承

止推轴承也称为止推片，它是一种滑动轴承，在发动机中主要起曲轴轴向支撑的作用，在保证曲轴轴向转动的同时，阻止曲轴轴向窜动。如图 3–48 所示，止推轴承分为分离式和整体式，整体式止推轴承和曲轴轴承制成一体。

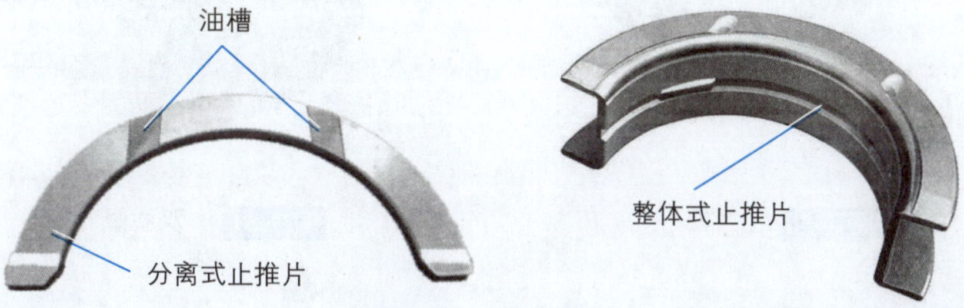

图 3–48 曲轴止推轴承

3. 扭转减振器

曲轴前端用于安装传动带轮，传动带轮通过传动带将动力传给发电机、空调压缩机等装置。传动带轮内部隐藏了扭转减振器，扭转减振器能衰减曲轴扭转振动。如图 3–49 所示，传动带轮内部的阻尼橡胶材料具有衰减曲轴扭转振动的作用。

图 3-49 带扭转减振器的传动带轮

4. 飞轮

飞轮通过中心螺栓孔连接曲轴，发动机起动时，飞轮齿圈被起动机带动旋转，从而带动曲轴转动，如图 3-50 所示。飞轮具备一定的重量，其运动惯性能使曲轴旋转均匀（储存能量作用）。

双质量飞轮可隔离曲轴的扭振，提高驾驶舒适性和经济性。如图 3-51 所示，双质量飞轮是将原来的一个飞轮分成两部分，一部分保留在原来发动机侧，用于起动和传递发动机的转矩；另一部分放置在变速器侧，用于提高变速器的转动惯量。两部分飞轮之间有一个环型腔，在腔内装有弹簧减振器，由弹簧减振器将两部分飞轮连成一个整体。

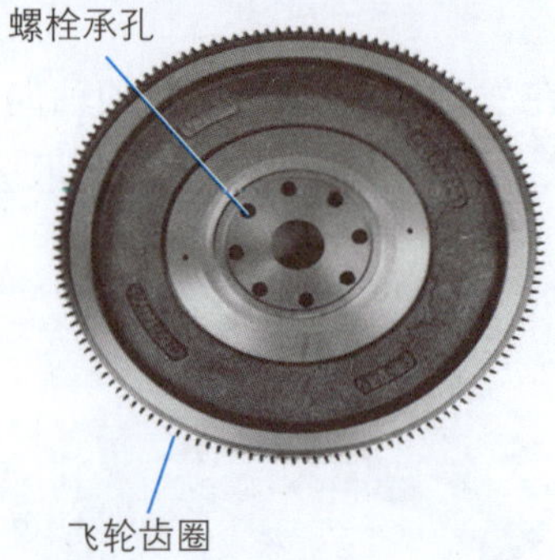

图 3-50 飞轮

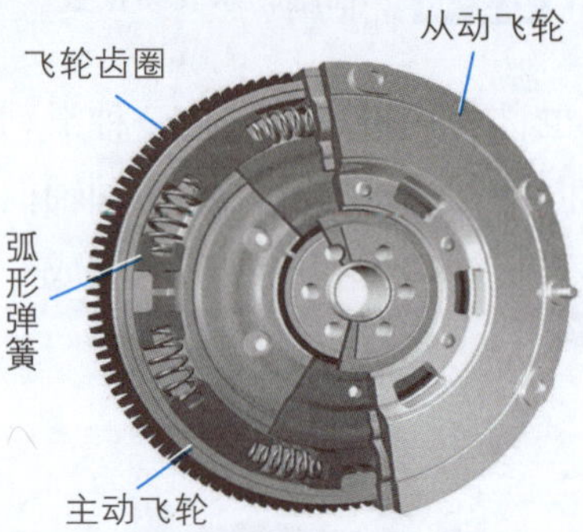

图 3-51 双质量飞轮

二、曲轴飞轮组的拆卸和安装

曲轴飞轮组的拆卸与安装

1）曲轴前后油封座由后油封座、垫片、后油封和固定螺栓组成，它既能防止灰尘或污泥侵入，又能保持曲轴有良好的润滑条件，延长曲轴的使用寿命。安装油封时，需要在其防尘唇位置涂抹机油，如图 3-52 所示。油封要放平，不能倾斜。建议用专用工具安装，压力不要太大，速度要均匀、缓慢。

图 3-52　曲轴油封

2）曲轴轴承盖上的紧固螺栓、螺母必须按规定力矩、规定顺序分次拧紧，螺栓、螺母、垫片等应齐全，不按要求操作可能会造成曲轴损坏。如图 3-53 所示，拆卸曲轴轴承盖时，应按从两边到中间的顺序，分几次均匀松开曲轴轴承盖螺栓，安装时按与拆卸相反的顺序。拆卸曲轴轴承盖时，若无标记，应在曲轴主轴承盖上打上标记。

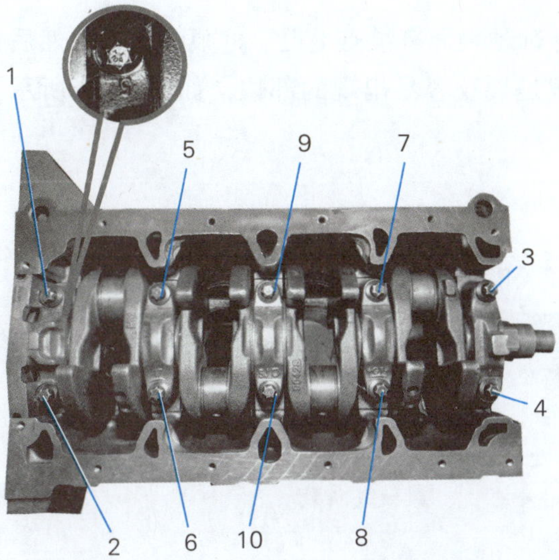

图中为倒置“5”字，表示第5个曲轴轴承盖，“5”字在左侧，也表明了安装方向。

图 3-53　拆卸曲轴轴承盖

丰田 1ZR 发动机曲轴轴承分两步拧紧，第一步按顺序拧紧 40N · m，用油漆在轴承盖螺栓前端做标记，第二步按顺序将轴承盖螺栓再紧固 90°。

3）注意曲轴轴承、曲轴轴承盖等处的装配记号，确保安装正确。

4）把下轴承和主轴承盖放在一起，上轴承、上止推垫片与气缸体放在一起，按正确的顺序摆放主轴承盖和下止推垫片。

5）装配曲轴飞轮组之前，应对曲轴、曲轴轴承、飞轮等部件进行彻底清洗，并用压缩空气吹干，并保证曲轴、曲轴轴承上油道孔保持畅通，如图 3-54 所示。另外，还应先按照发动机的装配要求安装好其他部件。

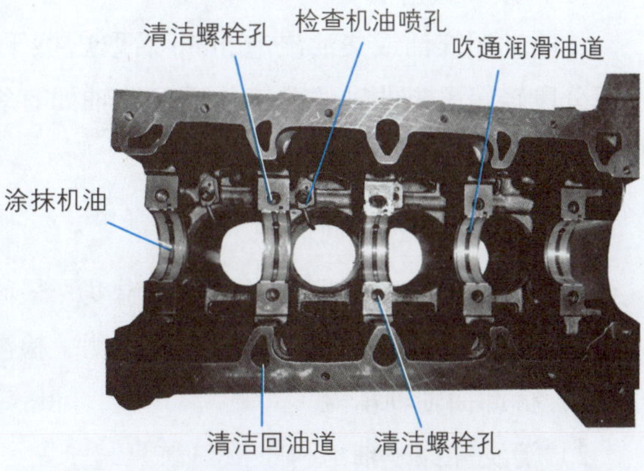

图 3-54　清洁气缸体

6）对于轴颈与轴承等配合表面，装配

前要在螺栓的螺纹等部位涂抹机油。

三、曲轴飞轮组的检修

曲轴飞轮组的常见检测项目包括曲轴裂纹的检测、曲轴径向间隙的检测、曲轴轴向间隙的检测、曲轴弯曲量的检测、曲轴轴颈磨损量的检测、飞轮工作表面及其环齿的检测等。

1. 检测曲轴的裂纹

曲轴经清洗后，首先检查主轴颈和连杆轴颈表面有没有毛糙、疤痕和沟槽，然后再对其进行各方面的检测。轴颈与曲柄的过渡区域是裂纹容易出现的部位，如图 3-55 所示，所以要重点检查。检测方法有：

由于曲轴在工作中承受交变载荷，主轴颈和连杆轴颈圆角过渡处属于曲轴强度的薄弱环节，长期的高速旋转和较大的交变负荷应力将造成曲轴圆角处产生裂纹或断裂。

图 3-55 曲轴易产生裂纹处

（1）磁力探伤法

先将曲轴用电磁探伤机磁化，再将磁粉末散在需要检查的部位，同时用小锤轻敲曲轴臂。如有裂纹，在铁粉末聚集的地方就会出现一条清晰的裂纹线条。

（2）浸油敲击法

将曲轴用煤油或柴油浸泡 5min 后取出擦干，在其表面均匀地涂上一层滑石粉，然后用手锤分段轻轻敲击曲轴的非工作面。曲轴如有裂纹，油渍经振动后就会经裂纹深处渗出而使曲轴表面的白粉变成黄褐色。

2. 检测曲轴的径向间隙

曲轴的径向间隙与发动机的工作温度、最高转速、零件材料等有关，同时影响机油压力大小，所以要对曲轴的径向间隙进行检测。检测步骤如下：

1）拆卸曲轴轴承盖。

2）清洗并擦净轴承和曲轴轴颈。

3）根据轴承宽度沿轴向在曲轴轴颈上放与轴承宽度等长的塑料间隙规，如图 3-56

所示。

4）安装轴承盖，并以规定力矩拧紧。

5）测量曲轴径向间隙时，不得转动曲轴。

6）拆卸轴承盖，将轴承盖与轴颈间被压扁的塑料间隙规取出，将其压扁的宽度与印刷刻度相比较，就可得出曲轴轴承的径向间隙值。

丰田1ZR发动机标准油膜间隙为0.016～0.039mm，当油膜间隙超过0.050mm时，需要更换曲轴轴承。

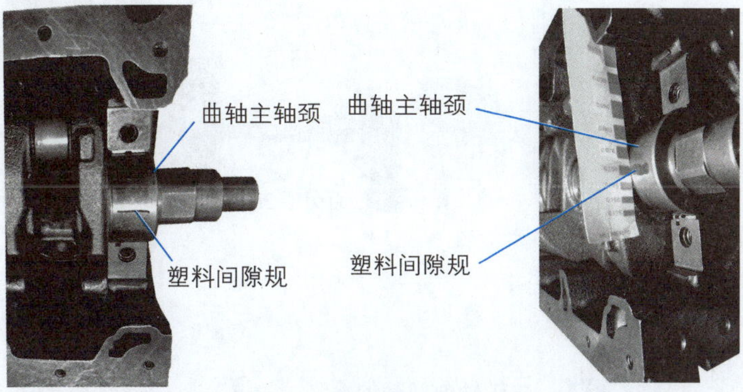

检查曲轴油隙

图3-56　测量曲轴径向间隙

塑料间隙规可以为固定表面间隙的测量提供一种既简单又有效的测量方法。它可以在普通间隙规无法插入的情况下测量间隙。如图3-57所示，塑料间隙规在接合表面被压扁后，将其与印刷刻度相比较，即能得出相应的间隙结果。

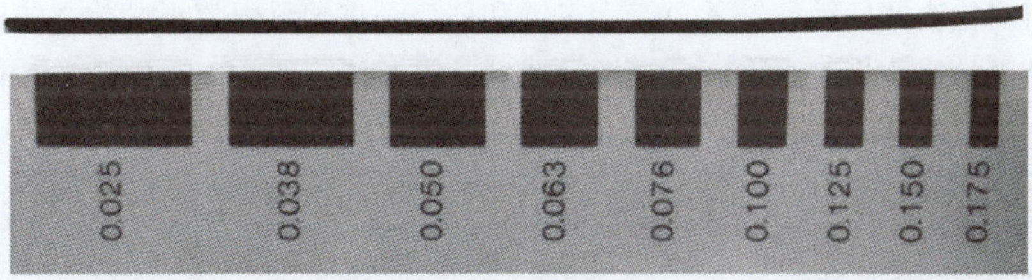

图3-57　塑料间隙规

3. 检测曲轴的轴向间隙

发动机工作时，由于温度升高，曲轴会发生膨胀，如果没有轴向间隙，会导致曲轴产生变形，所以在安装时要留有轴向间隙。轴向间隙不宜过大，否则会导致发动机运转时产生异响。具体检测方法如下：

1）拆卸曲轴轴承盖。

2）清洗并擦净轴承和曲轴轴颈。

3）安装轴承盖，并以规定力矩拧紧。

4）将百分表安装在缸体上，用一字螺钉旋具撬动曲轴，测量曲轴的轴向间隙，如图 3-58所示，最大应不超过规定标准。如果轴向间隙超出规定标准，应更换连杆或曲轴。

丰田1ZR发动机曲轴标准止推间隙为0.04～0.14mm，最大止推间隙为0.18mm；曲轴止推轴承的厚度为2.43～2.48mm。

检查曲轴轴向间隙

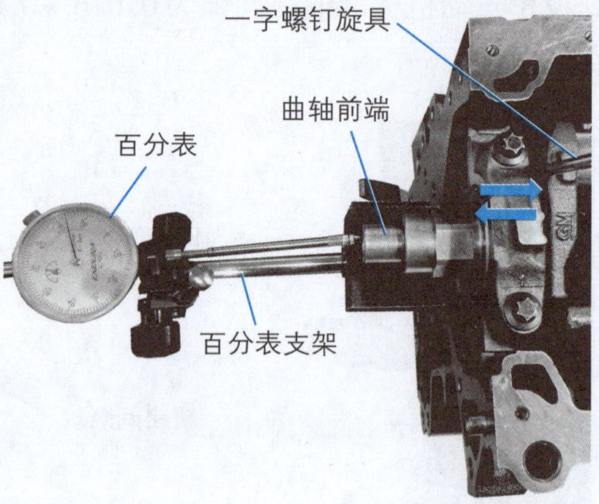

图 3-58　曲轴轴向间隙的检测

4. 检查连杆与曲轴连杆轴颈配合间隙

（1）检查连杆轴向间隙

安装连杆盖，来回移动连杆的同时，用百分表测量轴向间隙。丰田 1ZR 发动机标准轴向间隙为 0. 160 ~0. 342mm，如果轴向间隙大于最大值，则需更换连杆总成，甚至曲轴。

（2）检查连杆油膜间隙

清洁并直观检查曲柄销和轴承上有无点蚀和划痕，将塑料间隙规摆放在曲柄销上。检查并确认连杆盖上的朝前标记无误，不要转动曲轴，直接拆下两个固定螺栓和连杆盖。测量塑料间隙规最宽处，若测量值过大，则更换连杆轴承，甚至曲轴。标准参考：丰田 1ZR 发动机标准油膜间隙为 0. 030 ~0. 062mm，最大油膜间隙为 0. 070mm。

5. 检测曲轴的弯曲量

用 V 形架将曲轴两端水平支撑在平台上，使百分表的测量触点垂直抵压到第三道主轴颈上。转动曲轴 1 周，百分表指针所指示的最大和最小读数差值即为曲轴的圆跳动误差，如图 3-59 所示。

6. 检测曲轴的轴颈磨损量

用外径千分尺测量曲轴主轴颈和连杆轴颈的圆度误差和圆柱度误差，来确定曲轴轴颈的磨损量，如图 3-60 所示。每个轴颈分别检测两个截面，每个截面检测垂直与水平两个直径，同时记录各个轴颈的数据。

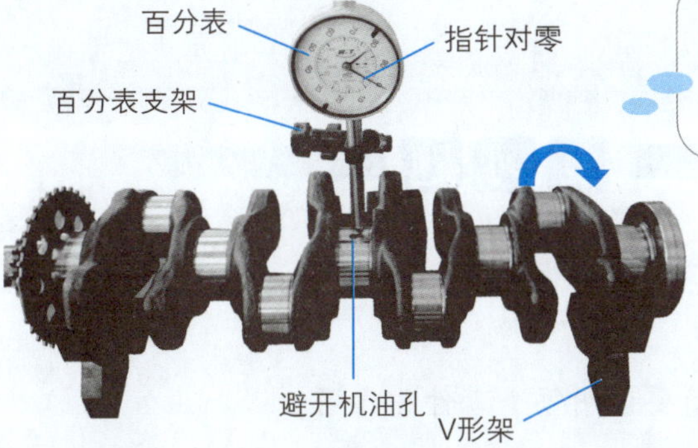

丰田1ZR发动机曲轴圆跳动误差应不大于0.03mm。

曲轴圆跳动的检测

图 3-59　曲轴弯曲量的检测

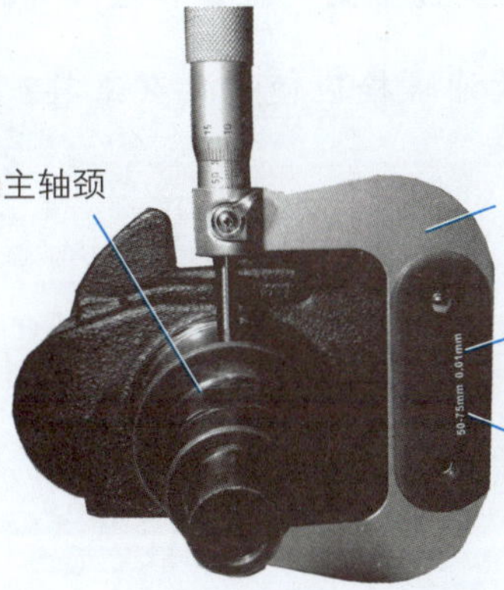

丰田1ZR发动机曲轴轴颈最大圆度误差和圆柱度误差均不超过0.004mm，连杆轴颈标准为43.992~44.000mm。曲轴主轴颈标记不同，其轴径也不同。

曲轴圆度的测量

图 3-60　曲轴轴颈的检测

7. 检测飞轮工作表面及其环齿

如图 3-61 所示，检查飞轮与离合器的工作表面是否有明显的划伤或沟槽，用钢直尺、塞尺或百分表检查飞轮的平面度，应不大于 0. 20mm，否则应更换飞轮。

图 3-61　飞轮的检查

检查飞轮环齿是否出现齿面过度损伤、齿面胶合、齿面塑性变形甚至齿面断裂的现象，如果出现，则应更换飞轮或齿环。

复习题

任务一　机体组的结构与维修

1. 机体组由哪些零件组成？简要说明每个零件的作用。
2. 发动机气缸盖由哪些部分构成？各个部分有何作用？
3. 燃烧室由哪些零件构成？常见的汽油发动机燃烧室有哪些类型？
4. 观察实习用的气缸体，辨别气缸套的类型，说说干式气缸套和湿式气缸套有何区别？
5. 查找实习用发动机维修资料，拆装油底壳放油螺栓应使用什么工具？其拧紧力矩是多少？
6. 用文字或图记录实习用发动机的正时记号。
7. 拆装气缸盖锁紧螺栓需要注意什么？
8. 怎样检查气缸盖是否有裂纹？
9. 怎样检查气缸盖下平面的平面度？
10. 怎样检查气缸的磨损程度？

任务二　活塞连杆组的结构与维修

1. 什么是发动机的制动作用？
2. 活塞连杆组由哪些零件组成？各有什么作用？
3. 活塞工作时，哪些位置存在摩擦？
4. 气环和油环磨损严重对发动机有什么影响？
5. 全浮式活塞销和半浮式活塞销有什么区别？
6. 怎样检测活塞与气缸配合间隙？
7. 怎么检查活塞环侧隙？

任务三　曲轴飞轮组的结构与维修

1. 曲轴由哪几部分构成？

2. 曲轴轴承上的凸榫有何作用？止推轴承有何作用？

3. 飞轮有何作用？

4. 查找维修手册，写出实习用的发动机拆装曲轴轴承盖螺栓的顺序及拧紧力矩。

5. 怎么检查曲轴的裂纹？

6. 怎样测量曲轴的径向间隙？

7. 怎样测量曲轴的轴向间隙？

8. 怎么检查连杆的油膜间隙？

9. 怎么检测曲轴的轴颈磨损量？

项目四 配气机构的结构与维修

配气机构的功用是按照发动机的工作顺序，定时地开启和关闭进、排气门，以保证可燃混合气或新鲜空气得以及时进入气缸，并把燃烧后生成的废气及时排出气缸。

如图 4–1 所示，配气机构包括气门组和气门传动组。气门组包括进气门、排气门、气门弹簧等，气门组用来维持气门的开闭。气门传动组包括正时链轮或正时传动带轮、正时链条或正时传动带、进气凸轮轴、排气凸轮轴等，其功用是定时驱动气门开启，并保证气门有足够的开度和持续时间。

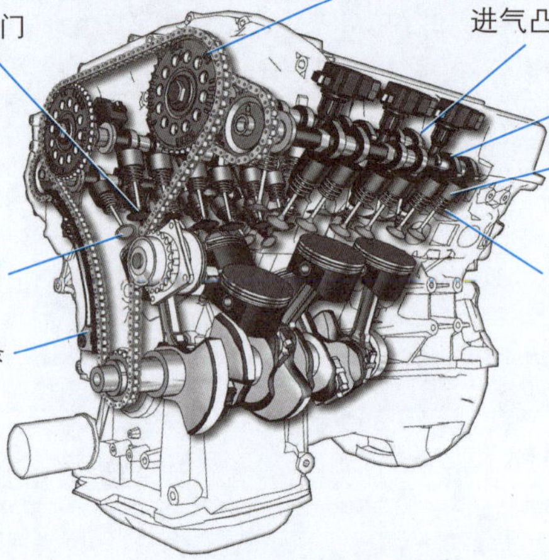

图 4–1　配气机构

任务一　气门传动组的结构与维修

一、气门传动组的结构

配气机构按凸轮轴位置分类，可以分为凸轮轴上置式、中置式和下置式。乘用车发动机凸轮轴通常位于发动机缸盖上，属于凸轮轴上置式。凸轮轴上置式有两种结构：一种是凸轮轴通过液压挺柱来驱动气门，另一种是凸轮轴通过摇臂来驱动气门，如图 4–2 所示。

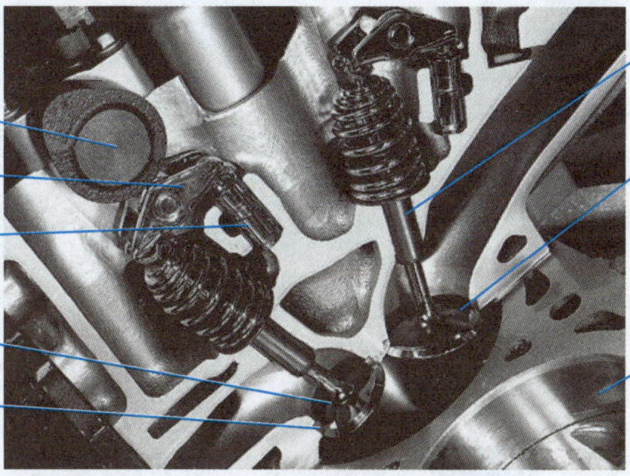

图 4–2　采用摇臂的配气机构

配气机构按传动方式分类，可以分为链条传动式、传动带传动式和齿轮传动式，乘用车一般采用链条或传动带传动。配气机构气门传动组主要包括凸轮轴、液压挺柱、正时链轮（或正时带轮）、正时链条（或正时带）和链条张紧装置等。

1. 凸轮轴

乘用车发动机气门传动组将曲轴上的动力通过曲轴正时传动带轮（或正时链轮）、正时传动带（或正时链条）、凸轮轴正时传动带轮（或正时链轮）传给凸轮轴。凸轮轴轴承盖将凸轮轴固定支承在气缸盖上。如图 4–3 所示，凸轮轴轴颈上还有机油孔，机油通过机油孔可以润滑凸轮轴轴颈和轴承盖。

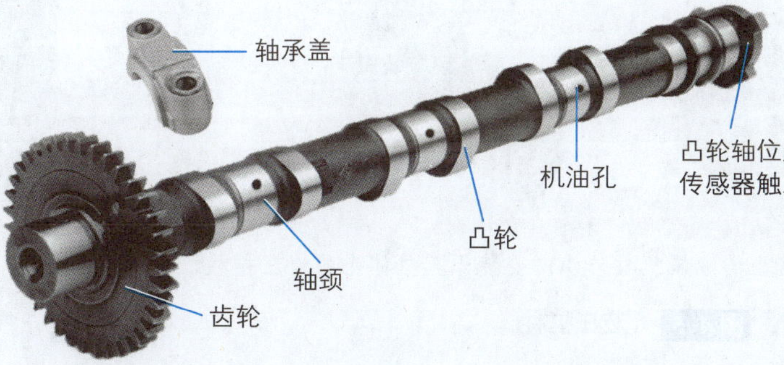

图 4–3　凸轮轴

气缸顶部如果有两根凸轮轴分别负责进、排气门的开闭，则称为双顶置凸轮轴。如图 4–4所示，凸轮轴上的凸轮有特殊的轮廓，它控制着气门的开启时刻、持续时间及气门的打开升程。

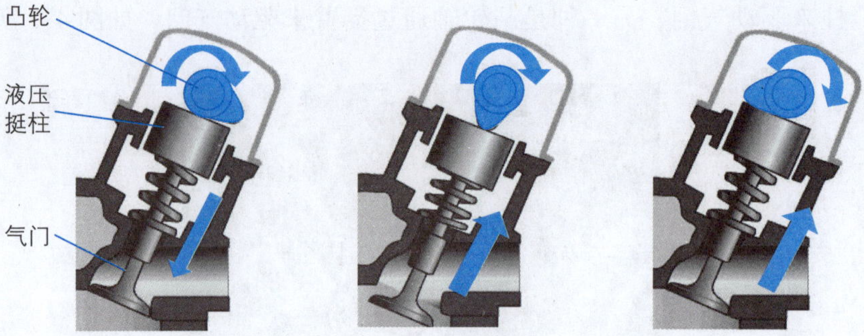

a）气门开始打开　　b）气门升程最大　　c）气门已经关闭

图 4-4　凸轮轴控制气门打开过程

2. 液压挺柱

发动机工作时，温度变化较大。由于热胀冷缩的原因，在发动机冷态时，需要在气门杆尾端留有间隙，以补偿气门受热后的膨胀量。因此，在常温装配发动机时，应在气门杆尾端预留一定的间隙，此间隙称为气门间隙。

目前轿车发动机通常采用液压挺柱或气门间隙调节器来调节气门间隙，如图 4-5 和图 4-6所示。液压挺柱上有进油口，它能利用来自机油泵的机油自动变化长度。气门间隙调节器用于带滚子摇臂的气门传动组中，其工作原理与液压挺柱类似。

a）安装于气缸盖上的液压挺柱　b）安装于气缸体上的液压挺柱

图 4-5　液压挺柱

图 4-6　气门间隙调节器

图 4-7 所示为液压挺柱的结构，机油从气缸盖油道进入液压挺杆的柱塞，在机油压力的作用下，单向阀弹簧被压缩，单向阀被打开，机油立即充满柱塞下的高压油腔。单向阀回位关闭，柱塞上升，消除气门间隙。当配气机构中的运动件磨损后，由于机油压力保持一定，在机油压力的作用下打开单向阀，机油立即充满柱塞下的高压油腔，柱塞上升，气门间隙会自动补偿。

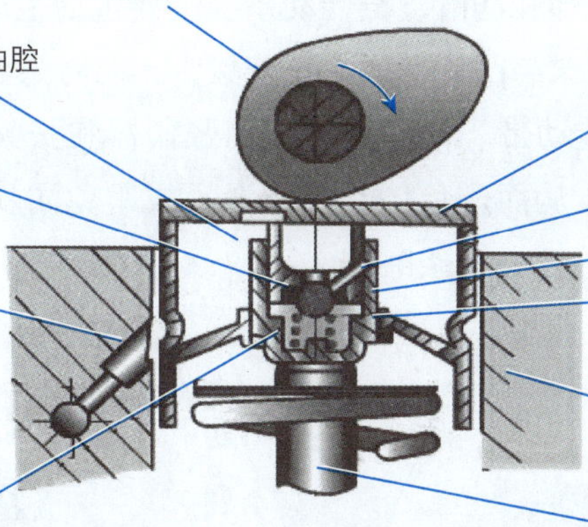

图 4-7 液压挺柱结构

3. 正时传动带和传动带轮

发动机正时传动带或正时链条的主要作用是驱动发动机的配气机构，使发动机进、排气门在适当的时候开启或关闭，以保证发动机气缸能够正常地吸气和排气。在有些车型上，正时传动带还带动水泵转动。

如图 4-8 所示，正时传动带属于橡胶部件，随着发动机工作时间的增加，正时传动带和正时传动带轮等都会发生磨损或老化。因此，在规定的周期内必须更换正时传动带及附件。一旦正时传动带发生跳齿或断裂现象，发动机则不能正常工作，会出现怠速不稳、加速不良现象，甚至造成损坏事故。

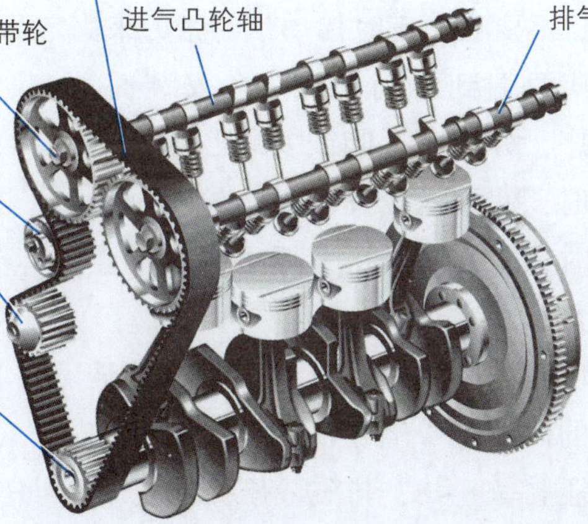

图 4-8 正时传动带和正时传动带轮

发动机正时传动广泛地采用了链传动系统，因其具有结构紧凑、传动效率高、可靠性与耐磨性好、终身免维护等显著优点。但正时链条和链轮高速运转，磨损快，温度高，因此必须要设计相应的润滑系统进行冷却和润滑。链传动系统主要包括主动正时链轮、从动正时链轮和正时链条，链轮通过键连接方式与凸轮轴或曲轴连接，正时链条和链轮上还有正时记号。

如图 4–9 所示，正时传动带、传动链常采用张紧器和张紧轮来保持正时传动带、链条在传动过程中适当的张紧力，从而避免传动带打滑，或避免同步带发生跳齿、脱齿而脱出，防止链条松动、脱落，减轻链轮、链条磨损。

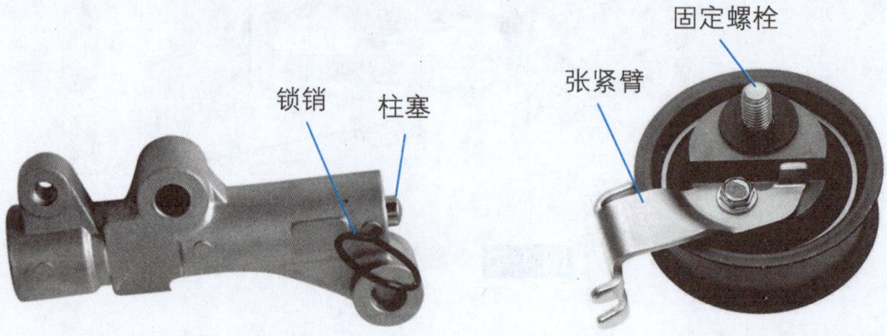

a）张紧器　　b）张紧轮

图 4–9　正时传动带张紧器和张紧轮

二、气门传动组的拆卸和安装注意事项

正时标记的检查　　正时带的拆卸与安装

1）转动曲轴传动带轮，对齐曲轴传动带轮与壳体上的记号，对齐凸轮轴正时传动带轮或链轮的相关记号。

2）拆下正时传动带或链条张紧器后，不可以转动曲轴，防止活塞上行碰撞气门。

3）不要弯曲、扭转或翻转正时传动带。不允许正时传动带接触油、水和蒸气。安装或拆卸凸轮轴固定螺栓时，不要利用正时传动带的张力来固定凸轮轴。

4）拆卸时，按照从两端到中间的顺序。安装时，按照从中间到两端的顺序，分多次拆卸或安装凸轮轴轴承盖的固定螺栓。拆卸时，使用橡胶锤轻敲凸轮轴轴承两端，使其松动。安装时，用套筒、扭力扳手将轴承盖螺栓均匀拧紧。

> **技师指导：**按规定顺序拆卸轴承盖螺栓，以防凸轮轴发生变形。不要用工具或其他物体撬动和用力拆除凸轮轴。轴承盖孔径可能不同，安装时必须按原来的顺序。

5）拆下液压挺柱时，需要注意：用干净的布清洁液压挺柱表面，用黑色的油性记号笔在液压挺柱上做记号，可以在进气液压挺柱上写 1 ~ 8，排气液压挺柱上写 A ~ H；用带有磁性的专用磁力棒吸出液压挺柱，并按照次序摆放在零件车上。

6）安装时在液压挺柱、凸轮轴、轴承盖等摩擦表面，均匀涂抹润滑油。

7）在气门传动组安装后，要摇转发动机至少两圈，确保在发动机起动后，气门不会顶到活塞。

8）拆下链条张紧器后，不要转动曲轴，否则链条容易跳齿。链条张紧器结构如图 4–10 所示，安装链条张紧器前，松开棘轮爪，然后完全推入柱塞，将挂钩固定在锁销上，确保棘轮固定在柱塞的第一个齿上，使挂钩穿过锁销。逆时针转动曲轴，然后从挂钩上断开柱塞锁销，顺时针转动曲轴，然后检查并确认柱塞伸出。

参考标准：凸轮轴轴承盖拧紧力矩为20N·m，凸轮轴正时齿轮紧固螺栓拧紧力矩为80N·m。气缸盖紧固螺栓拧紧分四步：第一步 40N·m，第二步 60N·m，第三步 75N·m，第四步旋紧 90°。

凸轮轴的拆与安装

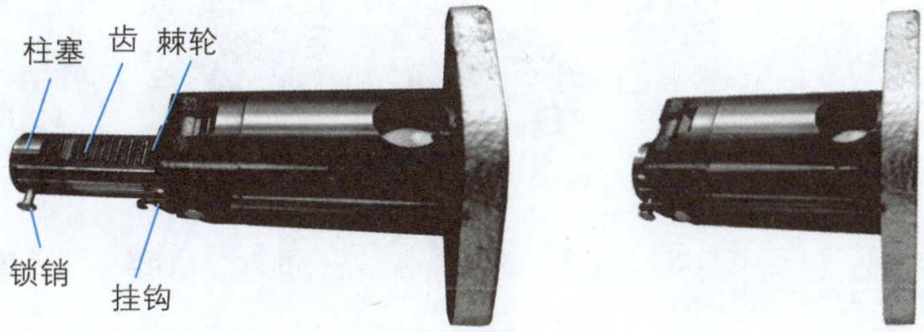

a）伸长状态　　b）压缩状态

图 4–10　链条张紧器

三、气门传动组的检查

1. 检查凸轮轴

1）如图 4–11 所示，检查凸轮轴轴颈和凸轮外观，轻微的麻点或划伤可用油石修磨后再用；若有较严重的损伤或过度磨损，则需更换凸轮轴。检查与凸轮轴相配合的轴承盖、缸盖是否有损伤。

2）检查凸轮轴的弯曲度。如图 4–12 所示，以凸轮轴轴颈为支点，将凸轮轴支撑在 V

凸轮轴圆跳动的测量

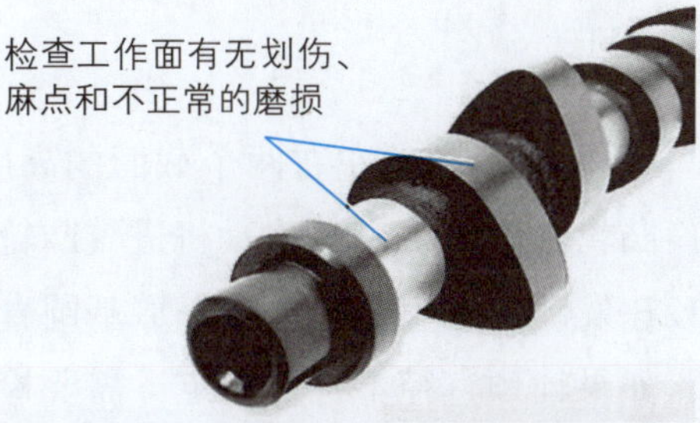

图 4–11　检查凸轮轴轴颈和凸轮外观

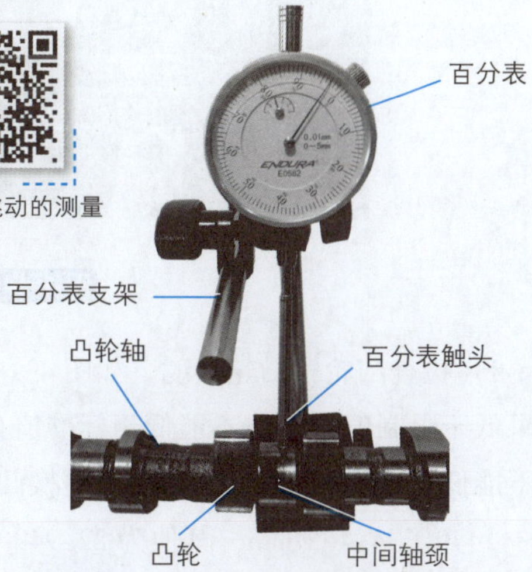

图 4–12　检查凸轮轴弯曲度

形架上，将百分表触头抵在中间轴颈上，转动凸轮轴一周，若丰田 1ZR 发动机凸轮轴中间的轴颈径向圆跳动量超过 0. 04mm，则需校正或更换凸轮轴。

3）检查凸轮轴的轴向间隙和径向间隙。检查凸轮轴的轴向间隙时，装上凸轮轴轴承盖，移动凸轮轴，撬动位置如图 4–13 箭头所示，查看其轴向间隙，磨损极限值为 0. 17mm。

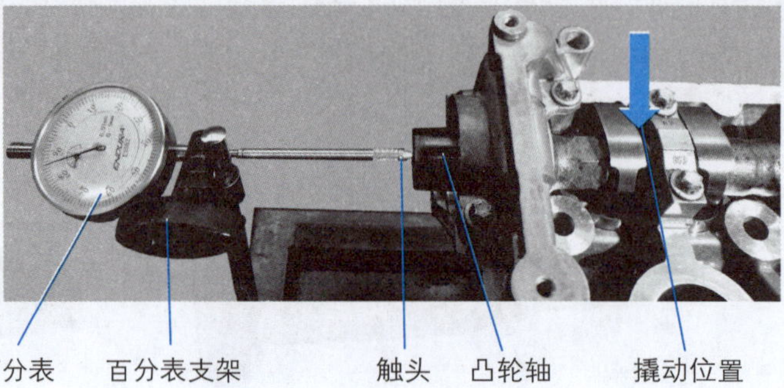

图 4–13　检查凸轮轴轴向间隙

如图 4–14 所示，检查凸轮轴的径向间隙时，清洁轴承盖和凸轮轴轴颈，将塑料间隙规摆放在凸轮轴各轴颈上，安装轴承盖，不要转动凸轮轴，拆下轴承盖。测量塑料间隙规最宽处，当凸轮轴 1 号轴颈间隙超过 0. 085mm，其他轴颈间隙超过 0. 090mm 时，需更换凸轮轴或气缸盖。

4）检查凸轮轴轴颈。用外径千分尺测量左右两个截面相互垂直的两个方向的直径。如果超过磨损极限，需更换凸轮轴，如图 4–15 所示。

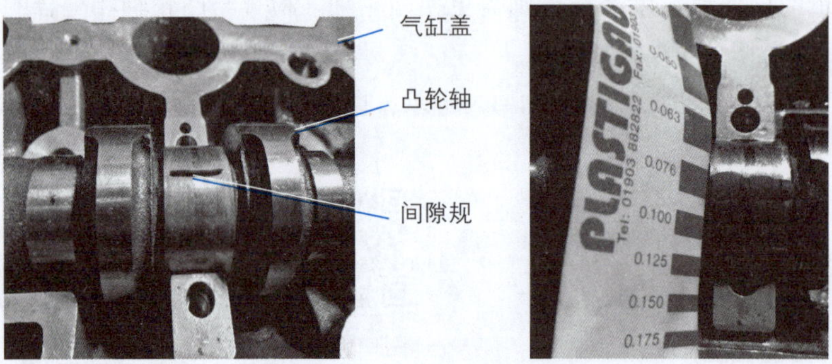

图 4–14　检查凸轮轴径向间隙

5）检查凸轮轴凸轮高度。如图 4–16 所示，采用千分尺测量凸轮左右两个截面的高度，如果低于限制值（一般不能低于标准值 0. 5mm），更换凸轮轴。丰田 1ZR 发动机进气凸轮高度不能低于 42. 666mm，否则需要更换凸轮轴。丰田 1ZR 发动机进气凸轮轴第一道基圆直径为 34. 449 ~ 34. 465 mm，其他为 22. 949 ~ 22. 965 mm，如果轴颈直径不符合规定，需要检查油膜间隙。

图 4-15　检查凸轮轴轴颈

凸轮轴直径的检测

图 4-16　检查凸轮轴凸轮高度

6）如图 4-17 所示，利用压缩空气检查凸轮轴上的机油道是否堵塞。

图 4-17　检查凸轮轴机油道

2. 检查正时传动带

就车检查正时传动带张紧度时，用手指在两传动带轮中间捏住正时传动带，以手指的力量能将正时传动带捏转 90°为合适，或按下传动带，其挠度为 10 ~ 15mm。正时传动带到了一定的行驶里程，应对其进行更换。

在平时维护时，应对其进行检查，检查方法如下：如图 4-18 所示，正时传动带背侧应光滑无弹性，并且用指甲压下时不会留下凹口，否则说明正时传动带硬化；检查正时传动带背面、齿根部等应无裂纹；检查传动带侧是否存在异常磨损，异常磨损时，侧边会呈锯齿状；检查正时传动带齿部是否异常磨损或缺齿。

3. 检查正时链条和链轮

将链条绕在链轮上，用游标卡尺测量链轮和链条的直径，如图 4-19 所示。丰田 1ZR 发动机进、排气凸轮轴链轮和链条最小齿轮直径为 96. 8mm，曲轴链轮和链条最小齿轮直径为 51. 1mm。如果直径小于最小值，则更换链条和齿轮。

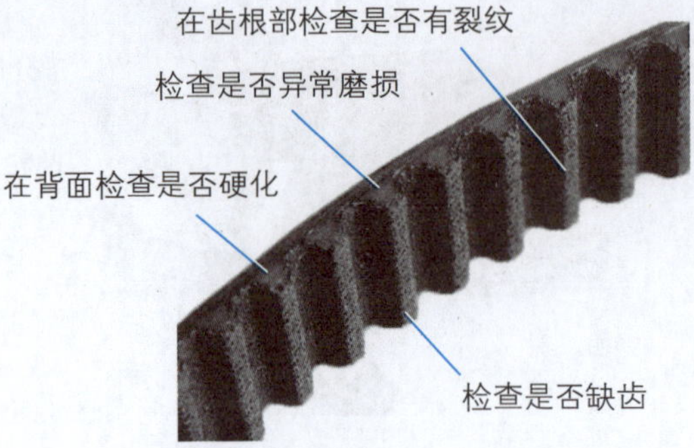

图 4-18 正时传动带的检查

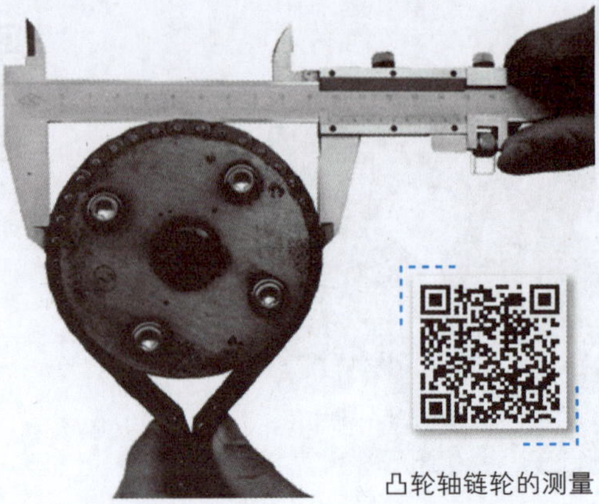

凸轮轴链轮的测量

图 4-19 正时链条和链轮的检查

4. 气门间隙的检查

检查具有自动调整气门间隙功能的发动机时，需要多次提高发动机转速。如果气门杆部发出异常噪声，使发动机暖机并怠速运转 30min 以上，再次进行以上检查。检查过程中如果发现其他故障，则检查间隙调节器或液压挺柱。

未使用液压挺柱或气门间隙自动调节器的发动机，其气门间隙检查如下：

气门挺柱的测量

1）准备塞尺和木制或塑料楔条。

2）起动发动机并运转到正常温度，将发动机转速提高到大约 2500r/min，运转 2min。

3）安装机油压力表或通过机油压力指示灯，检查机油压力是否正常。

4）转动曲轴，直到被检查挺杆的凸轮朝上。

5）如图 4-20 所示，在凸轮的基圆朝下时，测量凸轮和挺杆之间的间隙，用木制或塑料楔条向下压住挺杆。如果凸轮轴和挺杆之间能放入 0. 20mm 的塞尺，则液压挺杆工作不正常，需要检查是否是液压挺杆损坏、液压挺柱承孔磨损、气门杆磨损变短等原因。

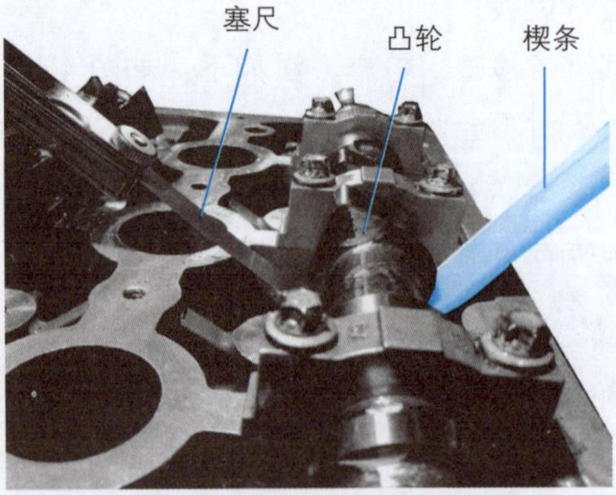

图 4-20 检查气门间隙

任务二　气门组的结构与维修

一、气门组的结构

发动机气缸内不断进行工作循环，必须持续输入新的燃料并及时排出废气，进、排气门在此过程中就扮演了重要角色。进、排气门是由凸轮控制的，适时地执行“开门”和“关门”这两个动作，使新鲜可燃混合气（缸外喷射发动机）或空气（缸内喷射发动机）得以及时进入气缸，废气得以及时从气缸排出。

如图 4–21 所示，气门组主要由进气门、排气门、气门弹簧、气门弹簧座、气门锁片、气门导管和气门油封等组成。气门处于关闭状态时，必须有一定的预紧力，否则容易漏气。气门密封时的预紧力和回位，都是依靠气门弹簧实现的。

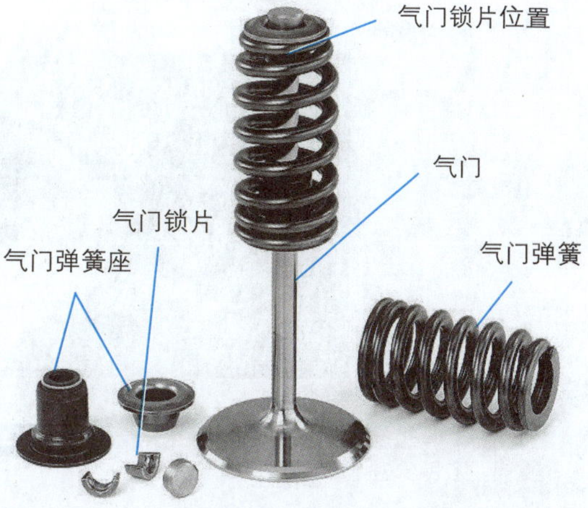

图 4–21　气门组

1. 气门

如图 4–22 所示，气门包括头部和杆部两部分，气门头部的锥面用来密封，通常采用 45°。气门杆部制成中空，可减轻质量。为了增加进气量，进气门通常都会比排气门大一些。因为一般进气是靠真空吸进去的，而排气是靠挤压将废气推出的，所以排气比进气相对容易。气门杆凹槽位置用于安装气门锁片，气门锁片可以将气门杆固定在气门弹簧座圈上，如图 4–23 所示。常见的发动机每个气缸有两个进气门和两个排气门。

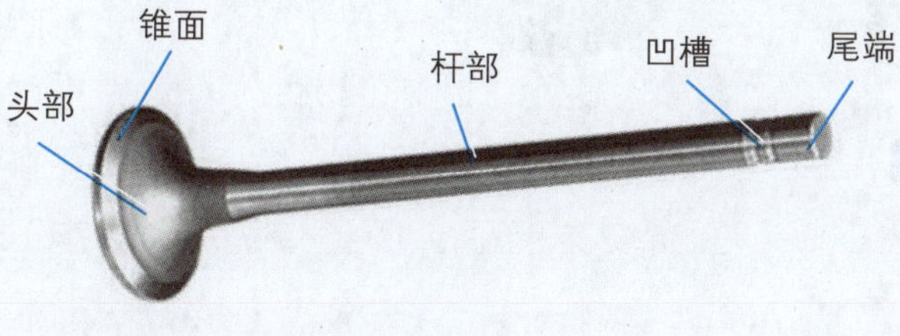

图 4–22　气门

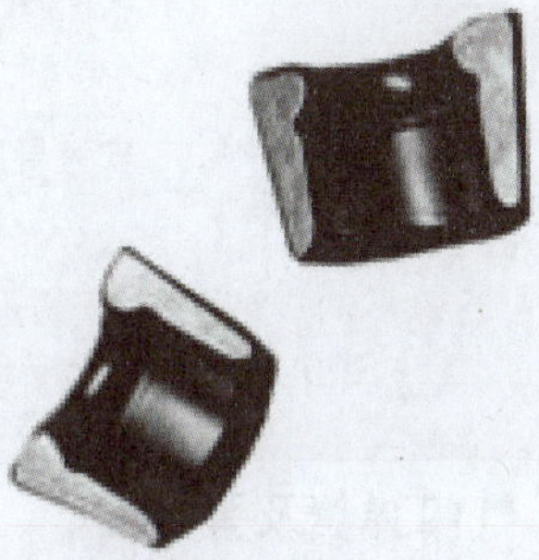
图 4–23　气门锁片

2. 气门座圈

气缸盖上与气门锥面相贴合的部位称气门座圈，其位置如图 4–24 所示。气门座圈的工作温度较高，又承受频率极高的冲击载荷，容易磨损。气门座圈镶嵌在气缸盖上，在气门关闭后，气门锥面和气门座圈要配合密封，不能留下一丝“门缝”，否则会漏气。气门座圈与气门座圈孔采用较大的过盈配合，可采用热装法或冷装法装配。

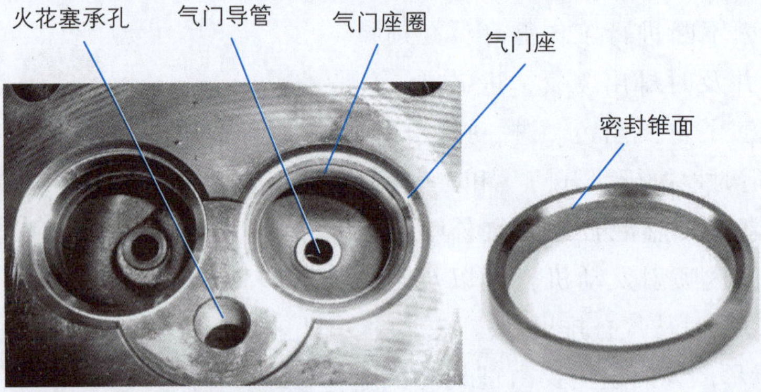

图 4–24　气门座圈

3. 气门导管和气门油封

气门导管的结构如图 4–25 左侧所示。气门导管起到运动导向作用，使气门保持直线运动状态，以便气门与气门座或气门座圈能正确贴合，还能将气门杆的热量部分传给气缸盖。为了防止气门导管在使用过程中松脱，有的发动机对气门导管用卡环定位。为了防止机油通过气门与气门导管之间的间隙渗入气缸，在气门导管上安装有气门油封。

图 4–25　气门导管和气门油封

4. 气门弹簧及弹簧座

气门弹簧可以使气门自动回位关闭，保证气门与气门座的座合压力，吸收气门在开关过程中各传动零件产生的惯性力。如图 4–26 所示，气门弹簧采用圆柱形螺旋弹簧，一端支承在气缸盖上，而另一端则压靠在气门杆端的弹簧座上，弹簧座用锁片固定在气门杆尾部。安装时，弹簧节距大的一端朝上。

高转速发动机多数采用一个气门安装内外直径不同的两个气门弹簧，由于两个弹簧共振频率不同，这样可以防止共振现象。装用两个气门弹簧时，内外弹簧的螺旋方向应相反，防止折断的弹簧圈卡入另一个弹簧圈内。

图 4–26 气门弹簧和弹簧座

二、气门组拆卸、安装注意事项

1）准备图 4–27 和图 4–28 所示的气门弹簧钳、气门导管冲子等专用工具。不使用专用工具拆装气门组可能会损坏气缸盖或气门组零件。

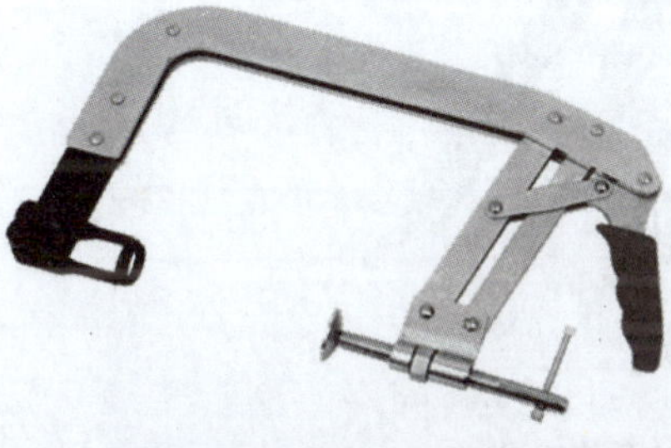

图 4–27 气门弹簧钳

图 4–28 气门导管冲子

2）如果需要更换气门导管、气门座圈等，需要加热气缸盖时，严防发生火灾，应在周围放一个灭火器。

3）工作中要避免锋利刮刀、钢丝刷等刮伤气缸盖、气门等部件。

4）气缸盖下平面不能直接朝下，必须朝下时，应垫上木块。不可以把气缸盖直接放在地面或金属工作台上，防止气缸盖产生划痕。

5）如图 4–29 所示，按顺序拆卸弹簧座圈、气门弹簧和气门，并按顺序摆放。如图4–30

所示应有序摆放零件，以防气门顺序弄错，造成气门与气门座圈配合不好，导致研磨气门困难。

图 4-29 拆卸进气门

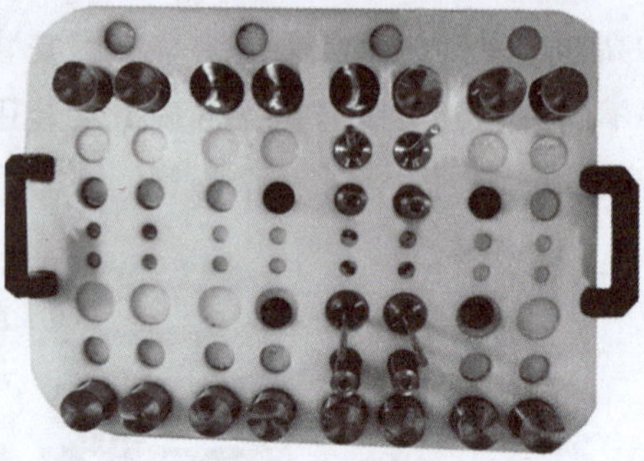

图 4-30 有序摆放零件

6）准备图 4-31 所示的气门油封拆装工具，拆卸气门油封时，注意进、排气门油封的颜色、大小区别。安装时，根据颜色、大小或其他标识区分进、排气门的油封。在新油封上及气门杆部涂抹一薄层机油，使用专用工具压入油封。

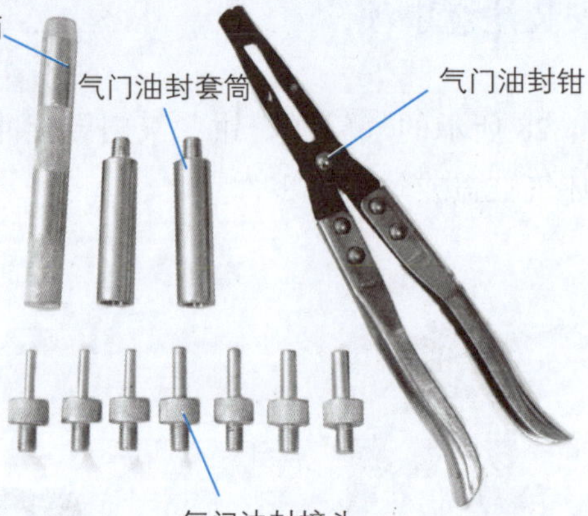

图 4-31 气门油封拆装工具

7）安装完气门弹簧和锁片后，用塑料锤轻敲气门杆顶部以确保安装到位。

三、气门组的检修

1. 检查进气门和排气门

1）如图 4-32 所示，目测检查气门锁片凹槽是否出现破损或磨损，检查气门杆是否弯曲变形，清除气门头部上的积炭；查看气门头部工作面，若有轻微的斑点和烧蚀，可以通过研磨予以修复。

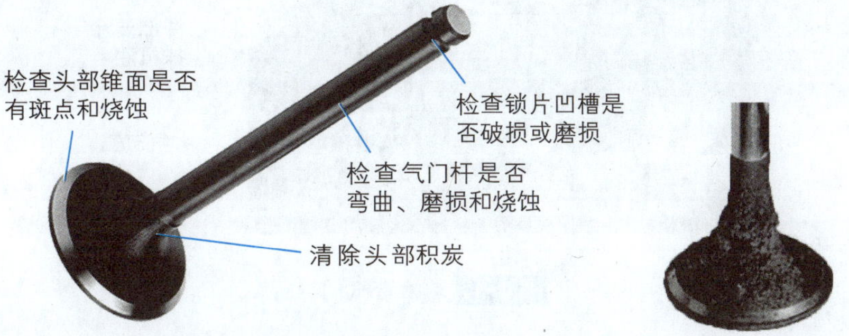

图 4-32 目测和清理检查气门

2）如图 4–33 所示，用游标卡尺测量气门的总长，用千分尺测量杆部的直径，用游标卡尺测量气门边缘的厚度。丰田 1ZR 发动机进气门标准长度为 109. 34mm，长度小于 108. 84mm 时，需要更换气门；进气门标准直径为 5. 470 ~ 5. 485 mm，否则需要更换气门并检查气门导管磨损情况。

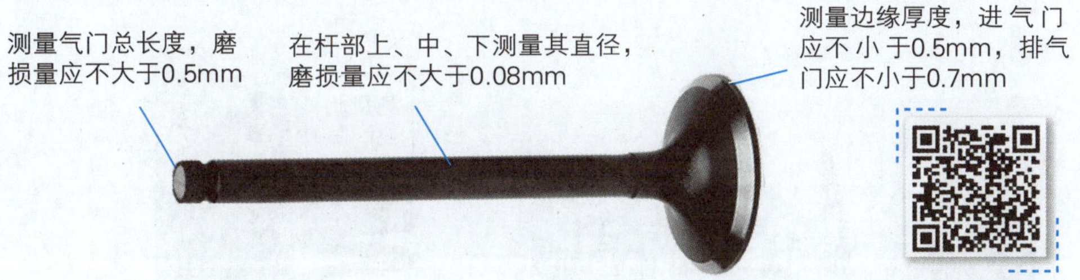

气门组件的测量

图 4-33 测量气门

2. 检查气门导管

气门导管的主要损坏形式是磨损过度。用内径规测量内径，将其值减去气门直径即为油膜间隙，若进气门油膜间隙超过 0. 08mm，需要更换气门和气门导管。

利用经验法检查油膜间隙，如图 4–34 所示，将气门杆部和气门导管清理干净，在气门杆上涂抹一层机油后放入气门导管中，上下拉动气门数次，然后提起气门，如果松开手后气门慢慢下落则正常；如果迅速下落，说明此间隙过大；如果不能下落，说明气门杆部发生变形，需更换。

如果更换气门导管，需要将气缸盖加热至 80 ~ 100℃。更换气门导管后，需要测量其高度，进气门导管凸出高度为 9. 9 ~ 10. 3mm。

图 4-34　检查气门导管

3. 检查气门弹簧

气门弹簧的损坏包括裂纹、磨损、自由长度变短、变形和弹力降低等，其中最常见的损坏形式是自由长度变短和弹簧变形。

如图 4–35 所示，使用游标卡尺可以测量气门弹簧的自由长度，一般要求其自由长度不小于标准长度 1mm，丰田 1ZR 发动机气门弹簧长度为 53. 36mm。如图 4–36 所示，使用钢角尺测量气门弹簧的偏移量，气门弹簧的轴线与端面应垂直，一般要求垂直度误差小于 2°或 1mm。

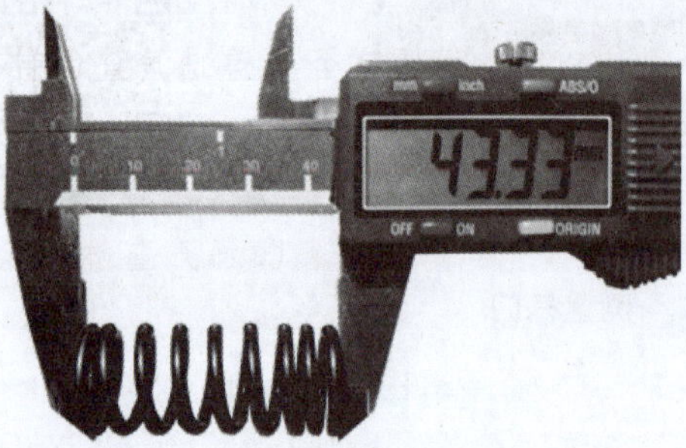

图 4-35　测量气门弹簧的自由长度

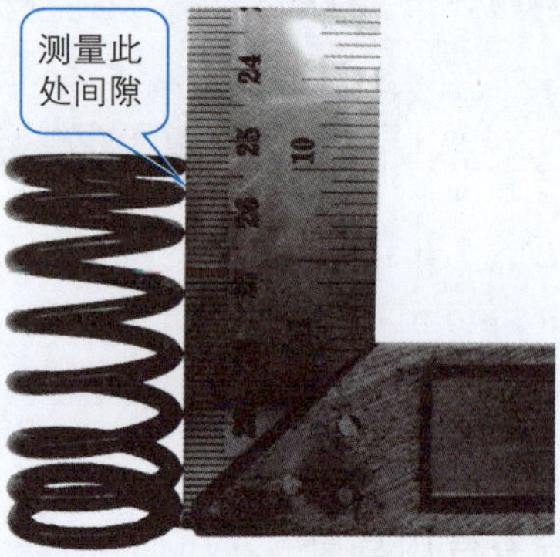

图 4-36　测量气门弹簧的偏移量

4. 检查气门与气门座圈的同心度

为了确认气门锥面与气门座圈是否密封，需要检查气门与气门座圈的同心度。目测检查气门座圈，轻微损伤可以研磨维修，严重损伤需要更换。

1）在气门锥面上涂抹一层红丹油，再将气门安装到气缸盖上。

2）将气门压紧在气门座圈上，并转动数圈后将气门拆下。

3）目测检查气门锥面和气门座圈的磨损痕迹，应该围绕整个锥面，并且连续均匀，如图 4–37 所示。

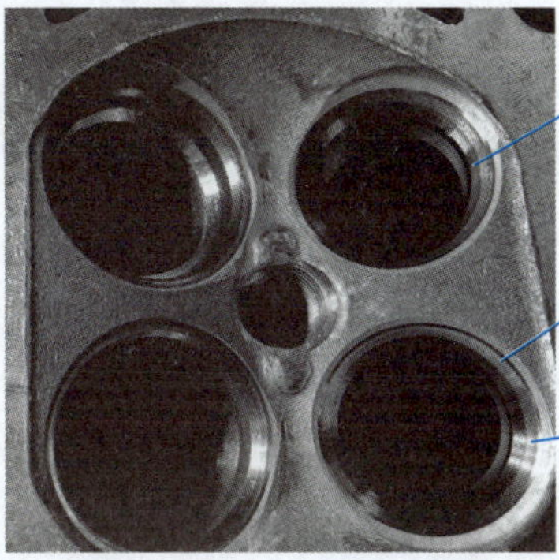

图 4-37　检查气门座圈锥面

4）用钢直尺检查气门座圈中接触面的宽度，应在 1.0～1.4mm，如图 4-38 所示。

5）如图 4-39 所示，检查气门座圈接触面，应在气门锥面的中部，距离外径至少 0.5mm，气门座宽度应在 1.0～1.4mm 之间。

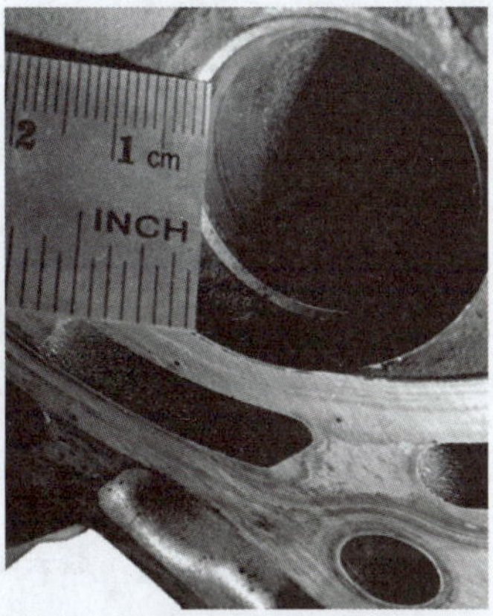

图 4-38　测量气门座圈接触面宽度

图 4-39　测量气门座圈接触面

5. 铰削气门座圈

气门座圈与气门接触位置可以被抬高或降低，这是通过切除或磨削气门座的上部或下部来实现的。

1）在整修气门座之前，检查气门导管与气门杆之间的间隙。如有必要，更换气门导管。根据气门导管内径，选择适合的铰刀导杆，铰刀导杆如图 4-40 所示。

2）砂磨硬化层。由于气门座存在硬化层，在铰削时，往往使铰刀滑溜，此时可用图 4-41所示铰刀状砂磨石砂磨气门座，或用粗砂布垫在铰刀下面先进行砂磨，然后再进行铰削。

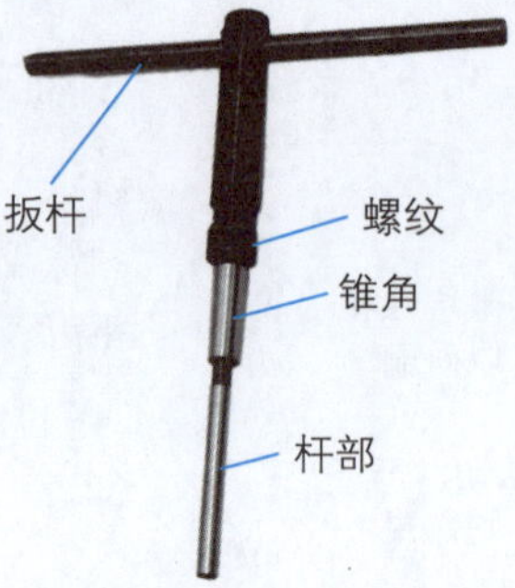

图 4-40 铰刀导杆

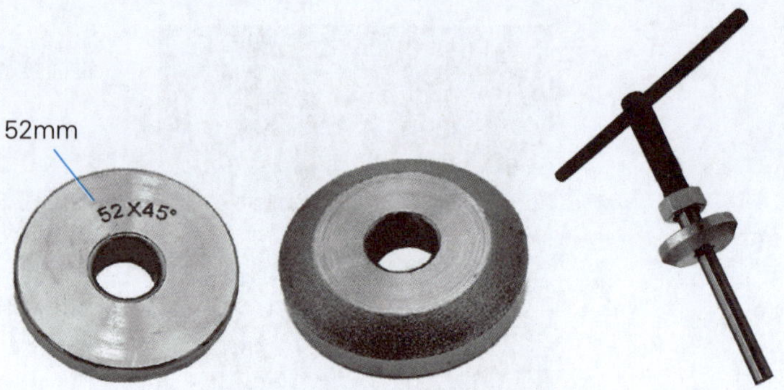

图 4-41 铰刀状砂磨石

3）选择铰刀。根据气门直径选用合适的气门座铰刀。如图 4-42 和图 4-43 所示，选用 45°粗铰刀，用力要均匀，转速要一致，防止起棱，要使气门座宽度大于规定值。铰削气门座时，在消除凹陷、斑点时铰削量要尽量小，用力要均匀，轻起轻落。

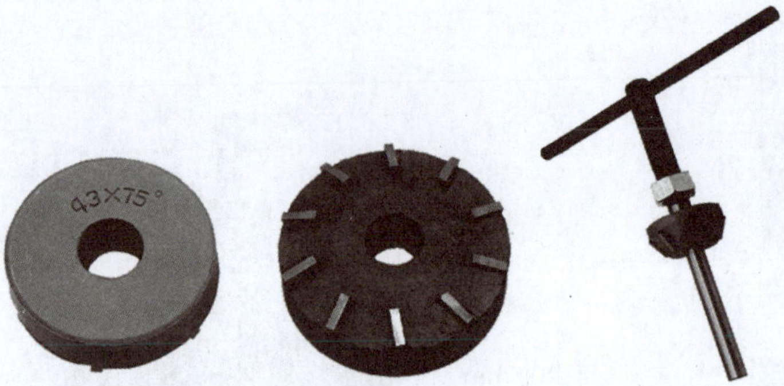

图 4-42 铰刀

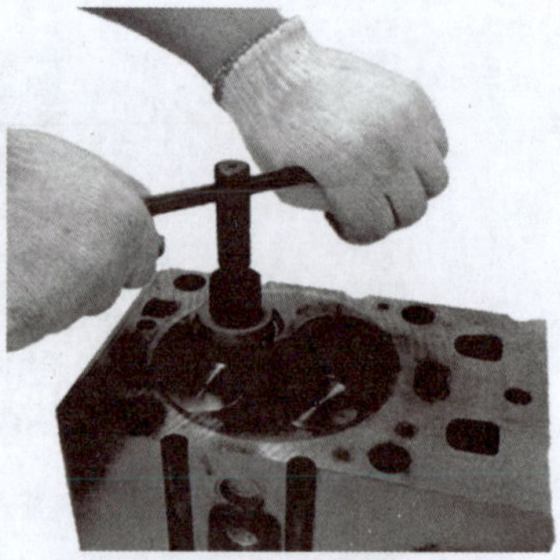

图 4-43 磨去硬化层

4）用气门进行试配，检查密封锥面的接触位置，应使气门锥面接触面居中略偏向锥面小端。若接触位置偏上，可用 30°铰刀铰削；如果接触位置偏下，可用 75°铰刀铰削下口。

5）进、排气门工作锥面宽度修整范围：进气门 1.0～2.2mm，排气门 1.5～2.5mm。

6）选用 45°细铰刀精铰气门座，或在铰刀下垫砂纸光磨气门座。

6. 研磨气门和气门座圈

气门与气门座圈有轻微的麻点，或气门座经过光磨和铰削后气门和气门座密封不严密，需要研磨。

1）清洗气门、气门座及气门导管等处。在气门上做好记号，以免在操作中弄错顺序。

2）准备好图 4-44 所示的研磨砂和图 4-45 所示的气门捻子，在气门工作锥面上涂上一层粗研磨砂，如图 4-46 所示，在气门杆部涂上机油，利用气门捻子吸住气门顶部，使气门锥面和气门座发生摩擦，如图 4-47 所示。

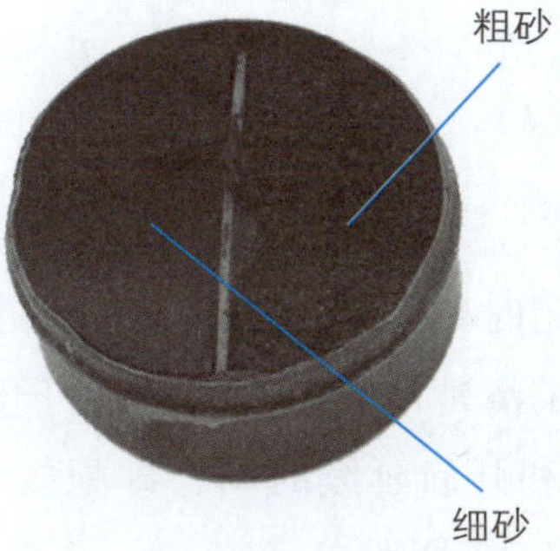

图 4-44 研磨砂

图 4-45 气门捻子

研磨气门时要注意，不要过分用力在气门上下敲打，否则气门或气门座上会出现凹形砂痕，影响维修寿命。研磨气门时，不用将研磨砂弄到气门杆部，否则气门杆部和气门导管会发生磨料磨损，降低维修质量。

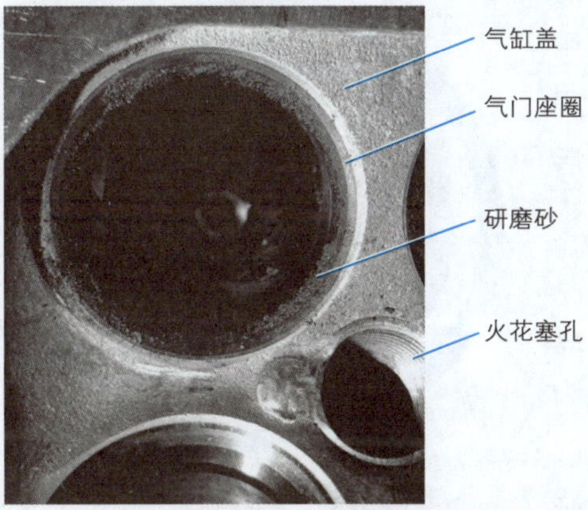

图 4-46 涂研磨砂

图 4-47 研磨气门

3）细研。当气门头部工作锥面出现一条完整无斑痕的接触环带时，洗去粗研磨砂，换用细研磨砂进行研磨。

4）油研。当气门锥面上的接触环带颜色变成灰色时，将气门、气门座及气门导管清洗干净，涂上干净的机油继续研磨几分钟后再试漏。

5）试漏。选择渗油法或画线法对气门与气门座的密封情况进行试漏，如果渗漏，需要重新研磨。将气门轻轻拍打在相应气门座上，将汽油浇在气门顶面上，如果 5min 内不渗漏，表明气门与气门座密封良好。

任务三　配气相位和可变气门正时的维修

一、配气相位的原理和检查

1. 配气相位的原理

发动机运转时每个行程所占时间很短，气门的开启和关闭时刻不是在上、下止点处，而是采用提前打开和迟后关闭的办法来延长进、排气时间。为了清楚地表达气门提前打开和迟后关闭的时间，采用曲轴转角来表示进、排气门的开启时刻和开启延续时间，即配气相位。通常用环形图来表示配气相位的关系，即配气相位图，如图 4–48 所示。

进气门提前打开可以减小进气阻力，当活塞从上止点下行时，进气门已经有了大的进气通道。从进气门开到上止点曲轴所转过的角度称作进气提前角，记作 α，α 一般为 10°～30°。进气门迟闭是利用进气气流的惯性多进气，增加进气量。从进气行程下止点到进气门关闭曲轴转过的角度称作进气迟后角，记作 β，β 一般为 40°～80°。

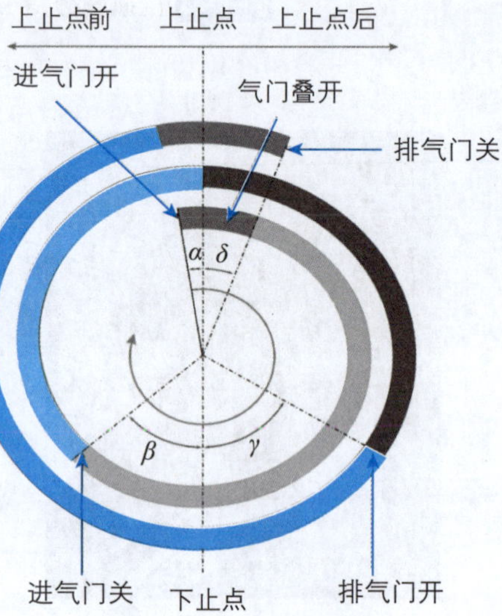

图 4–48　配气相位图

排气门早开可以使排气行程开始时的排气门有较大开度，减少排气阻力。从排气门开启到下止点曲轴转过的角度称作排气提前角，记作 γ，γ 一般为 40°～80°。排气门迟闭是利用废气的惯性多排气。从上止点到排气门关闭曲轴转过的角度称作排气延迟角，记作 δ，δ 一般为 10°～30°。

如图 4–49 所示，由于进气门的早开、排气门的迟闭使进排气门有同时开启的情况，进排气门同时开启所对应的角称作气门重叠角，其大小为 α 与 δ 之和。

2. 配气相位的检查

1）将发动机运转到正常温度后熄火，此时液压挺柱工作正常。检查正时传动相关的正时记号，应正常。

2）准备和传动带盘相同大小的量角器，或准备图 4–50 所示的辅助纸板贴在曲轴传动带盘上。

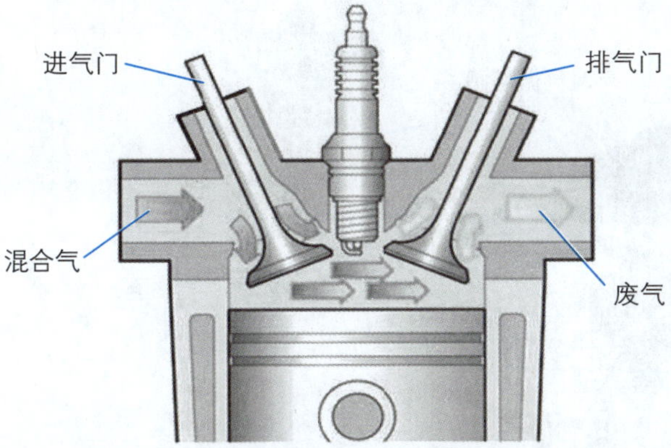

图 4-49　气门重叠

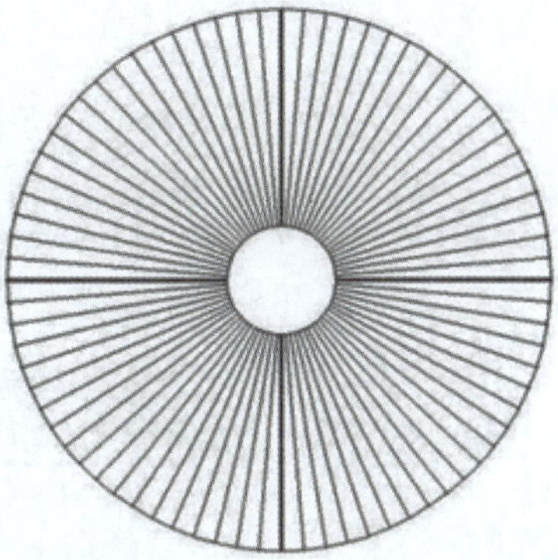

图 4-50　配气相位实训辅助纸板

3）在 1 号缸进气凸轮基圆朝向液压挺柱时，将百分表触头抵在 1 号缸进气门液压挺柱或进气门上，转动曲轴，观察百分表表针偏转，曲轴传动带盘正时记号与壳体上正时记号之间的夹角，即 1 号缸进气提前角。

4）按同样方法检查 1 号缸进气迟后角、排气提前角和排气迟后角。

二、可变气门正时系统的原理和检查

1. 可变气门正时系统的原理

可变气门正时（Variable Valve Timmg，VVT）逐渐取代了固定不变的气门正时。可变气门正时系统在低转速时，使进气门打开提前量小，以避免吸入废气；在高转速时，使进气门打开提前量大，以增大进气量。

可变气门正时系统可以代替废气再循环系统。如图4-51和图4-52所示，废气再循环（EGR）系统是根据冷却液温度、节气门位置、空气流量信号及EGR阀位置信号，精确控制EGR阀针阀位置，将一部分废气回送到进气歧管，并与新鲜混合气一起再次进入气缸。返回气缸的废气使混合气稀释，降低了最高燃烧温度，进而降低NO_x排放。由于可变气门正时系统可以实现废气再循环的功能，外置的EGR系统逐渐被替代。

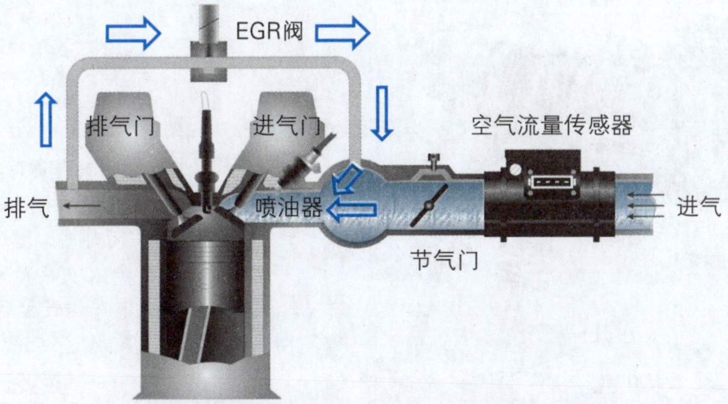

图 4-51　废气再循环（EGR）系统

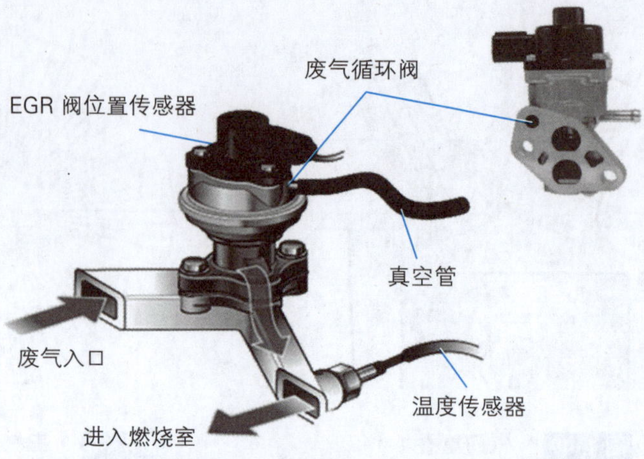

图 4–52　废气循环（EGR）阀

可变气门正时控制系统可以采用正时带或正时链条将动力传给凸轮轴，如图 4–53 所示，有的可变气门正时控制系统只能调节凸轮轴转动的角度；有的可变气门正时系统，不仅能调节凸轮轴转动的角度，还可以调节气门的升程，如图 4–54 所示。

低温、低负荷低速时，VVT的控制延迟进气门的打开时刻，提前排气门的关闭时刻，可减少气门重叠，以减少废气逆吹入进气管，从而达到稳定怠速、提高燃料经济性和起动性能的目的。

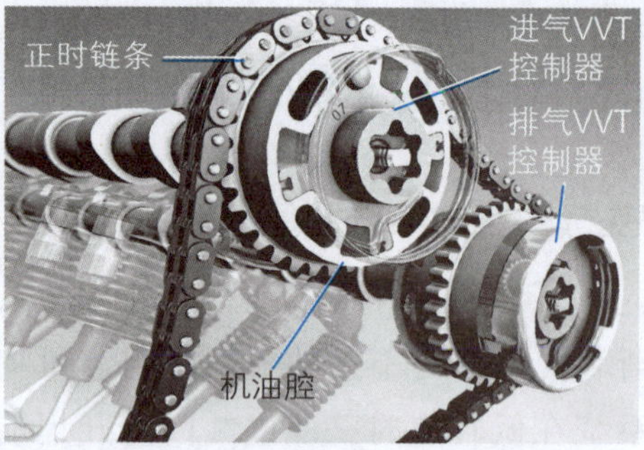

图 4–53　链条传动的可变气门正时控制系统

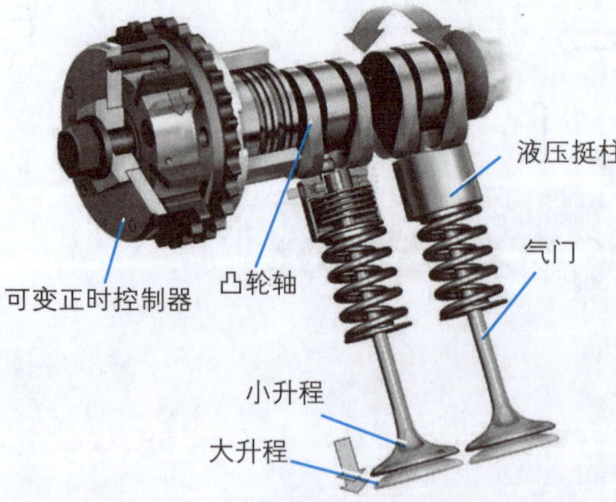

中等负荷或高负荷中低速时，VVT提前进气门的打开时刻，推迟排气门的关闭时刻，增加气门重叠角度，以增加EGR率和降低泵气损失，从而改善了排放控制和燃料消耗率。

图 4–54　可变配气正时与两级可变气门升程控制

可变气门正时系统包括 ECU、凸轮轴正时机油控制阀和 VVT 控制器、VVT 传感器（凸轮轴转速传感器）等。如图 4–55 所示，ECU 根据来自曲轴转速传感器、VVT 传感器、进气量、节气门位置和发动机冷却液温度等参数，向凸轮轴正时机油控制阀总成传送占空比控制信号（图 4–56），用来调节提供给 VVT 控制器的机油压力。

高负荷高速时，VVT控制提前排气门的打开时刻，可以减少泵气损失，延迟进气门的关闭时刻，提高充气效率，从而提高发动机的输出功率。

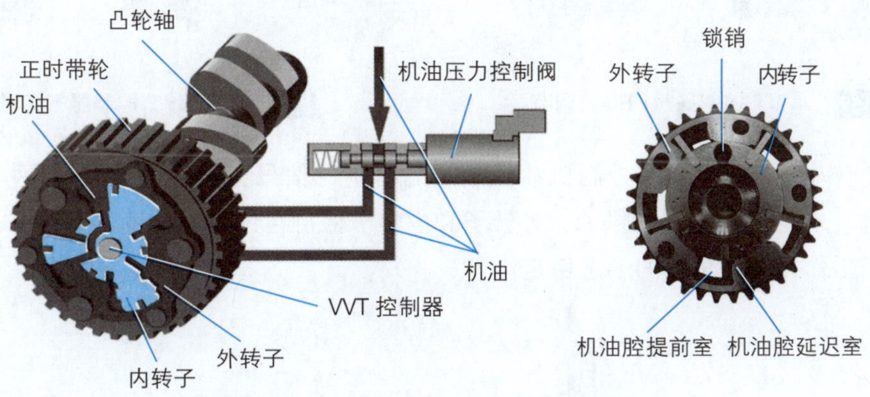

图 4–55　可变配气正时控制系统工作原理

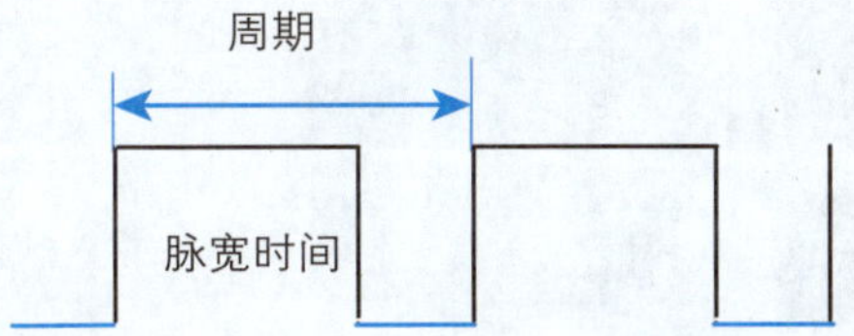

占空比信号是指在一个脉冲循环内，通电脉宽时间相对于周期所占的比例。

图 4–56　占空比信号

VVT 控制器处于初始位置时，机油控制阀的占空比通常为 0，阀芯没有移动。VVT 控制器右腔油压大于左侧油腔油压，外转子与内转子之间没有发生相对转动，即凸轮轴相对曲轴正时没有调节。通常进气 VVT 基准位置为进气配气相位滞后位置，即进气门滞后打开和关闭。

当机油控制阀的占空比逐渐加大时，阀芯向上移动位置，如图 4–57 所示，VVT 控制器左腔（A 腔）压力逐渐加大，当左腔压力克服右腔压力和其他阻力后，VVT 控制器内转子和凸轮轴顺时针转动，进气门将提前打开和关闭。

如图 4–58 所示，当 ECU 控制机油控制阀向下移动时，进入右腔（B 腔）的油压增高，左腔（A 腔）机油通过机油控制阀卸压，右腔压力大于左腔压力，VVT 控制器内转子和凸轮轴逆时针转动，进气门将滞后打开和关闭。

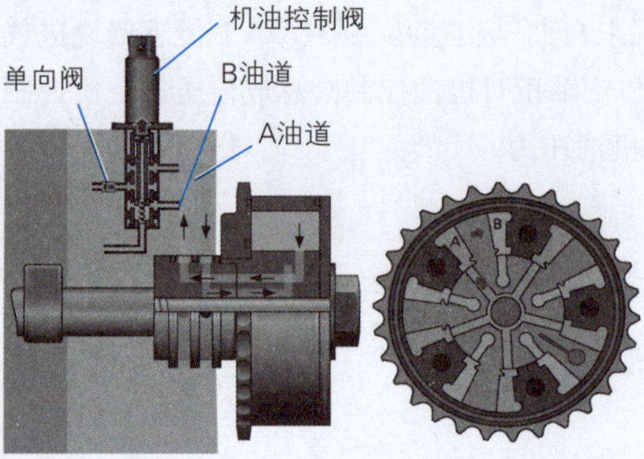

图 4-57　VVT 控制器气门提前调节

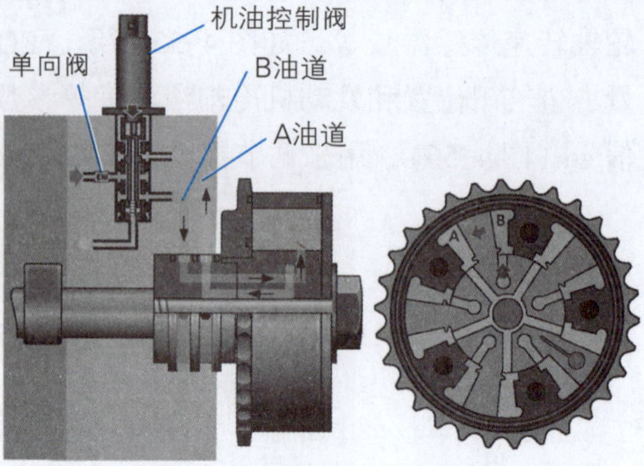

图 4-58　VVT 控制器气门滞后调节

当转子转动一定角度后，控制机油控制阀的占空比信号大约在 50%，如图 4-59 所示，VVT 控制器左右两侧油腔同时供油，外转子和内转子保持在该相对位置。通常 VVT 介入后，大部分时间工作在某一角度的动态稳定位置。

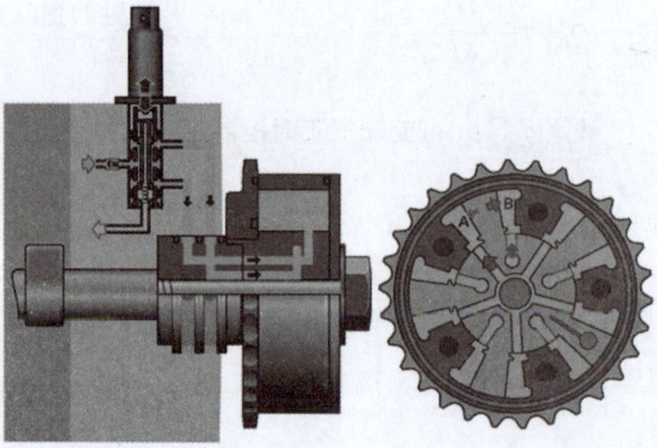

图 4-59　VVT 控制器气门稳定位置

VVT 控制器通过机油压力调节凸轮轴转角，使凸轮轴和曲轴之间的相对位置达到最佳，从而使各种行驶条件下的发动机转矩增加，燃油经济性得到改善，废气排放量减少。

2. 可变气门正时系统的检查

（1）凸轮轴正时机油阀的检查

凸轮轴正时机油阀用于调节机油压力，以调节液压腔体内机械部件之间的间隙，从而实现对配气时间提前、滞后的控制。如图 4-60 所示，凸轮轴正时机油阀主要由电磁铁、挺杆、调节活塞和回位弹簧等组成，ECU 通过控制电磁铁的占空比大小即可控制调节活塞的位置。

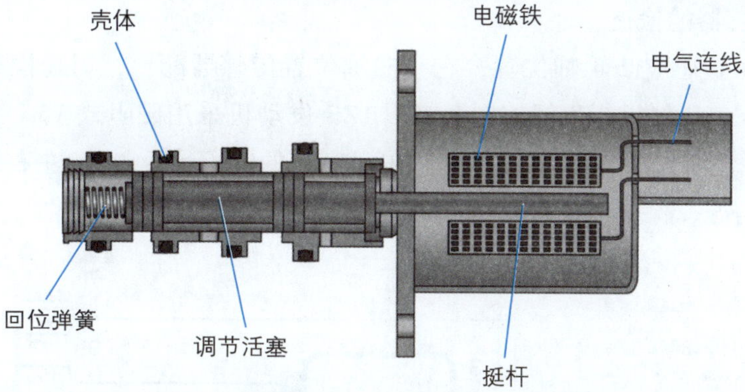

图 4-60　凸轮轴正时机油阀

如图 4-61 所示，检查凸轮轴正时机油阀的电阻及工作情况，参考图 4-62 检查凸轮轴正时机油阀两条接线是否断路和短路。如图 4-63 所示，检查机油控制阀滤清器、滤网有无阻塞。滤网破损会使异物进入阀内，使凸轮轴正时机油阀不能回位，从而导致微小压力泄漏。

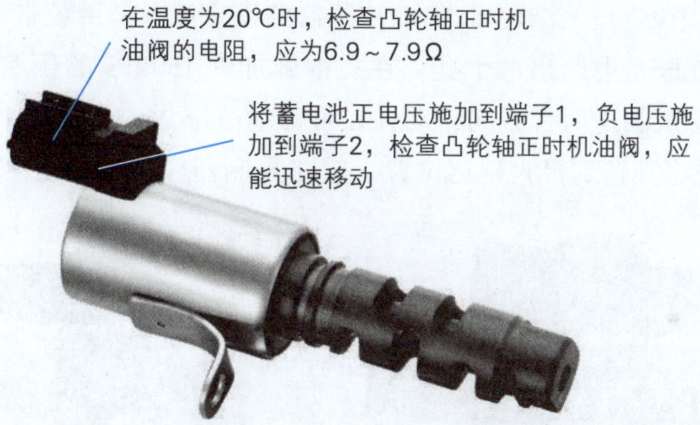

图 4-61　检查凸轮轴正时机油阀

测量短路与断路时参考汽车维修概述。B31是指ECU的插接器，100是指100号端子。

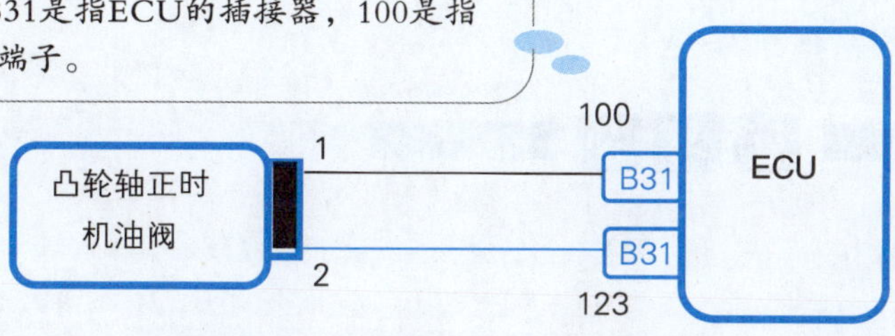

图 4-62　凸轮轴正时机油阀电路

图 4-63　机油控制阀滤清器

（2）VVT 传感器的检查

VVT 传感器负责感应凸轮轴位置，它与曲轴位置传感器配合，用来检测实际的配气正时，从而实现对配气正时进行反馈控制。丰田 1ZR 发动机采用磁阻式 VVT 传感器，其电路如图 4-64 所示，检查线路有无短路和断路，检查 VC 的电压是否在 5V 左右，检查凸轮轴位置传感器的安装情况，检查正时记号是否对齐。

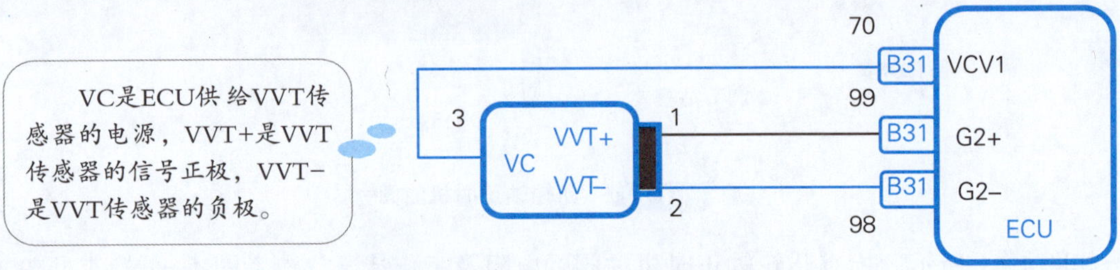

图 4-64　磁阻式 VVT 传感器电路

（3）VVT 控制器的检查

如图 4-65 所示，检查进气凸轮轴 VVT 控制器的锁止情况。用胶带密封 1 号轴承盖进气侧上的 VVT 油孔，在胶带上刺出一个孔。在孔中施加约 150kPa 的压缩空气，以松开锁销。用力将 VVT 控制器总成朝逆时针方向转动，在可移动范围 26. 5°～28. 5°内转动 VVT 控制器总成两三次，但不要将其转到最大延迟位置。VVT 控制器应转动顺畅，否则需要更换。

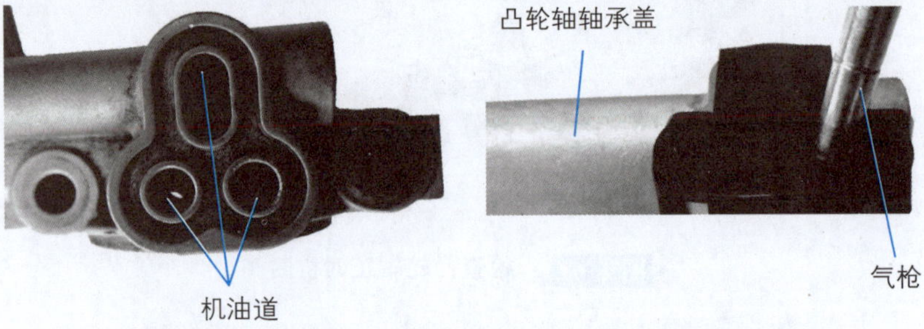

图 4-65　检查 VVT 控制器锁止情况

按同样方法检查排气 VVT 控制器，不同的是，需要在孔中施加约 2MPa 的压缩空气。

复习题

任务一　气门传动组的结构与维修

1. 配气机构分为哪两个组？它们的作用分别是什么？

2. 简单描述凸轮轴构造。

3. 液压挺柱的作用是什么？怎么检查它的好坏？

4. 为什么需要定期更换正时传动带和张紧轮？

5. 检查凸轮轴包括哪些项目？

6. 如何检查凸轮轴凸轮的磨损？

7. 如何检查正时传动带？

任务二　气门组的结构与维修

1. 气门组由哪些零件组成？气门包括哪几个部分？

2. 气门哪些部位在工作中会受到磨损？

3. 气门导管和气门油封分别起什么作用？

4. 气门弹簧长期使用后会发生什么变化？对发动机有何影响？

5. 怎么检查气门的磨损？

6. 怎么检查气门导管的磨损情况？

7. 怎么研磨气门和气门座圈？

任务三　配气相位和可变气门正时的维修

1. 什么是配气相位？

2. 什么是气门重叠角？

3. 简单描述废气再循环的工作原理，当 EGR 阀堵塞后对发动机有何影响？

4. 怎么检查凸轮轴正时机油阀？

5. 怎么检查 VVT 传感器？

6. 怎么检查 VVT 执行器？

项目五

燃料供给系统的工作原理与维修

任务一 空气供给系统的工作原理与维修

一、发动机空气供给系统

燃料供给系统包括空气供给系统、燃油供给系统和电控系统。发动机空气供给系统包括进气系统和排气系统，如图 5–1 所示。发动机进气系统包括空气滤清器、进气软管、中冷器、节气门体、进气总管、进气歧管等。排气系统主要作用是将气缸内燃烧的废气排出到大气中，它主要包括排气歧管、排气总管、三元催化转化器和消声器等。

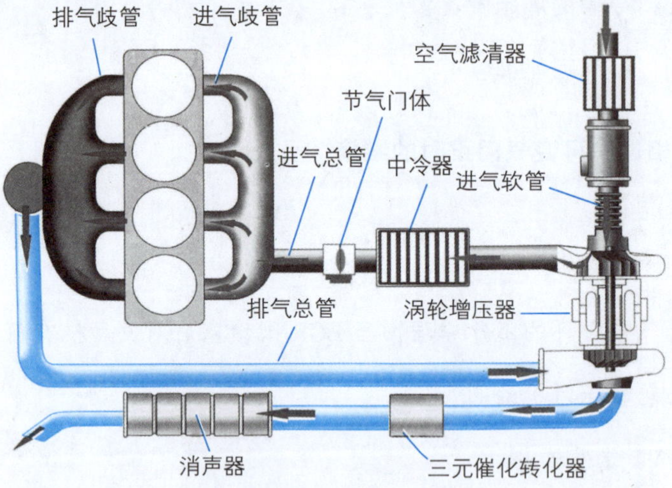

图 5–1 空气供给系统

1. 空气滤清器

如图 5–2 所示，空气滤清器内部安装了空气滤芯，主要负责过滤空气中的杂质。空气滤芯一般是纸质的，使用到一定程度会出现被尘土堵塞等现象，一般汽车行驶 5000 ~ 6000km

（或 3 个月）就需要对其清洁或更换。

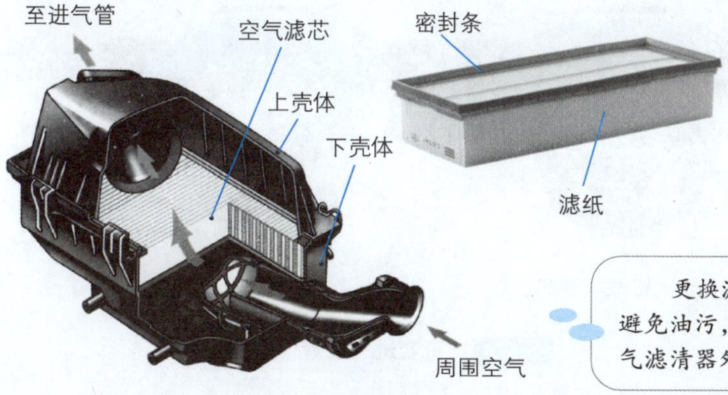

更换滤芯时，要避免油污，并清洁空气滤清器外壳。

图 5-2 空气滤清器

2. 进气管

发动机进气管包括进气总管和进气歧管。如图 5-3 和图 5-4 所示，进气总管包括进气软管和稳压箱等部分，稳压箱可以缓和空气脉冲，进气软管可以起到缓冲和伸缩等作用。进气歧管位于节气门体与进气门之间，它将可燃混合气或空气均等分送到各个气缸。长型进气歧管具有进气脉冲效果，可提高气缸的容积效率。

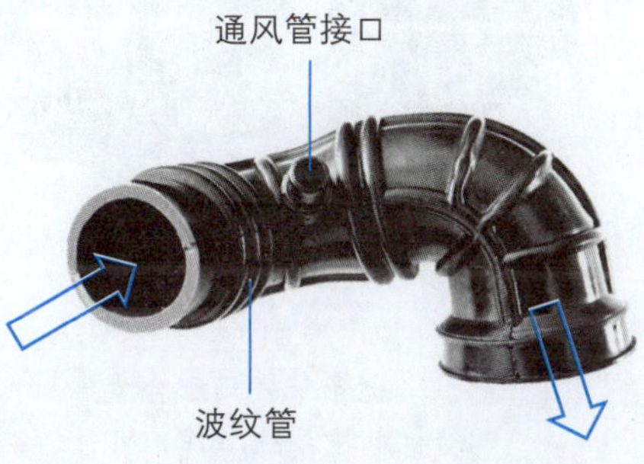

图 5-3 进气软管

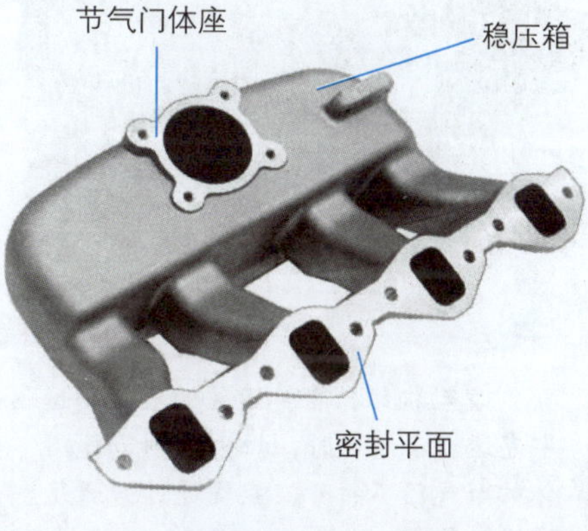

图 5-4 进气歧管

可变进气歧管是通过改变进气歧管的长度或截面积，提高燃烧效率。如图 5-5 所示，发动机低转速时，控制阀关闭，进气歧管变长，增加进气的速度和压力，让混合气混合更充分，使低速时运行更平稳、转矩更充足。发动机高转速时，控制阀打开，进气歧管变短，气流绕开下部导管直接进入气缸，这有利于增大进气量，使高速运行更顺畅、功率更大。

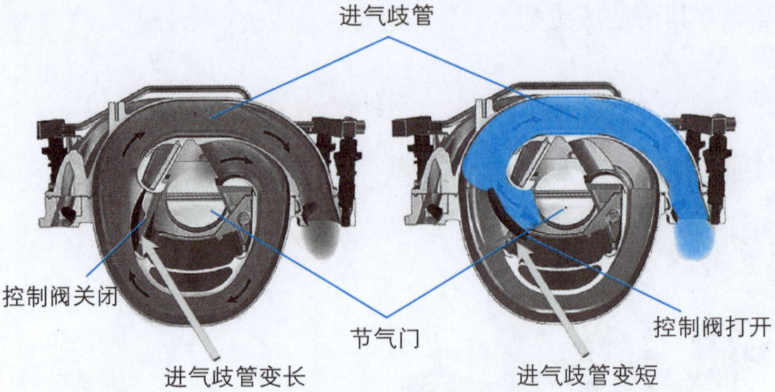

图 5-5 可变进气歧管

3. 节气门体

节气门体的主要作用就是控制进入气缸的空气量。现在很多发动机已经不再采用传统拉索式控制的节气门，而是采用电子节气门，如图 5-6 和图 5-7 所示。电子节气门体上有电动机，电动机由 ECU 驱动控制节气门开度。

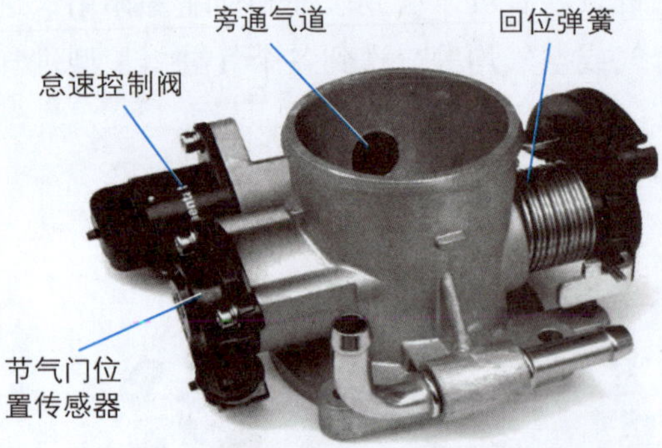

> 发动机维持自身运转的最低转速即怠速。在怠速时，拉索控制节气门体的节气门不打开，空气通过旁通气道进入气缸。
>
> 为了避免低温时节气门体结冰，节气门体连接冷却液管道，用来对其加热。

图 5-6 拉索式控制节气门体

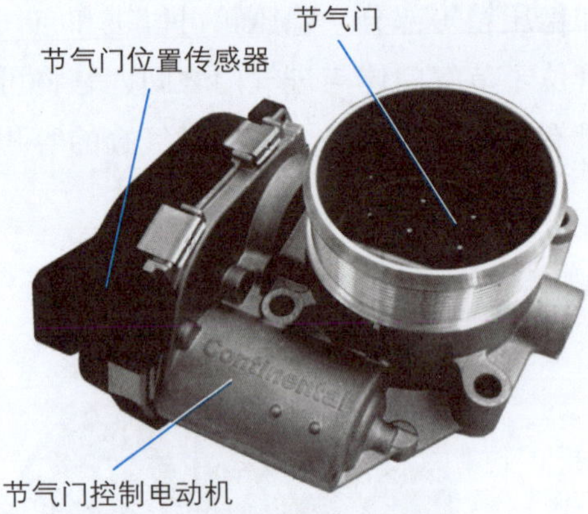

> 电子节气门配合发动机电控系统工作，可以实现怠速控制、车辆循环控制、自动变速器控制、车身电子稳定控制等功能。

图 5-7 电子节气门体

4. 排气管

排气管要防止排气出现紊流，各缸排气歧管应尽可能独立、长度尽可能相等，如图 5-8

所示。排气软管能起到减少振动、降低噪声、方便安装等作用。排气管的接口垫表面采用纯铜材料，纯铜材质非常柔软，可以起到良好的密封作用，中间层使用的是耐高温石棉材料，可以在高温工作环境下保持垫片有良好的耐用性，如图 5-9所示。

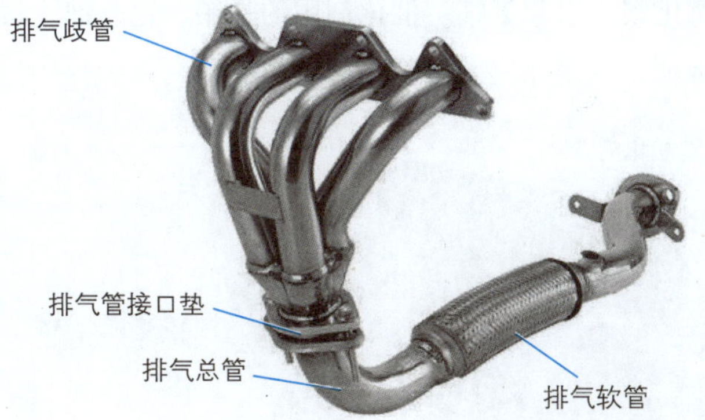

排气尾管处少量漏水是正常现象，这是因为汽油完全燃烧后会生成水和二氧化碳，水在高温下变为水蒸气，当气温低时，水蒸气凝结成水。

图 5-8　排气管

排气管通常使用吊胶悬挂在车身底板下，若吊胶老化或损坏，车辆在有凹坑道路行驶时，容易碰伤排气管，如图 5-10 所示。

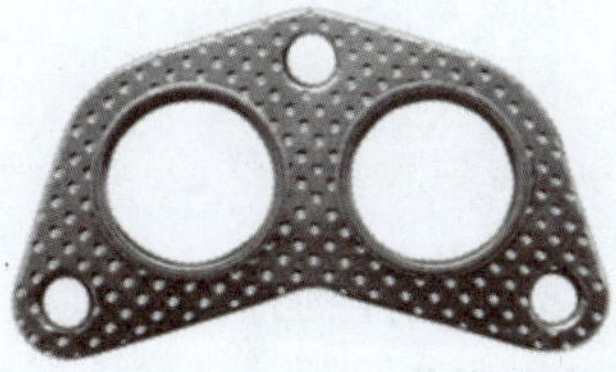

图 5-9　排气管接口垫

图 5-10　排气管吊胶

5. 消声器

消声器的作用是通过降低、衰减排气压力的脉动来消除噪声，如图 5-11 所示。如图 5-12所示，汽车消声器尾管又叫尾喉，它是安装在原装排气尾端的部件。汽车消声器尾管除起装饰作用外，还能防止汽车排气管变形，起到减少噪声的作用。

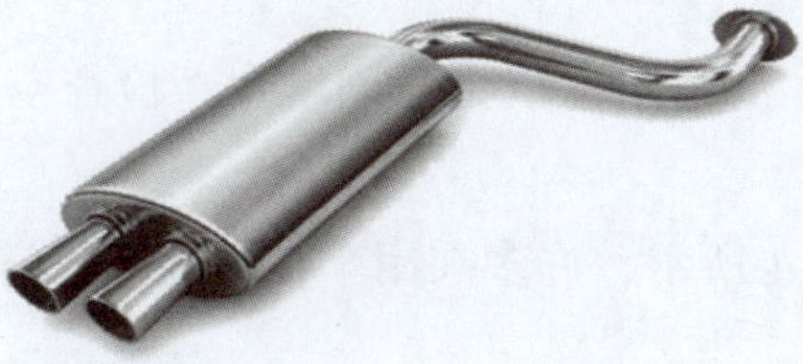

图 5-11　消声器

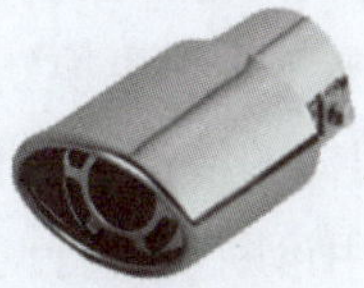

图 5-12　尾管

6. 三元催化转化器

如图 5-13 所示，三元催化转化器是安装在汽车排气系统中最重要的机外净化装置，它可将汽车尾气排出的 CO（一氧化碳）、HC（碳氢化合物）和 NO_x（氮氧化物）等有害气体通过氧化和还原作用转变为无害的二氧化碳、水和氮气。催化剂用的是铂、铑、钯，将其中一种喷涂在载体上，就构成了净化剂。

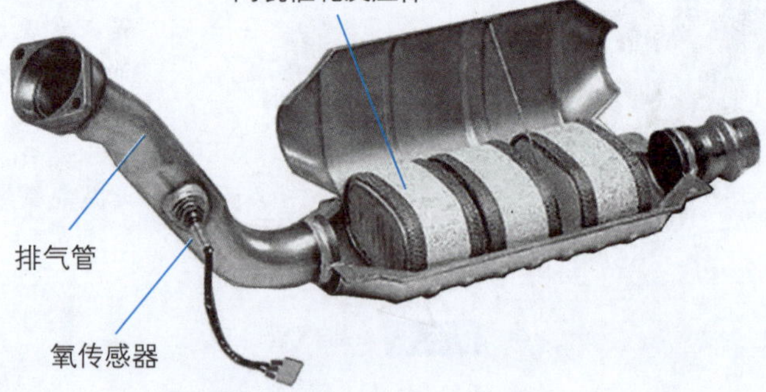

图 5-13 三元催化转化器

二、发动机空气供给系统的拆装注意事项

1）空气滤芯、节气门体等一旦从进气歧管上拆卸后，要防止异物掉入进气歧管内。安装时，务必再次检查，确认无异物，否则会对发动机造成严重损伤。

2）勿将清洗剂喷口朝人，万一不慎将清洗剂喷到人体，应用大量清水冲洗，并立即就医。

3）在对排气系统消声器、三元催化转化器等进行检查与更换时，要注意三元催化转化器的温度，以防烫伤。

三、发动机空气供给系统的检修

1）纸质空气滤芯一旦浸入油液或水分，滤清阻力就会急剧增大，检查空气滤芯如有潮湿或浸水的痕迹，必须更换新件。

2）节气门体的清洗与检修流程如图 5-14 所示，许多乘用车在清洗节气门体后，怠速会升高，需要使用诊断仪进行调试。

3）观察排气管道上有无漏气的痕迹、破裂及其他损坏现象，如果存在漏气现象，漏气处会留下黑色的炭烟。起动发动机，倾听或用手靠近排气管道周围感觉是否漏气。

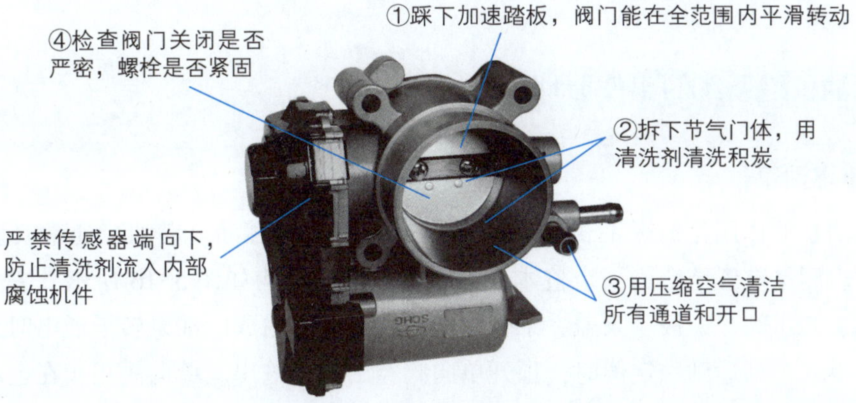

图 5-14　节气门体的清洗与检修

4）检查三元催化转化器是否损坏。检查三元催化转化器外观是否有凹痕或其他损伤，是否存在斑点或变色；用橡胶锤敲击是否有物体移动的声音，如有，说明三元催化转化器已经损坏。通过测量三元催化转化器氧传感器处背压或拆下三元催化转化器用手电筒照射等方法，检查三元催化转化器有无堵塞。

任务二　燃油供给系统的工作原理与维修

燃油供给系统是燃料供给系统最主要的组成部分。目前普通（缸外）喷射发动机主要指将燃油喷射在进气歧管中的发动机，其燃油供给系统主要包括燃油箱、燃油泵、燃油滤清器、进油管、燃油分配管、喷油器、燃油压力调节器和回油管等，如图 5-15 所示。目前，很多发动机已经取消了外置的回油管。

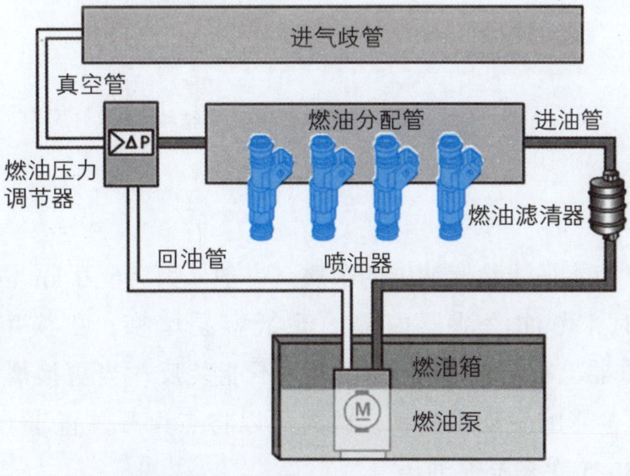

图 5-15　缸外喷射发动机燃油供给系统

一、燃油供给系统的工作原理

1. 电动燃油泵

电动燃油泵的作用是给燃油供给系统提供足够压力的燃油。燃油泵通常安装于燃油箱内，与燃油表测量装置结合为一个整体。电动燃油泵的结构如图 5-16 所示，它由电枢、电刷、单向阀、卸压阀、磁极、泵盖、泵壳、滚柱和滤网等组成。油泵转子通电时旋转，将燃油从进油口吸入，当达到一定值时，顶开单向阀经出油口输出。单向阀用于在电动燃油泵不工作时阻止燃油流回油箱，保持油路中有一定的残余压力，便于下次起动。滤网安装在电动燃油泵燃油入口，用于过滤大颗粒的杂质。

如果总是等到燃油警告灯亮起后才到处寻找加油站，油泵寿命可能会大大降低。电动燃油泵是靠燃油自身进行冷却的，如果油位过低，极有可能出现油泵过热甚至烧毁的情况。

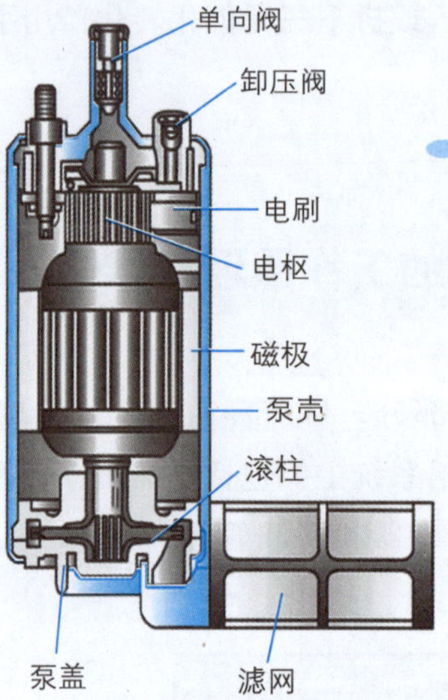

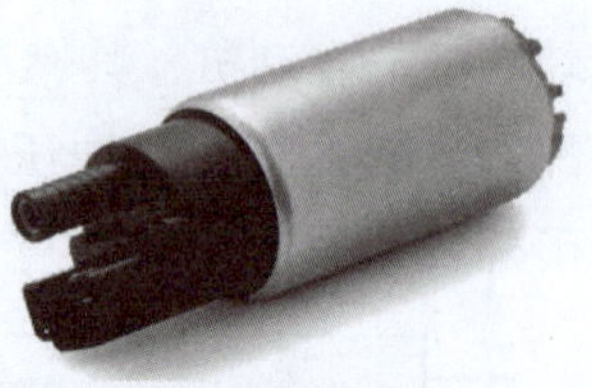

图 5-16 电动燃油泵的结构

2. 燃油滤清器

燃油滤清器的主要功能是滤除燃油中的杂质。一般 4 万 ~6 万 km 需要更换燃油滤清器，如果燃料杂质含量大时，燃油滤清器内部的滤纸容易堵塞，更换里程应相应缩短。如图 5-17所示，燃油滤清器上标有燃油流动方向，不能装反。当更换燃油滤清器或油管后，油路中没有足够的油压会影响发动机起动，此时可以将点火开关置于 ON 档，2 ~ 3s 后，拨至 OFF 档，如此重复 3 ~ 5 次来补充油压。

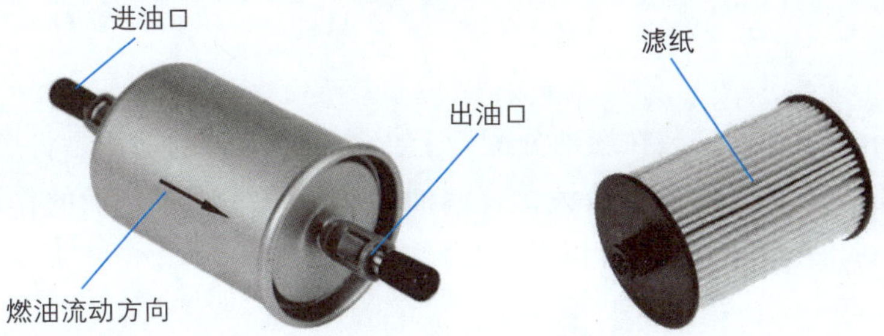

图 5-17　燃油滤清器

3. 燃油压力调节器

燃油压力调节器的结构如图 5-18 所示，它由真空管接头、弹簧和阀门等组成。燃油压力调节器的功能是使燃油管路与进气歧管之间的压力差保持在恒定的 0.25 ~ 0.30MPa，这样发动机控制单元（ECU）通过控制喷油器通电时间长短就可以精确控制喷油量。

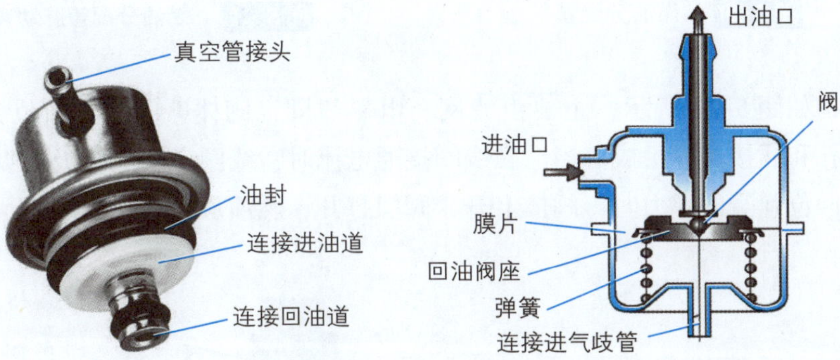

图 5-18　燃油压力调节器结构

为了保证能提供足够的燃油压力和油量，必须提供比实际需要更多的油量，这使燃油多次往返流动而升温，因而会造成燃油箱内产生大量的燃油蒸气。为了减少燃油蒸气，很多汽车采用了无回流燃油供给系统。无回流燃油供给系统压力调节器如图 5-19 所示，它不和真空管连接，无论发动机工况如何，压力调节器总是保持稳定的压力。ECU 通过快速改变喷油器的脉冲宽度来适应当前发动机工况所需的燃油量。

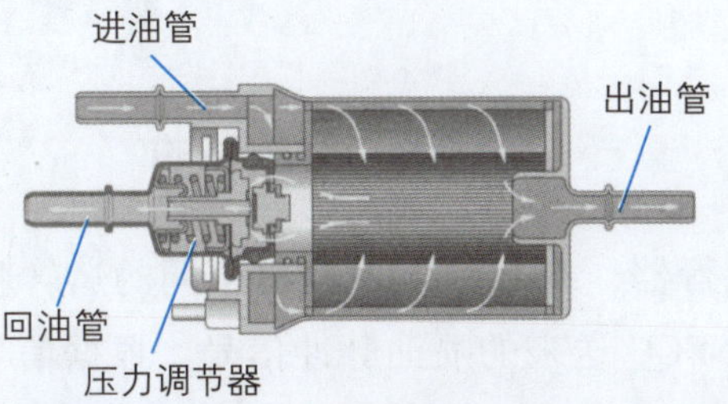

图 5-19　无回流燃油供给系统压力调节器

4. 喷油器

如图 5-20 所示，喷油器安装在燃油分配管上，燃油分配管的功用是将燃油均匀、等压地输送给各缸喷油器，由于其容积较大，有储油蓄压、减缓油压脉动的作用，如图 5-21 所示。

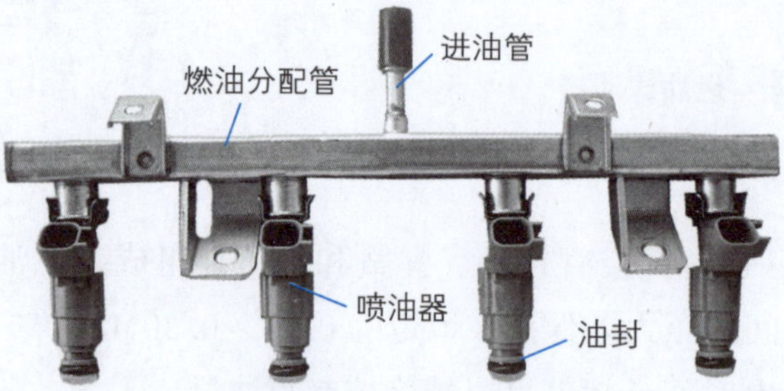

图 5-20 燃油分配管

图 5-21 燃油分配管脉动衰减功能

喷油器结构如图 5-22 所示，主要由滤网、电磁线圈、阀体、阀座、回位弹簧、阀针、密封圈、喷油孔和插接器等组成。当电磁线圈接通电流时，线圈产生电磁吸力吸引阀体，当电磁吸力大于回位弹簧的弹力时，阀体上升，阀门打开，燃油从喷孔喷出。

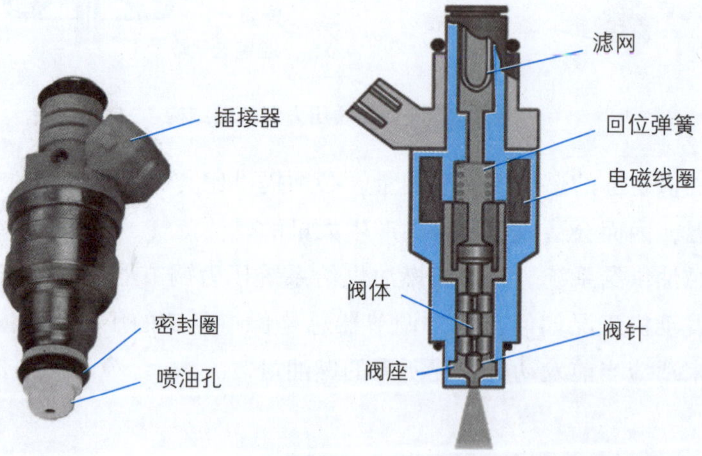

图 5-22 喷油器结构

喷油器是电控系统的执行器，ECU 根据发动机不同的运转状况，控制不同的脉冲宽度信号给喷油器，喷油器接受 ECU 送来的喷油脉冲信号，根据信号的长短精确地控制燃油喷射量。

二、燃油供给系统拆装注意事项

1）燃油供给系统卸压。通过断开燃油泵熔断器或燃油泵继电器或燃油泵插接器（图5-23）等方法断开燃油泵电路。起动发动机，待发动机自动熄火后，关闭点火开关。再次起动发动机，确认发动机不起动。

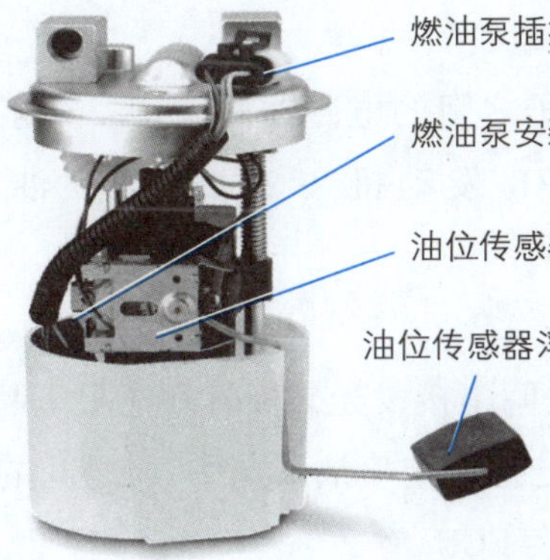

根据维修经验，卸压需要重复起动发动机两三次。在等待发动机自然停止时，不要提高发动机转速或行驶车辆。进行卸压之后，燃油管路中保留部分压力。断开燃油管路时，用棉丝抹布或一块布盖住，以防燃油喷出或涌出。

图 5-23 燃油泵插接器

2）检查燃油压力。卸压后，准备图5-24所示的燃油压力表，安装燃油压力表进行测量。丰田1ZR发动机标准燃油压力为304～343kPa，发动机停机后5min内燃油压力不低于147 kPa。

3）在拆卸油管之前，应擦除滤清器进出油管接口处的污物，在拆卸油管后，应用碎布将进油管和出油管堵住，避免污物进入油管内污染燃油，加剧喷油器的磨损或造成喷油器堵塞。

4）拆卸和安装油管时，可以在鲤鱼钳和油管之间垫放棉纱或碎布，避免用鲤鱼钳直接夹在油管上而损坏油管。

5）燃油箱内燃油严重不足时，不要运转发动机，防止未燃混合气进入三元催化转化器后对其造成损坏。

6）避免橡胶或皮制零件接触到汽油。

7）作业位置附近不能有任何火源及高温设备，并避免接打手机，以免造成火灾。

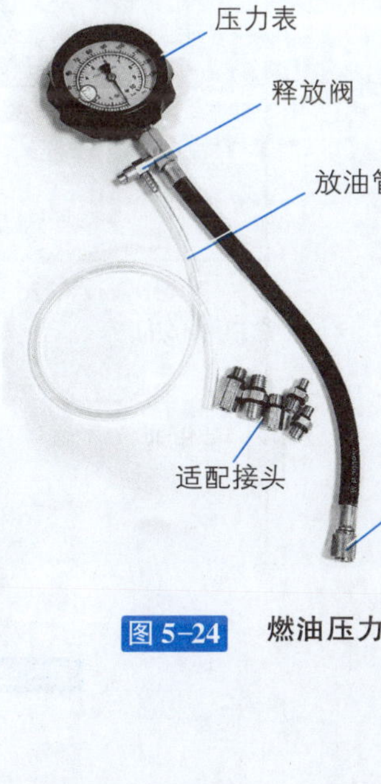

图 5-24 燃油压力表

三、燃油供给系统的检修

1. 就车检查喷油器

（1）检测电磁喷油器的电压

丰田 1ZR 发动机喷油器的电路如图 5-25 所示。拔下喷油器的插接器，将点火开关置于 ON 档位置，检查插接器上供电端子 1 与搭铁之间的电压，应为 12V 左右。如电压为 0V，说明电源电路不通，应进行检修。

（2）检测电磁喷油器的电阻

拔下喷油器的插接器，检测喷油器插座上两端子之间的电磁线圈阻值。如阻值为无穷大，说明电磁线圈断路，应更换喷油器。丰田 1ZR 发动机在 20℃ 时，喷油器阻值为 11.6～12.4Ω。

（3）检测电磁喷油器的控制脉冲信号

拔下喷油器线束插头，并在插接器的两个端子之间串接发光二极管和电阻。起动发动机时，发光二极管应当闪烁。如二极管不闪烁或不发光，检查喷油器与 ECU 之间的接线是否断路，如无断路，检修 ECU 的电源电路，必要时更换 ECU。

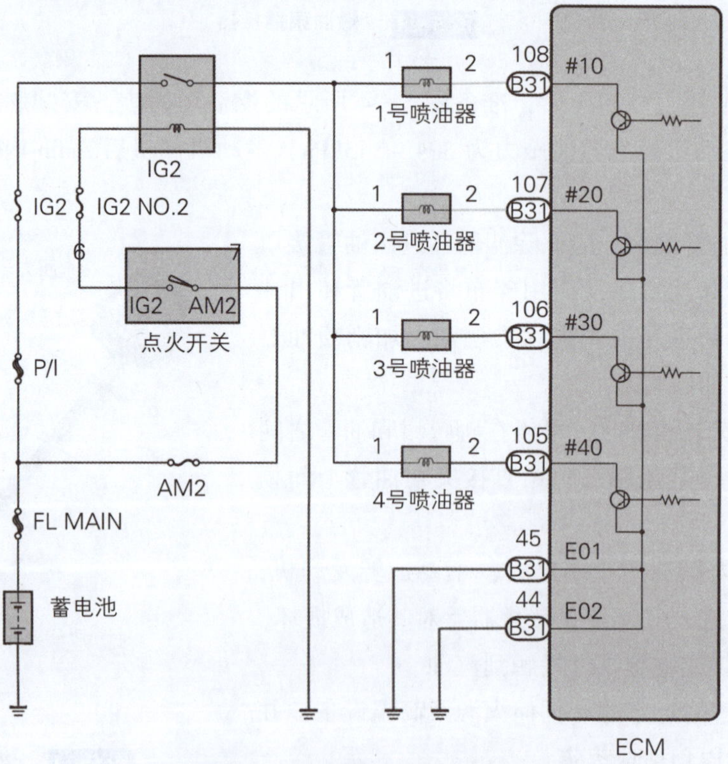

图 5-25 丰田 1ZR 发动机喷油器电路

2. 清洗和检测喷油器

拆卸喷油器后，清除喷油器外部油污，将喷油器放在超声波清洗槽支架上，操控图 5-26所示的面板，对喷油器进行清洗。完成超声波清洗后，将喷油器装在清洗仪量筒上，把驱动线插头依次插入喷油器插孔中，调整油压为 0. 25 ~ 0. 30MPa，依次选择均匀性/雾化性检测功能、喷油量检测和自动清洗检测功能，对喷油器进行检测和清洗。

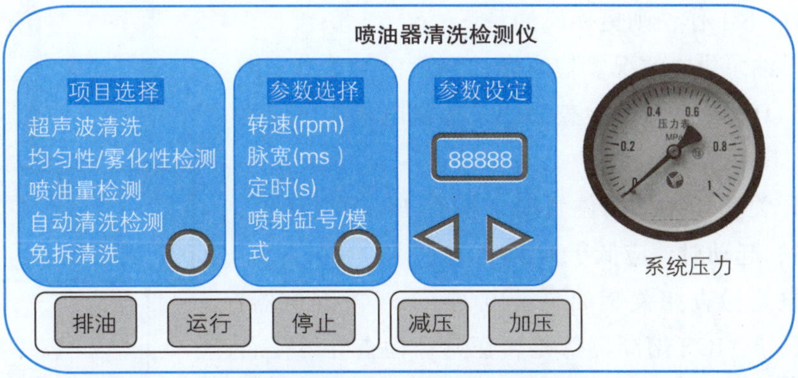

图 5-26 喷油器清洗检测仪

丰田 1ZR 发动机喷油器每 15s 内 60 ~ 73mL，各喷油器间的差别不超过 13mL，每 12min 泄漏量不超过 1 滴。

3. 燃油泵的检查

图 5-27 所示为丰田 1ZR 发动机燃油泵电路。发动机起动时，当起动（STA）信号和曲

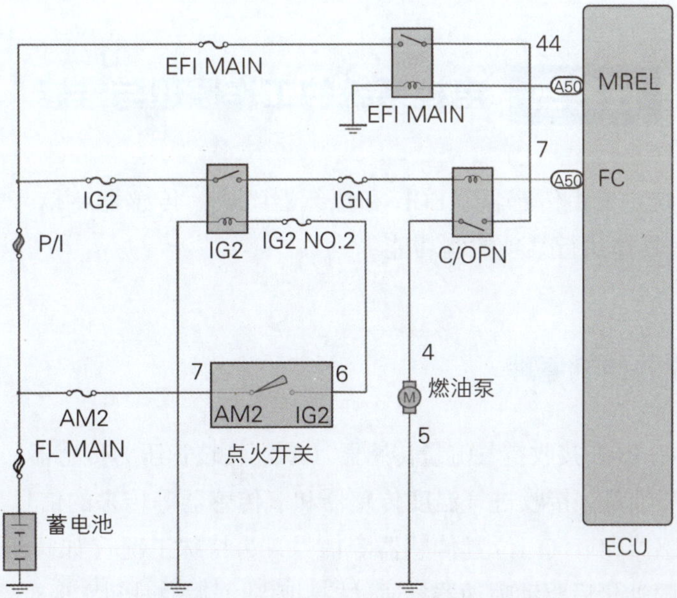

燃油泵电路的检查

图 5-27 丰田 1ZR 发动机燃油泵电路

轴传感器（NE）信号输入ECU时，油泵继电器线圈接通，给燃油泵提供电源，从而使燃油泵工作。发动机运转时，ECU根据产生的NE信号接通油泵继电器线圈，从而使燃油泵保持运转。

1）检查燃油泵电阻。在20℃时，燃油泵电阻值为0.2~3.0Ω。

2）在燃油泵两个端子之间施加蓄电池电压，注意不要将正负极接错。检查并确认燃油泵工作，测试必须少于10s，以防止线圈烧坏。另外，应使燃油泵尽量远离蓄电池。如果燃油泵不工作，则更换燃油泵。

3）检查燃油泵供电情况。检查燃油泵负极与车身之间电阻，应小于1Ω。起动时，检查燃油泵的供电电压，应为12V左右。

4）点火开关置于ON档位置时，检查FC的电压值，应为12V左右，起动时，应低于1.5V。

5）根据电路检查相关燃油泵继电器、EFI主继电器、EFI MAIN熔断器、IGN熔断器等是否正常，检查导线是否存在断路、短路现象。

6）2016款丰田1ZR发动机使用燃油泵ECU控制燃油泵，其电路如图5-28所示。打开点火开关，检查1号和4号端子电压，应为12V左右；起动发动机时，用二极管试灯检查FPC信号；检查燃油泵与燃油泵ECU之间应无断路、短路现象。

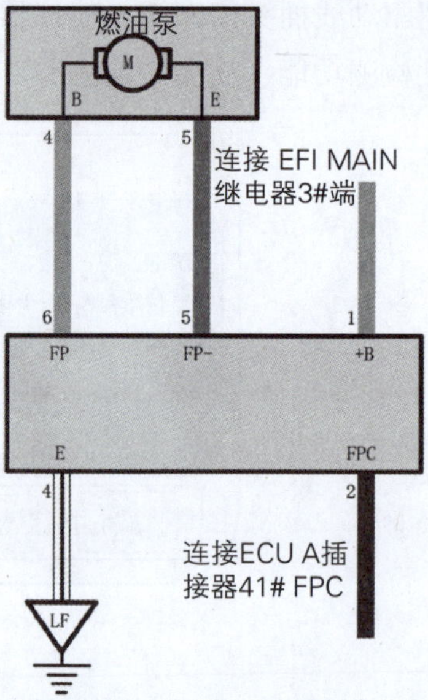

图5-28　丰田1ZR发动机燃油泵ECU电路

任务三　电控系统的工作原理与维修

发动机电控系统主要由传感器、ECU和执行器组成。传感器将信号输入ECU，执行器是受ECU的控制，具体执行某项控制功能。

一、电控系统的控制原理

如图5-29所示，ECU接收空气流量传感器（或进气歧管压力传感器）和转速传感器传来的信号，确定基本喷油量；接收进气温度传感器和氧传感器等传来的信号，确定喷油修正量；接收冷却液温度传感器和节气门位置传感器等信号，为特殊工况（如暖机、加速等）确定喷油增量。ECU确定喷油量后驱动喷油器，通过控制喷油器喷油时间实现对喷油量的控制。

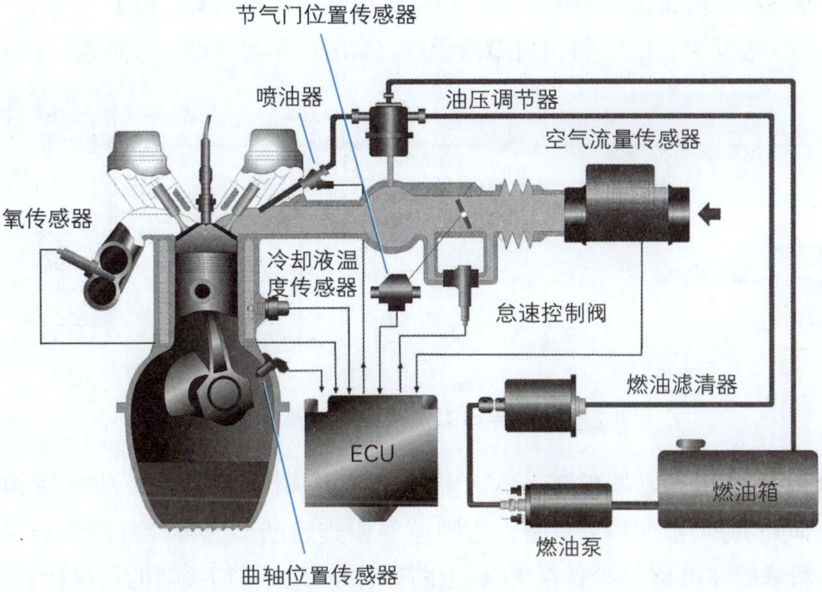

图 5-29　发动机电控系统

发动机控制单元简称 ECU，俗称电脑，如图 5－30所示，它实质上是车载微型计算机，是发动机控制系统的核心。ECU 的主要功能是接收并处理信息。ECU 主要控制喷油量、喷油正时及点火时刻，除此以外，它还可以对怠速、排放、进气增压等进行控制。

若ECU插接器或ECU本身故障，可能会导致各种故障码。检修传感器时，若未发现故障原因，应该检查ECU插接器或更换ECU进行确认。ECU故障率极低，不要轻易怀疑ECU损坏。

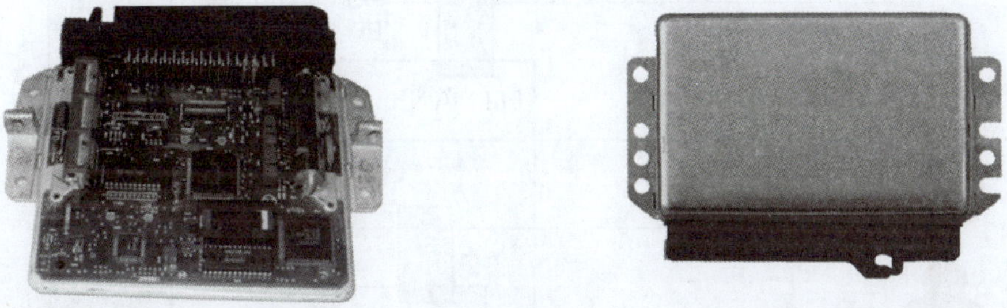

图 5-30　ECU

二、ECU 电源电路的检查

1. 检查 ECU 电压

丰田 1ZR 发动机电控系统电路如图 5-31 所示，该电路在点火开关置于 OFF 位置时，蓄电池仍为 ECU 供电。这一电源可让 ECU 存储数据，如故障码（DTC）记录、定格数据和燃油修正值。如果蓄电池电压降至最低限值以下，该存储信息就会被清除，ECU 会确定电源电路出现故障。发动机下次起动时，ECU 将使故障指示灯（MIL）亮起并设置故障码（DTC）。

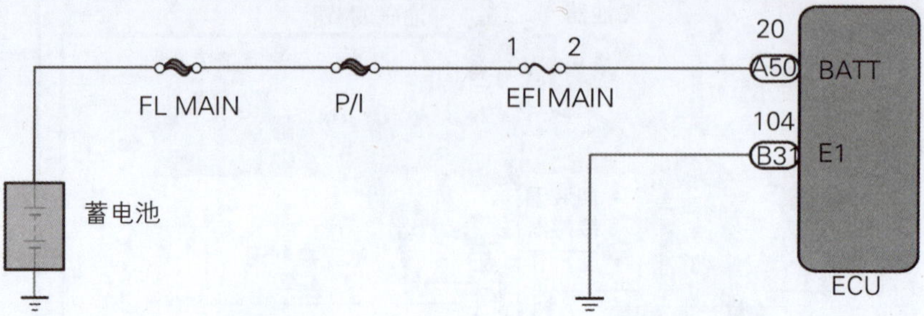

图 5-31 丰田 1ZR 发动机电控系统电路

检查蓄电池端电压，应不低于 11V；检查蓄电池端子，应无松动或锈蚀现象；检查 BATT 和 E1 之间电压，应为 12V 左右，否则应先检查熔断器，再检查线束有无断路或短路现象。注意：检查时不要将插接器从 ECU 上断开，从线束侧插接器的后侧执行检查。

2. 检查 ECU 电源电路

丰田 1ZR 发动机 ECU 电源电路如图 5-32 所示，当点火开关置于 ON 位置时，蓄电池电压被施加到 ECU 的端子 IGSW 上。ECU MREL 端子的输出电流流向集成继电器线圈，集成继电器（EFI MAIN）内开关触点闭合，蓄电池开始向 ECU 的端子 +B 或 +B2 供电。

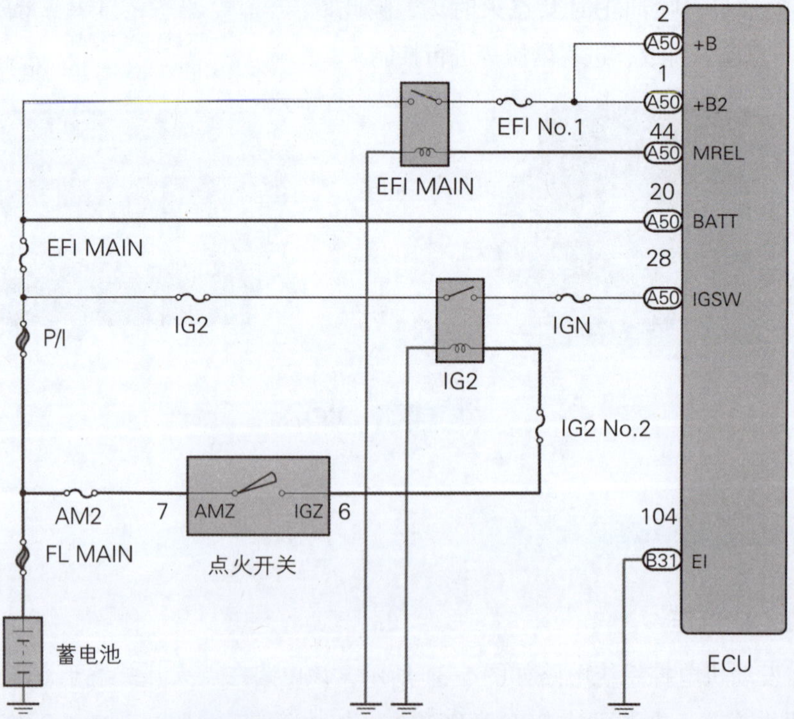

发动机 ECU 检测

图 5-32 丰田 1ZR 发动机 ECU 电源电路

1）检查 E1 与搭铁之间阻值，应小于 1Ω。

2）打开点火开关，检查 IGSW 与 E1 之间的电压，应为 12V 左右。否则，检修仪表板接线盒上 IGN 熔断器和发动机继电器盒上 IG2 熔断器，检修 IG2 继电器，检查点火开关，检修相关线束。

> 不能使用功率较大的试灯检查ECU提供给传感器的电源，以免损坏ECU。

3）分别检查 EFI MAIN 熔断器和 EFI No. 1 的阻值，应小于 1Ω，否则更换熔断器。

4）检查 EFI MAIN 主继电器开关接线柱，在线圈通电状态下阻值应小于 1Ω，在线圈断电状态下阻值应大于 10kΩ。

5）检查相关线束和插接器有无短路、断路现象。

3. VC 输出电路

如图 5-33 所示，ECU 持续将端子 + B（BATT）上的蓄电池电压转换成 5V 电源以操作 ECU 中的微处理器。ECU 同时通过 VC 输出电路将该电源提供至传感器。

> VC电路短路时，ECU 中的微处理器和通过VC电路获得电源的传感器由于没有从 VC电路获得电源而不能运行。在此条件下，系统不能起动且即使系统出现故障MIL也不点亮。

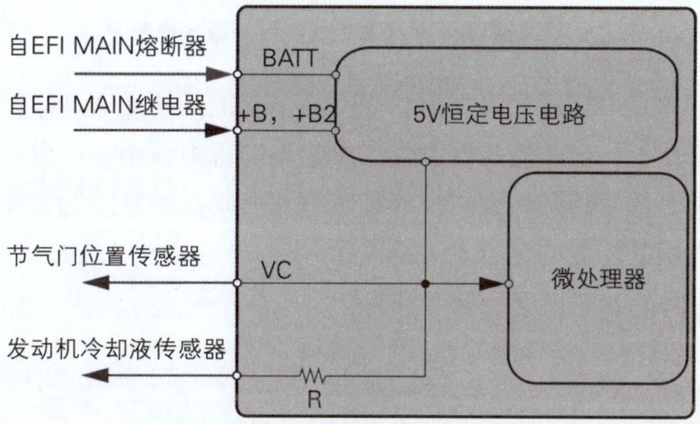

图 5-33　丰田 1ZR 发动机 VC 输出电路

三、传感器的功用和检修

1. 空气流量传感器

空气流量传感器的作用是将吸入发动机的空气量转换成电信号送至 ECU，作为确定基本喷油量和基本点火提前角的主要依据之一。空气流量传感器安装在节气门的前方、采用空气流量传感器测量进气的发动机称为 L 型发动机。

空气流量传感器按其结构形式可分为叶片式、卡门涡旋式、热线式和热膜式空气流量传感器。叶片式空气流量传感器因精度不高，已经基本淘汰。

（1）卡门涡旋式空气流量传感器

卡门涡旋式空气流量传感器结构如图 5-34 所示，在进气管道设有涡旋发生器，当空气流经该涡旋发生器时，在其后部的气流中会不断产生一列不对称却十分规则的空气涡旋，通过测量单位时间内涡流的数量就可计算出空气流速和流量。

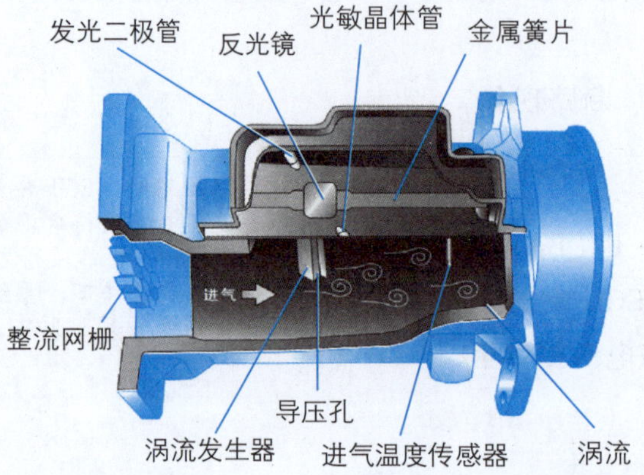

图 5-34 卡门涡旋式空气流量传感器

注意： 切勿让传感器或继电器之类的电子部件掉落。如果它们掉落到坚硬的表面上，应予以更换。

发光二极管发出的光束被反光镜反射到光敏晶体管上，使光敏晶体管导通。反光镜安装在一个很薄的金属簧片上，金属簧片在进气气流旋涡的压力作用下产生振动，其振动频率与单位时间内产生的旋涡数量相同。由于反光镜随簧片一同振动，因此被反射的光束也以相同的频率变化，致使光敏晶体管也随光束以同样的频率导通、截止，ECU 根据光敏晶体管导通、截止的频率即可计算出进气量（图 5-35）。

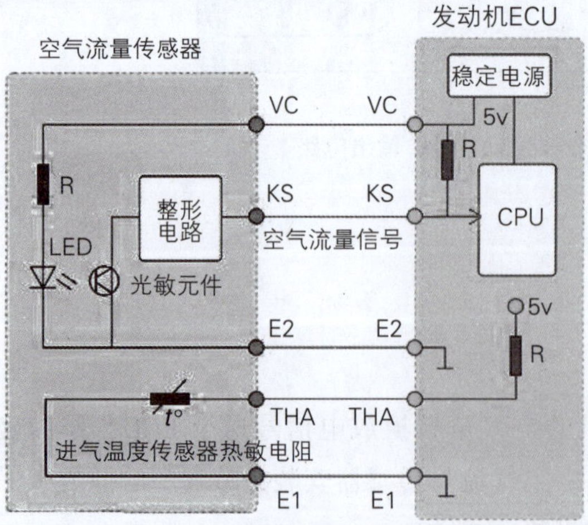

拆下传感器插接器前，应将点火开关置于OFF位置，以免断开插接器时产生感应电击损伤ECU或其他电器元件。

图 5-35 雷克萨斯 LS400 卡门涡旋式空气流量传感器

（2）热线/热膜式空气传感器

热线式空气流量传感器在其进气道内的取样管中有一根铂丝，经通电后发热。热膜式与热线式空气流量传感器原理基本相同，只是将热线改为热膜，热膜由发热金属铂固定在薄的树脂膜上构成。

如图 5–36 所示，当发动机起动后，空气流过热膜铂丝周围，使其热量散失，温度下降，此时与铂丝相连的桥式电路将改变电流，以保持铂丝温度恒定，维持电桥平衡。当空气流量变化时，流过铂丝的电流也随之发生变化，ECU 通过电流的变化得到空气流量。

检查热膜式空气流量传感器时，可参考别克威朗轿车 L3G 发动机的电路，如图 5–37 所示。发动机控制点火继电器 KR75 通过 F14UA 熔断器，向空气流量传感器 5 号端子提供 12V 左右的蓄电池电压，发动机控制单元（ECU）为此传感器 3 号端子提供 5V 左右的参考电压，ECU 还为此传感器 4 号端子提供搭铁，空气流量传感器根据流过传感器孔的进气流量，产生可变频率信号并通过 1 号端子向 ECU 反馈信号电压。

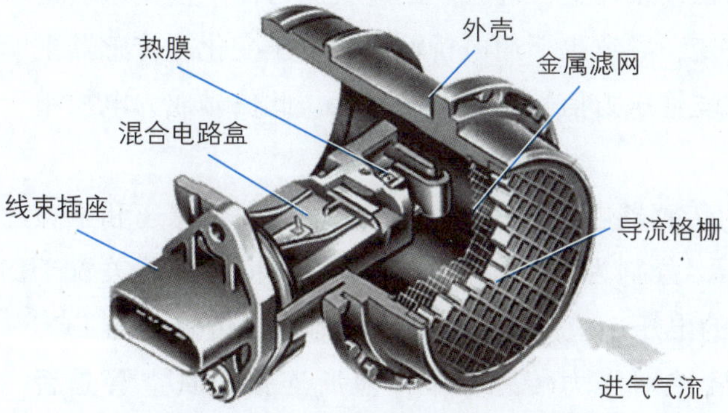

图 5–36　热膜式空气流量传感器

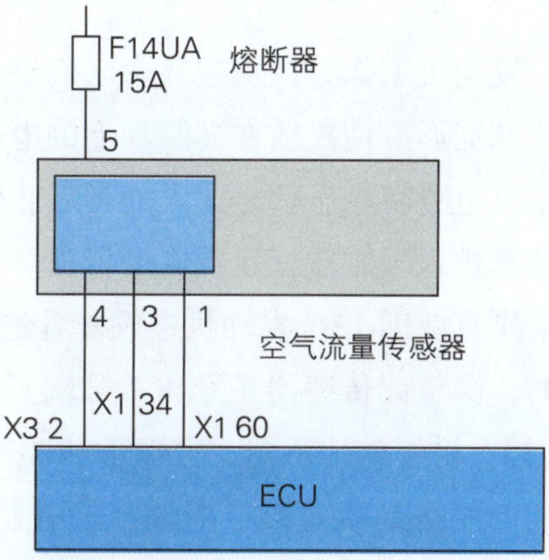

图 5–37　别克威朗热膜式空气流量传感器电路

在怠速时，测量 1 号端子信号电压，应在 1. 5V 左右，此值参考别克威朗 L3G 发动机急踩加速踏板，信号电压应增大；断开插接器，测量线束端 5 号端子电压，应在 12V 左右，3 号端子应在 5V 左右；检查空气流量传感器与 ECU 之间线束是否存在断路、短路。

2. 进气歧管压力传感器

进气歧管压力传感器安装在节气门体后方，用于测量进气歧管的绝对压力。ECU 根据测量的进气歧管压力、发动机转速和节气门开度信号，换算出相应的空气流量，这种发动机称作 D 型发动机。

如图 5–38 所示，进气歧管压力传感器由硅膜片、应变电阻、集成电路和壳体等组成。硅膜片是压力转换元件，它是利用半导体的压电效应制成的。硅膜片的一面是真空室，另一面是导入的进气压力。集成电路是信号放大装置，它与 ECU 连接。

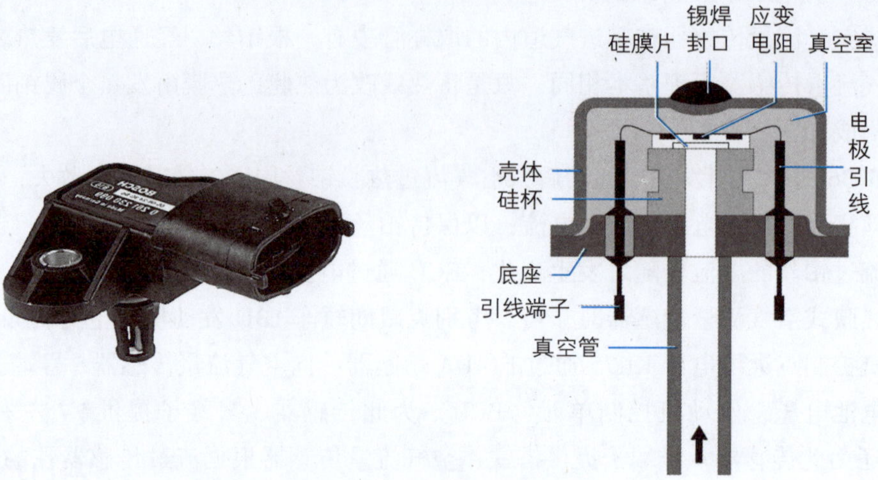

图 5-38　进气歧管压力传感器

发动机工作时，从进气管来的空气作用在硅膜片上，硅膜片因进气压力而产生变形。硅膜片的变形，使扩散在硅膜片上的电阻值改变，导致惠斯通电桥输出的电压变化。传感器上的集成电路将电压信号放大处理后，将进气歧管压力信号送到电控单元，此信号成为电控单元计算进入气缸空气量的主要依据。

别克威朗 L3G 发动机进气歧管绝对压力传感器电路如图 5-39 所示，分别在怠速和全负荷时，测量此传感器 3 号和 2 号端子的电压，分别为 1.5V 和 4.5V 左右；将点火开关置于 ON 档，检查此传感器 1 号端子和 2 号端子的电压，应为 5V 左右，否则检查传感器与 ECU 之间的线路是否短路、断路，检查进气歧管绝对压力传感器本体及所连接的真空管是否破损。

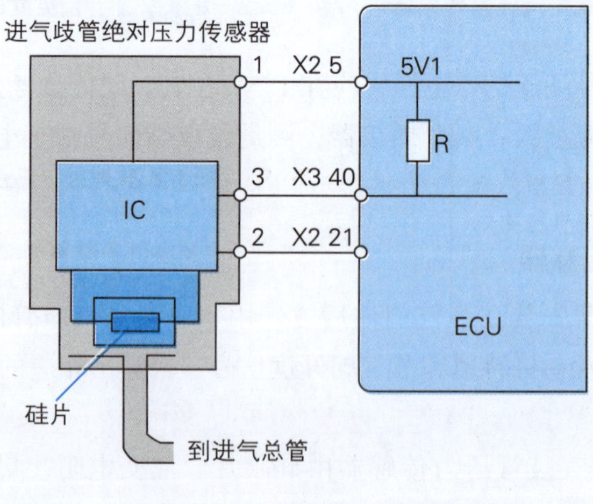

图 5-39　别克威朗 L3G 发动机进气歧管绝对压力传感器

1—ECU 给此传感器供电　2—搭铁　3—传感器给 ECU 信号

3. 进气温度传感器和冷却液温度传感器

进气温度传感器负责测量发动机进气温度，它通常集成在空气流量传感器或进气歧管压力传感器中。进气温度传感器（图 5-40a）能检测进入发动机空气的温度，补偿由于进气温度变化而导致的空气密度变化，准确计算进气量，修正喷油量和点火时刻等。

参考图 5-41，2016 款卡罗拉进气温度传感器电路，对进气温度传感器进行检查，检测进气温度传感器的 THA 与 E2 端子之间的电阻。20℃时，电阻参考值为 2.0～3.0 kΩ；40℃时，电阻参考值为 0.9～1.3 kΩ。打开点火开关，检测发动机 ECU 端子 THA—E2 之间的电压，应为 4.5～5.5 V。如果电压为 0V，需要检测线束是否存在断路；怠速状态下，检测 THA—E2 之间的信号电压，在进气温度 20℃时，电压应为 0.5～3.4V。

冷却液温度传感器俗称为水温传感器，一般安装在气缸盖水道上，它能感应冷却液的温度，如图 5-40b 所示。ECU 收到该温度信号后，会修正喷油量和点火时刻等。

进气温度传感器
工作原理与检修

a）进气温度传感器　　b）冷却液温度传感器

图 5-40　进气温度传感器和冷却液温度传感器外观

如图 5-42 所示，冷却液温度传感器细长的头部与冷却液接触，它的内部装有负温度系数的热敏电阻。当冷却液温度逐渐升高时，热敏电阻的阻值将逐渐减小；反之，当冷却液温度逐渐降低时，热敏电阻的阻值将逐渐增大。

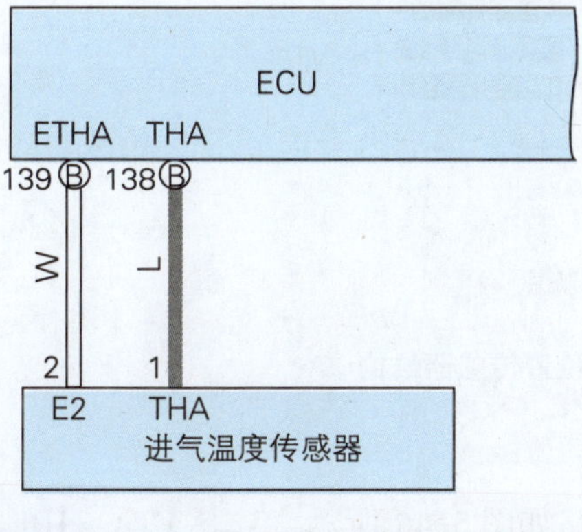

图 5-41　2016 款卡罗拉进气温度传感器电路

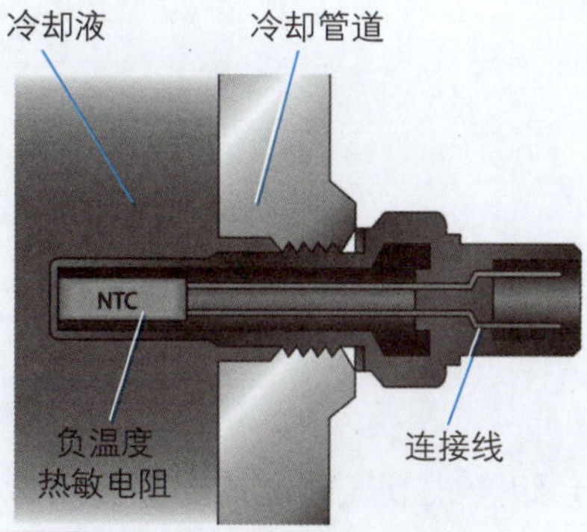

图 5-42　冷却液温度传感器工作原理

丰田 1ZR 发动机冷却液温度传感器电路如图5－43所示，检查步骤与检查进气温度传感器基本相同，只是阻值不同，在 20℃时，电阻值为 2.32～2.59kΩ，在 80℃时，电阻值为 0.31～0.32kΩ。

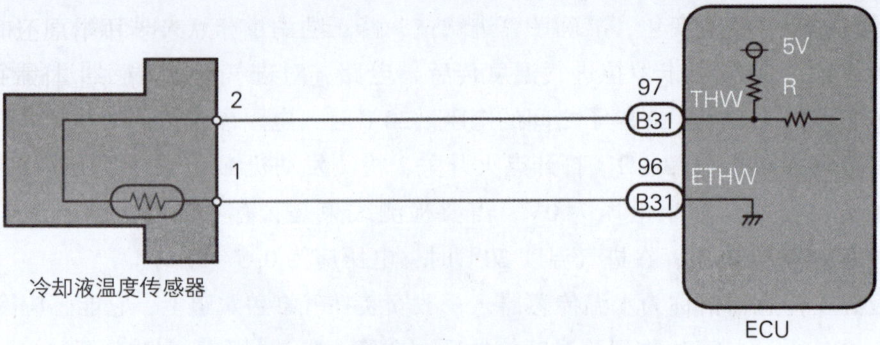

图 5-43 丰田 1ZR 发动机冷却液温度传感器电路

4. 节气门位置传感器

节气门位置传感器用于检测节气门的开度及其变化情况，发动机 ECU 通过节气门位置传感器识别工况用来控制喷油。节气门位置传感器按总体结构分为触点式、可变电阻式、组合式（综合式）、霍尔式。

触点式节气门位置传感器已基本淘汰，可变电阻式和组合式区别在于后者有怠速触点开关。如图 5-44 所示，组合式滑动触点可在可变电阻器上滑动，将节气门开度值转化为电压信号，怠速触点专门用于确定节气门完全关闭时的位置，提供准确的怠速信号。

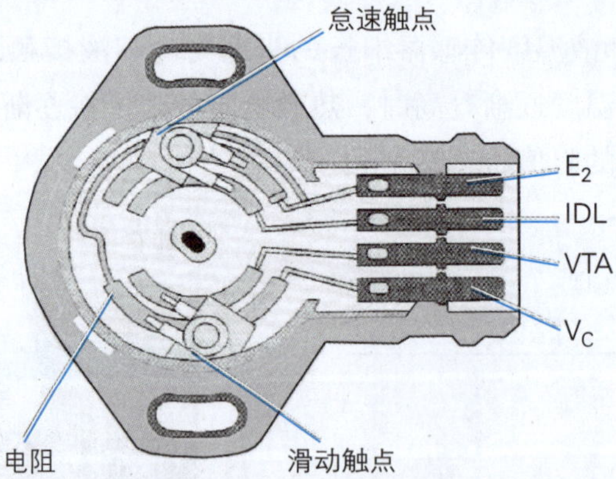

图 5-44 节气门位置传感器结构

（1）组合式节气门位置传感器的检查

丰田 5A 发动机组合式节气门位置传感器电路如图 5-45 所示，V_C、VTA、IDL、E_2 分别为 ECU 给传感器供电 5V、传感器提供给 ECU 信号、怠速触点、搭铁端子。

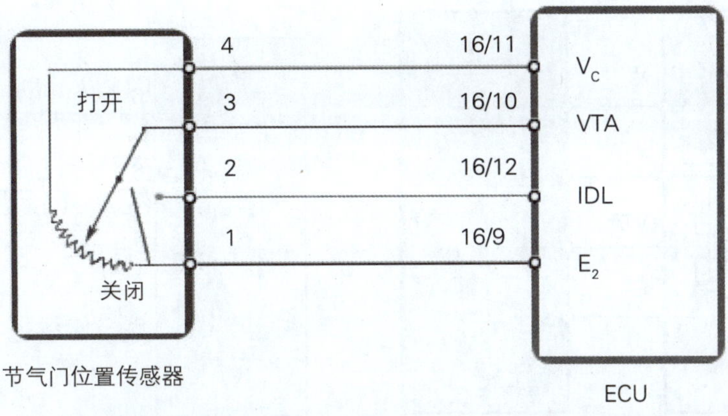

图 5-45　丰田 5A 发动机组合式节气门位置传感器电路

当节气门全闭时，检查传感器端 IDL—E_2 端子间电阻，应小于 1Ω；当节气门打开时，IDL—E_2端子间应不导通。检查传感器端 1 和 3 之间的电阻，应能随节气门开度增大而线性增大。

插好节气门位置传感器的导线插接器，点火开关置于 ON 位置，在节气门全开时，IDL—E_2、VC—E_2、VTA—E_2 的电压应分别为 9 ~ 14V、4. 5 ~ 5. 5V、3. 2 ~ 4. 9V；在节气门全闭时，测量 VTA—E_2 电压，应为 0. 3 ~ 0. 8V。

（2）霍尔式节气门位置传感器的检查

丰田 1ZR 发动机使用霍尔式节气门位置传感器，它能在高速和极低车速等极端行驶条件下生成精确的信号。如图 5-46 所示，节气门位置传感器有两组磁铁、霍尔元件及 IC 电路，两个传感器电路 VTA_1 和 VTA_2，各传送一个信号。VTA_1 用于检测节气门开度，VTA_2 用于检测 VTA_1 的故障。传感器信号电压与节气门开度成比例，在 0 ~ 5V 之间变化，并且传送至 ECU 的 VT 端子。

当节气门关闭时，传感器输出电压降低，当节气门开启时，传感器输出电压升高。ECU 根据这些信号计算节气门开度并响应驾驶人输入来控制节气门执行器。这些信号同时也用来计算空燃比修正值、功率提高修正值和控制燃油切断。

霍尔式节气门位置传感器的检修方法：①如图 5-47 所示，检查节气门位置传感器与 ECU 之间的线束有无断路现象，如有应维修或更换线束；②检查节气门位置传感器 VC、VTA_1、VTA_2 是否对地短路，如是应维修或更换线束；③检查 VC 与 E_2 之间的电压，应为 4. 5 ~ 5. 5V，否则更换 ECU；④点火开关置于 ON 位置，节气门全关，电压应为 0. 5 ~ 1. 2V；节气门全开，电压应为 3. 2 ~ 4. 8V；⑤点火开关置于 ON 位置，节气门全关，电压应为 2. 1 ~ 3. 1V，节气门全开，电压应为 4. 5 ~ 5. 5V。

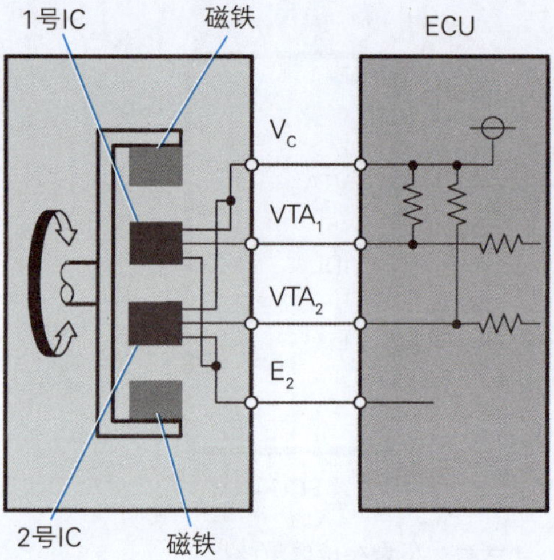

图 5-46　丰田 1ZR 发动机节气门位置传感器工作原理

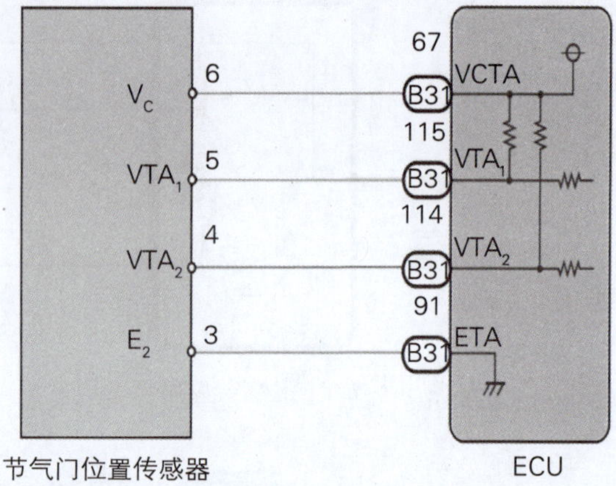

图 5-47　丰田 1ZR 发动机节气门位置传感器电路

5. 加速踏板位置传感器

加速踏板位置传感器安装在加速踏板支架上，它有两个传感器电路，即 VPA（主）和 VPA2（副）。该传感器使用的是霍尔效应元件，其工作原理如图 5-48 所示。施加在 ECU 端子 VPA 和 VPA2 上的电压在 0～5V 之间变化，并与加速踏板（节气门）工作角度成比例。来自 VPA 的信号，指示实际节气门开度并用于发动机控制。来自 VPA2 的信号，传输 VPA 电路的状态信息并用于检查加速踏板位置传感器自身情况。

ECU 通过来自 VPA 和 VPA2 的信号监视实际节气门开度，并根据这些信号控制节气门执行器。加速踏板位置传感器的检修方法如下：

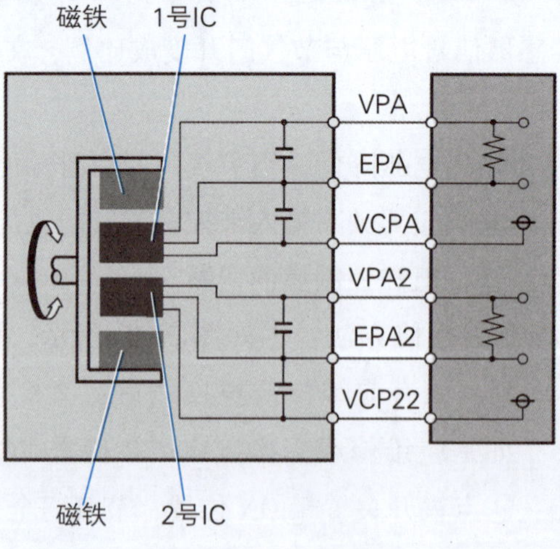

图 5-48　丰田 1ZR 发动机加速踏板位置传感器

1）丰田 1ZR 发动机加速踏板位置传感器电路如图 5-49 所示，点火开关置于 ON 位置时，分别测量 VPA 和 VPA2 与搭铁之间的电压，应为5V 左右。

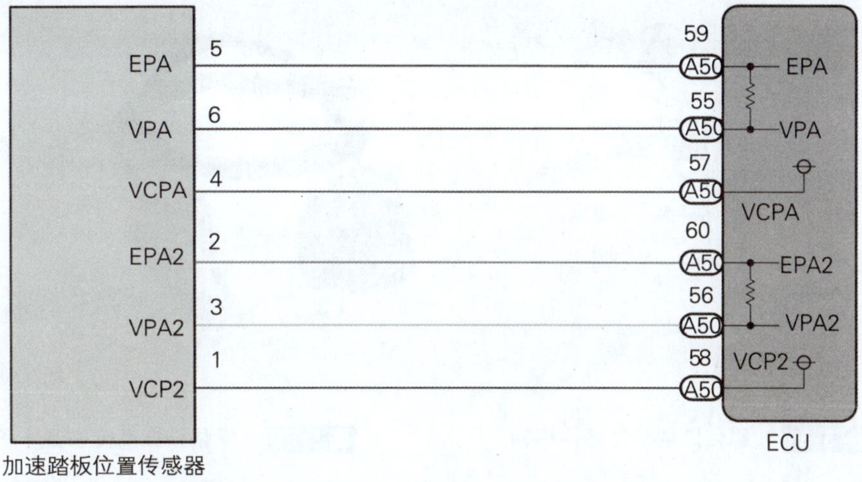

图 5-49　丰田 1ZR 发动机加速踏板位置传感器电路

2）测量加速踏板位置传感器的信号电压。在松开加速踏板时，VPA 的电压应为 0. 5 ~ 1. 1V，VPA2 的电压应为 1. 2 ~ 2. 0V；在踩下加速踏板时，VPA 的电压应为 2. 6 ~ 4. 5V，VPA2 的电压应为 3. 4 ~ 5. 0V。

3）断开加速踏板位置传感器插接器，测量 EPA2 和 VPA2 以及 EPA 和 VPA 之间的阻值，应为 36. 6 ~ 41. 6kΩ。

4）测量加速踏板位置传感器与 ECU 之间的线路有无断路现象，每条线的阻值都应小于 1Ω。

5）测量加速踏板位置传感器与 ECU 之间的线路有无短路现象，EPA、VPA、EPA2、VPA2 与搭铁之间的阻值都应大于 10kΩ。

6. 氧传感器

发动机理论空燃比为 14. 7:1，但由于各种因素影响，实际燃烧时可能出现过浓或过稀现象。过浓时，排气中氧气较少；过稀时，排气中氧气充足。氧传感器用于监测排气中的氧含量，并将此信号反馈给 ECU。ECU 根据氧传感器信号修正喷油量，使发动机随时处于最佳的燃烧状态。

后氧传感器安装在三元催化转化器后面，ECU 通过对比前后氧传感器信号判断三元催化转化器性能。

（1）氧化锆型氧传感器

氧化锆型氧传感器结构和外形如图 5-50 和图 5-51 所示，它由钢质护管、壳体、加热器、铂电极、线束等组成。氧传感器的工作原理与干电池相似，氧化锆起类似电解液的作用，氧化锆表面的铂电极起催化剂的作用。

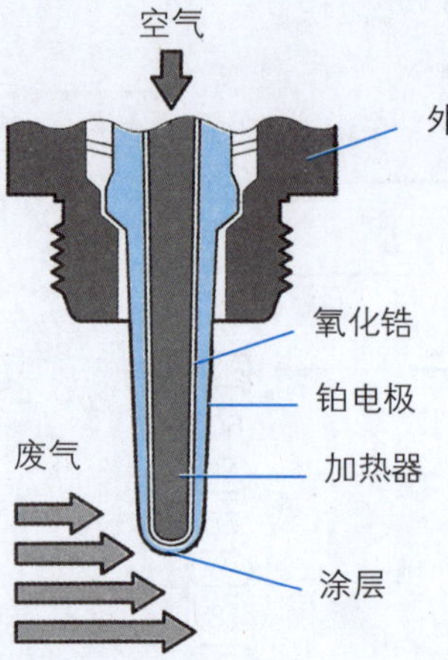

图 5-50　氧化锆型氧传感器结构

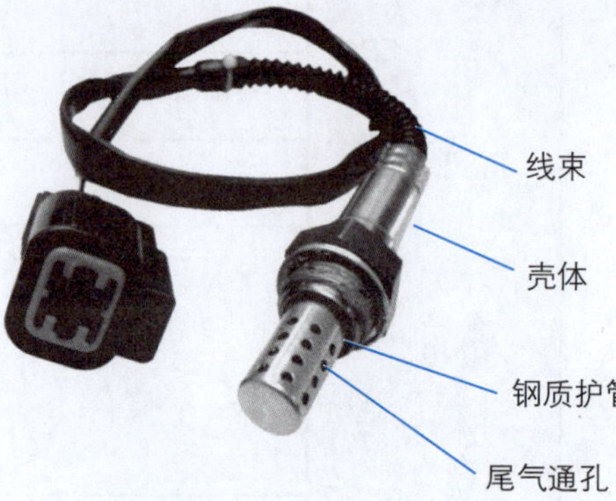

图 5-51　氧化锆型氧传感器外形

如图 5-52 所示，发动机工作时，若供给的是稀混合气，废气中氧气的浓度高，氧传感器内外表面的氧浓度差小，几乎不产生电动势，约为 0V。若供给的是浓混合气，废气中的氧气比较充足，它与铂电极接触，在铂的催化作用下，与废气中的 CO、HC 发生反应，使铂金属表面的氧浓度趋于 0，氧传感器内、外表面的氧浓度差很大，在电极间产生约 1V 的电动势。可燃混合气空燃比在 14.7 附近，电压产生突变，如图 5-53 所示。

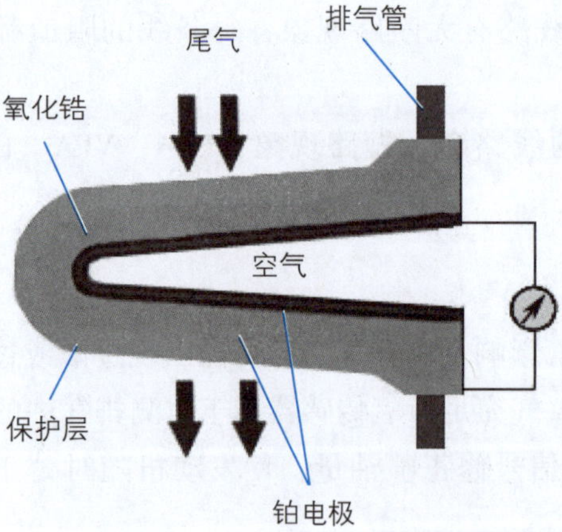

图 5-52　氧化锆型氧传感器工作原理

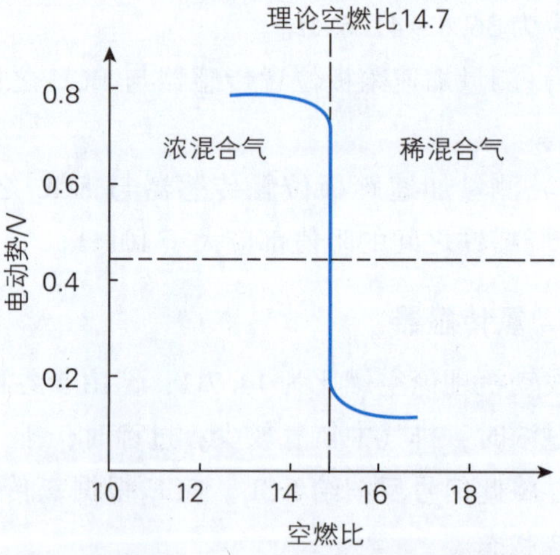

图 5-53　氧化锆型氧传感器特性

（2）氧化钛型氧传感器

氧化钛型氧传感器外形与氧化锆型氧传感器类似，如图 5-54 所示，用二氧化钛作为敏感元件，二氧化钛属于半导体材料，其阻值取决于材料温度和周围氧离子的浓度。当尾气中氧离子较少时，二氧化钛呈现低阻状态；当尾气中氧离子较多时，二氧化钛呈现高阻状态。二氧化钛的电阻在混合气为理论空燃比（14.7）时产生突变，当 ECU 给氧传感器施加稳定的电压时，在氧传感器输出端可以得到一个交替变化的信号。

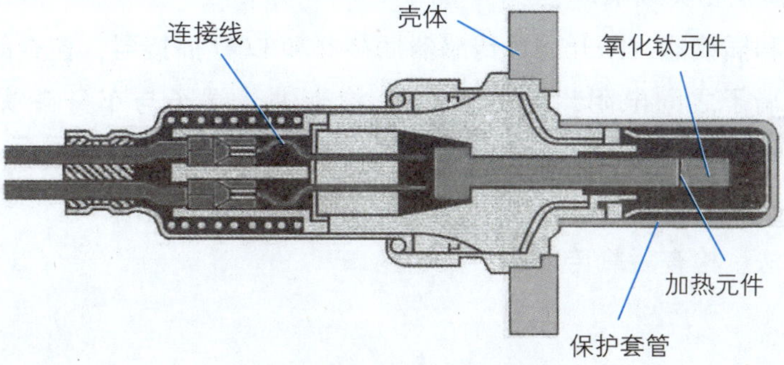

图 5-54　氧化钛型氧传感器

（3）氧传感器的检测

丰田 1ZR 发动机氧传感器电路如图 5-55 所示，其电路检查方法如下：

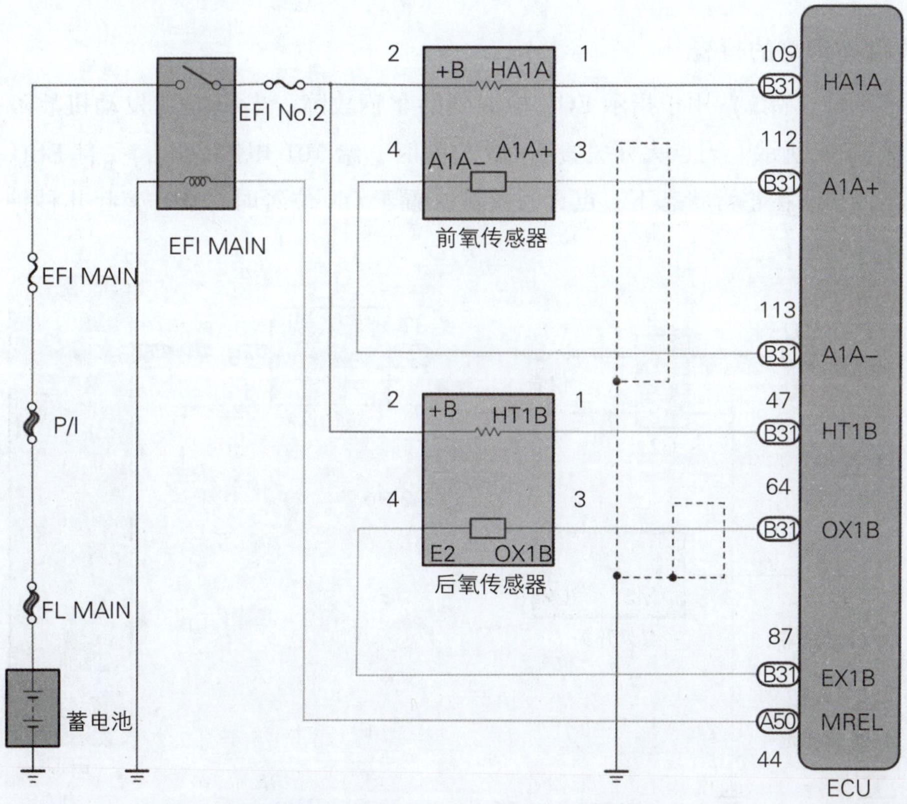

图 5-55　丰田 1ZR 发动机氧传感器电路

1）检查氧传感器加热器电阻，丰田1ZR发动机加热器20℃时阻值为1.8～3.4Ω，加热器与氧传感器端子4之间的阻值应大于10kΩ。

2）检查端子电压，测量氧传感器+B与车身搭铁之间的电压，应为12V左右，否则检查EFI No.2熔断器及相关线束。

3）检查线束和插接器。断开前氧传感器插接器和ECU插接器，检查前氧传感器1号端子与ECU 109号端子之间电阻，应小于1Ω，检查1号端子与车身搭铁之间电阻，应大于10kΩ。

4）暖机后，检查氧传感器信号电压，应在0.4～0.55V之间波动。

5）按同样方法，检查后氧传感器。

四、执行器的检查

执行器受ECU直接控制，接受ECU的信号并完成ECU的要求。电控系统执行器包括燃油泵继电器、EFI主继电器、喷油器、节气门电动机、炭罐电磁阀、氧传感器加热器、故障指示灯等。

1. 故障指示灯的检查

故障指示灯（MIL）用于指示ECU检测到的车辆故障，丰田1ZR发动机故障指示灯工作电路如图5-56所示。当点火开关置于ON位置时，给MIL电路供电，并且ECU提供电路搭铁以点亮MIL。在正常状态下，点火开关首次置于ON位置时，MIL亮起几秒钟。当发动机起动时，MIL熄灭。

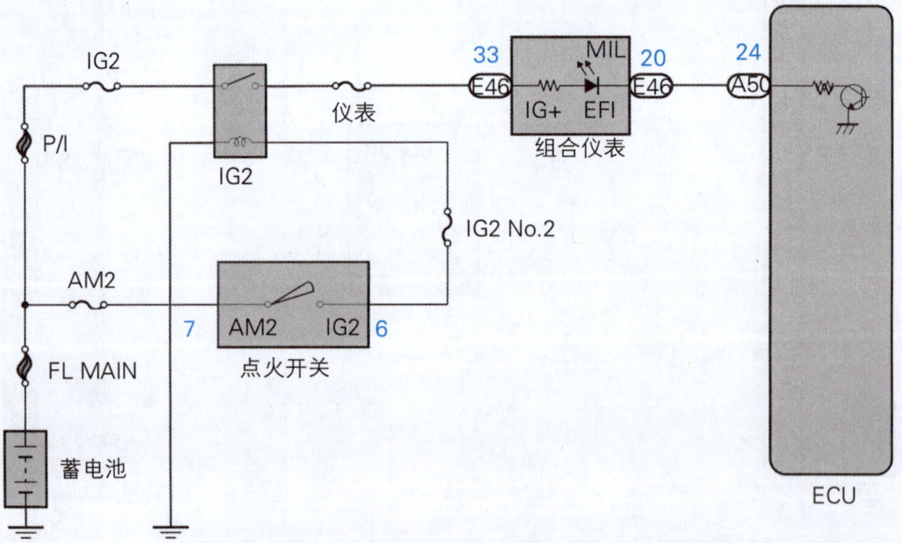

图5-56 丰田1ZR发动机故障指示灯工作电路

如果 MIL 长亮，需要检查组合仪表 E46－20 和 ECU A50－24 是否短路。如果 MIL 一直不亮，发动机也不能起动，需要检查 VC 输出电路。发动机若能起动，按以下方法检查：

1）断开 ECU 插接器，将点火开关置于 ON 档位。

2）测量 ECU A50－24 与车身搭铁之间电压，应为 11～14V。如果异常，则更换 ECU；正常则进行下一步。

3）断开组合仪表插接器，断开 ECU 插接器，测量组合仪表 E46－20 和 ECU A50－24 之间的阻值，应小于 1Ω。异常则维修或更换线束或插接器，正常则进行下一步。

4）更换组合仪表总成。

2. 炭罐电磁阀的检查

汽油是一种易挥发的液体，在常温下燃油箱经常充满蒸气，燃油蒸气回收系统的作用是将蒸气引入燃烧并防止挥发到大气中。如图 5-57 所示，燃油蒸气回收系统主要包括炭罐、炭罐电磁阀等，ECU 通过改变向炭罐电磁阀发送的占空比信号，以使碳氢化合物的进气量与行驶状态（发动机负载、发动机转速、车速等）相适应。

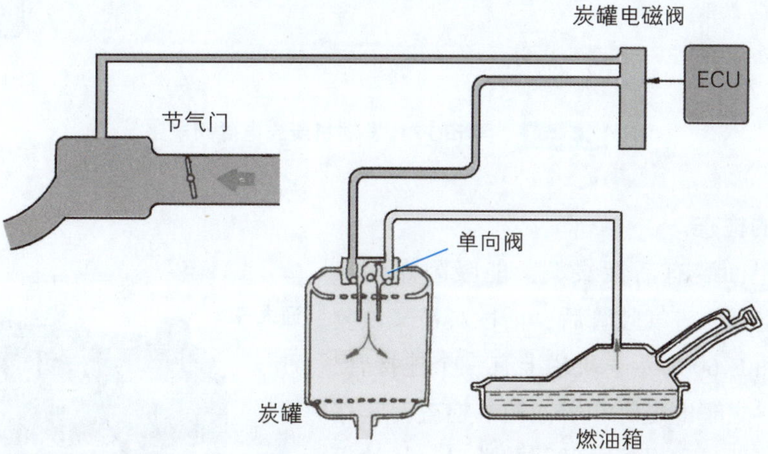

图 5-57　**燃油蒸气回收系统**

发动机停机或怠速时，ECU 使炭罐电磁阀关闭，燃油蒸气被炭罐内活性炭吸附。发动机中、高转速时，ECU 使炭罐电磁阀打开，吸附在炭罐上的燃油蒸气经过真空软管吸入发动机，此时发动机进气量大，少量的燃油蒸气不会影响混合气成分。

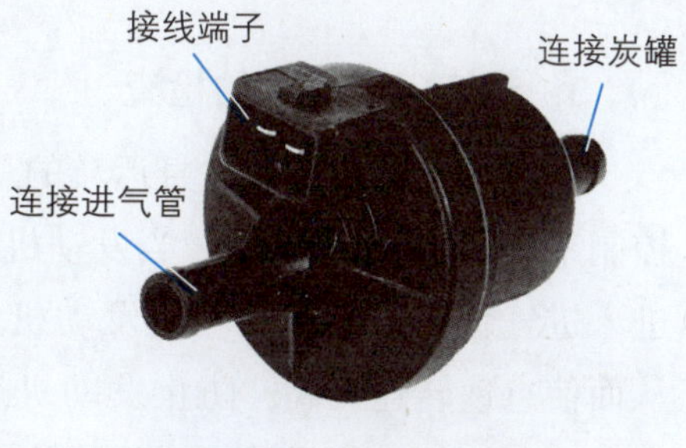

图 5-58　**炭罐电磁阀**

（1）炭罐电磁阀的检查

炭罐电磁阀结构如图 5-58 所示，ECU 根据冷却液温度、转速、节气门开度等参数，通过控制炭罐电磁阀开关，避免燃油蒸气自由进入进气歧管，破坏正常的混合气浓度。

1）丰田1ZR发动机炭罐电磁阀电路如图5-59所示，检查炭罐电磁阀与ECU之间线束有无断路和对地短路现象，若有需维修或更换线束。

2）将点火开关置于ON位置，检查2号端子与搭铁之间的电压，应约为12V，否则检查相关熔断器和继电器。

3）检查炭罐电磁阀两个接线端子之间的电阻值，应为23～26Ω。

4）利用诊断仪主动测试功能或手动真空泵，检查炭罐电磁阀是否堵塞。

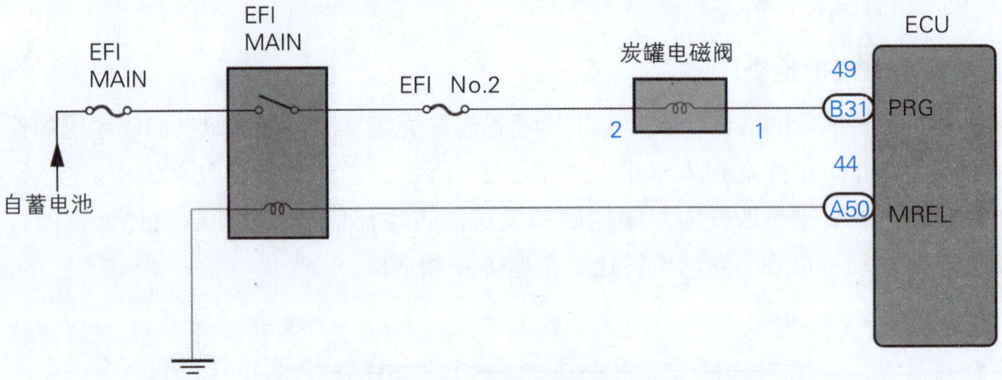

图5-59 丰田1ZR发动机炭罐电磁阀电路

（2）炭罐的检查

活性炭罐里面装有活性炭粒，能吸附燃油蒸气，蒸气被真空吸入进气歧管后，活性炭粒又恢复吸附能力。如图5-60所示，炭罐上有三个连接管，分别连接大气、炭罐电磁阀和燃油箱。检查时，堵上炭罐的大气侧端口和炭罐电磁阀的端口。从油箱侧端口吹气进入炭罐，确认无漏气，否则更换炭罐。

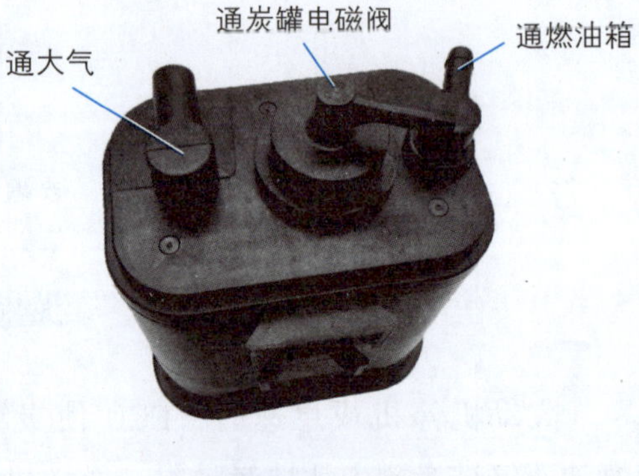

图5-60 炭罐

3. 节气门电动机的检查

怠速是发动机维持自身运转的最低速度。怠速控制系统如图5-61所示，当发动机怠速时，进气量不受节气门的控制，空气经过旁通气道进入进气管道的稳压箱。当发动机怠速负荷增大时，ECU控制怠速控制阀使进气量增大，从而使怠速转速提高，防止发动机运转不稳或熄火。当发动机怠速负荷减小时，ECU控制怠速控制阀使进气量减小，从而使怠速转速降低。怠速时的喷油量由ECU根据预先设定的怠速空燃比和空气流量传感器测得的进气量计算确定。

（1）电子节气门系统的工作原理

电子节气门系统取消了传统的加速踏板拉索和怠速旁通气道，如图 5-62 所示，ECU 通过节气门电动机来驱动节气门的开闭。ECU 根据加速踏板的位置信号、废气排放、燃油消耗及安全性等因素确定所需要的转矩及相应的节气门位置信号，控制节气门电动机将节气门打开到相应的角度，以达到最佳燃烧效果的燃油供油量，获得最佳的动力性、经济性和排放性。发动机控制系统通过控制节气门电动机，可以实现发动机怠速控制、车辆巡航控制、自动变速器控制、车身电子稳定控制等功能。

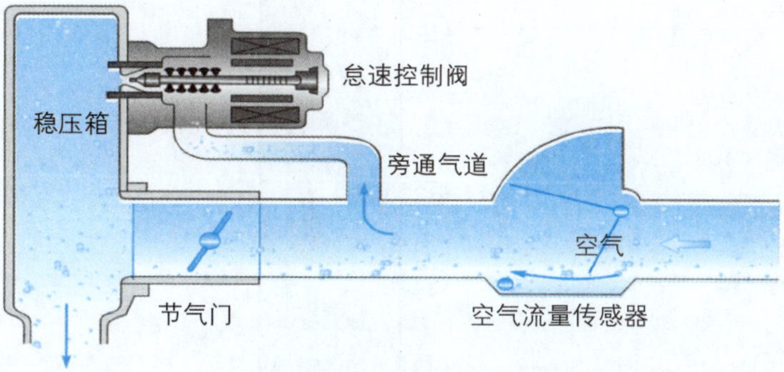

图 5-61 怠速控制系统

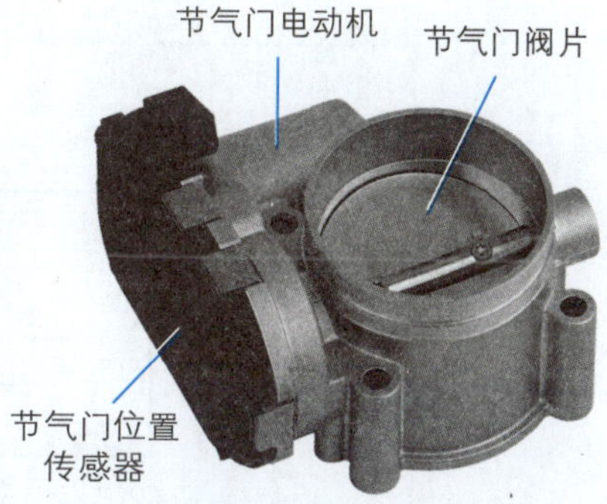

图 5-62 电子节气门系统

（2）电子节气门体的组成

如图 5-63 所示，电子节气门体由节气门阀片、节气门电动机和节气门位置传感器等组成，来自发动机 ECU 的占空比信号使节气门电动机动作，通过齿轮传动机构使节气门阀片转动，保证发动机工作所需的节气门开度。节气门位置传感器由两个电位器组成，节气门开度变化时，电阻值发生变化，输出的电压信号随之变化，与电子加速踏板位置传感器信号一

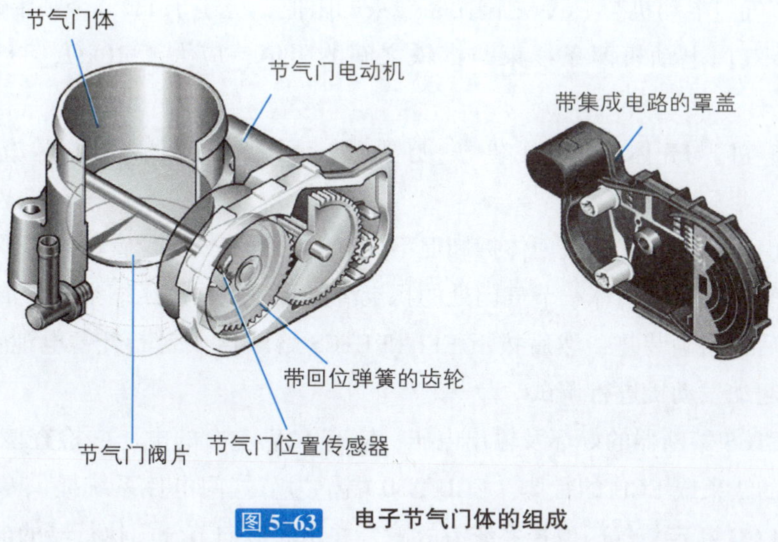

图 5-63 电子节气门体的组成

起输入到 ECU，经计算后，输出电动机控制信号，从而控制节气门开度。当电子节气门系统有故障进入失效保护模式时，ECU 切断通往节气门执行器的电流，并且节气门被回位弹簧拉回到开度 6°。

（3）节气门电动机的检修

1）丰田 1ZR 发动机节气门电动机的电路如图 5-64 所示，使用万用表在 20℃ 时检测 M+ 与 M- 之间的电阻值，应在 0.3～100Ω 之间。若结果不符合规定，应更换节气门体总成。

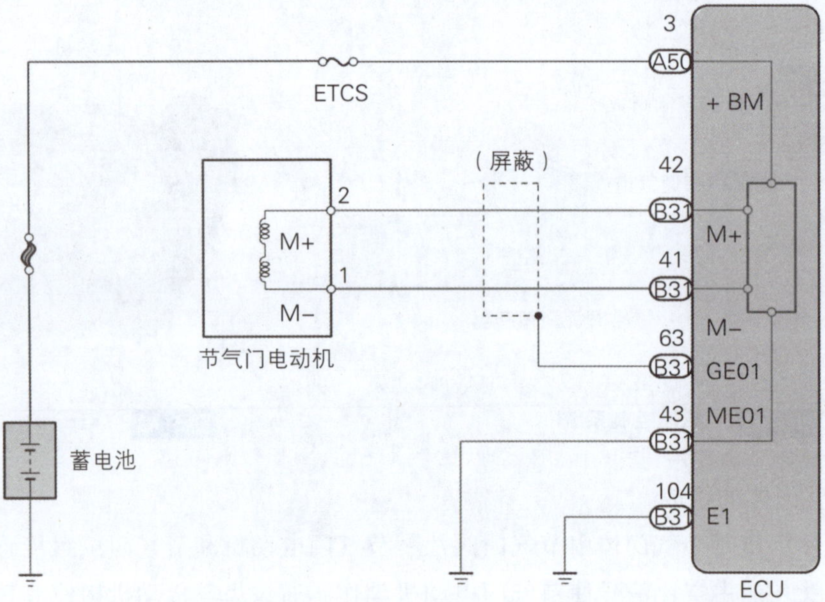

电子节气门的工作原理

图 5-64　丰田 1ZR 发动机节气门电动机电路

2）检查节气门电动机与 ECU 之间两条线束的阻值，应小于 1Ω，否则维修或更换线束。

3）检查节气门电动机两条线束与搭铁之间的阻值，应大于 10kΩ，否则维修或更换线束。

4）检查节气门与壳体之间有无杂物，必要时，清洁节气门体总成。检查并确认节气门移动平稳。

清洁节气门体时，要将节气门体拆卸但不分解，注意节气门位置传感器不可朝下。用化油器清洗剂及软刷将节气门体、节气门处的积炭清洗干净，再用压缩空气清洁所有通道和开口。清洗完毕后，正确装复，然后拔下 EFI 和 ETCS 熔断器或者断开蓄电池负极 60s 以上，即完成匹配，起动发动机进行调试。

5）检查 ETCS 熔断器的好坏及输出电压，应有 12V 左右的电压，检查该熔断器与 ECU A50 端子之间的线束或 ECU 的针脚。ECU A50 端子为节气门电控系统提供专用的电源，该电压过低时，ECU 断定节气门电控系统有故障，并切断流向节气门执行器的电流。

6）检查节气门电动机的工作声音。将点火开关置于 ON 位置，踩下加速踏板时，检查电动机的工作声音。确保电动机没有摩擦声。如果有摩擦声，则更换节气门体。

任务四 废气涡轮增压系统的工作原理与维修

发动机增压是先将空气进行预压缩，然后再供入气缸。它通过提高进气密度来增加进气量，从而可以使发动机功率增加。常见的增压方法有机械增压、废气涡轮增压两种，废气涡轮增压技术最成熟，效率高，应用最广。

一、废气涡轮增压系统的工作原理

废气涡轮增压系统工作原理如图 5–65 所示，发动机燃烧后的废气通过涡轮废气入口进入涡轮，带有能量的废气冲击涡轮的叶片，涡轮通过轴带动泵轮转动，泵轮将更多的新鲜空气压入发动机，从而加大发动机进气量。

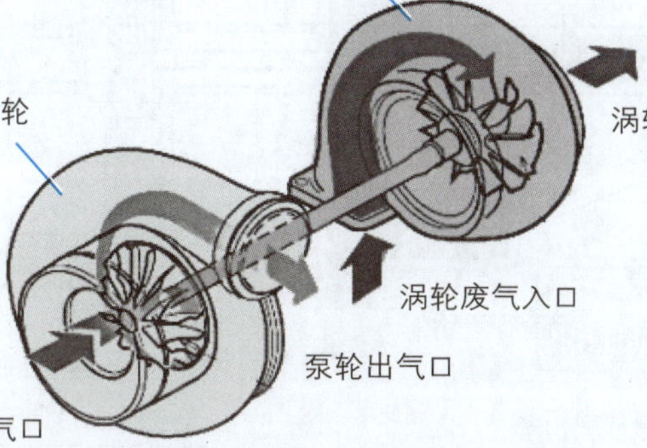

图 5–65 废气涡轮增压系统工作原理

如图 5–66 所示，废气涡轮增压系统的电控元件主要有发动机 ECU、增压压力调节电磁阀、机械式换气阀、空气流量传感器和增压压力传感器等。发动机 ECU 根据空气流量、发动机转速、增压压力等传感器信号，对增压压力调节电磁阀的通断进行控制。

当实际进气压力低于理论值时，如图 5–67 所示，增压压力调节电磁阀断电，膜片执行器的左室与低压空气端连通，弹簧推动膜片左移，并带动联动杆将排气旁通阀关闭。当实际进气压力高于理论值时，增压压力调节电磁阀通电，膜片执行器的左室与高压空气端连通。膜片右移，并通过联动杆将排气旁通阀打开，使部分排气直接排入大气，从而降低涡轮转速和增压压力。

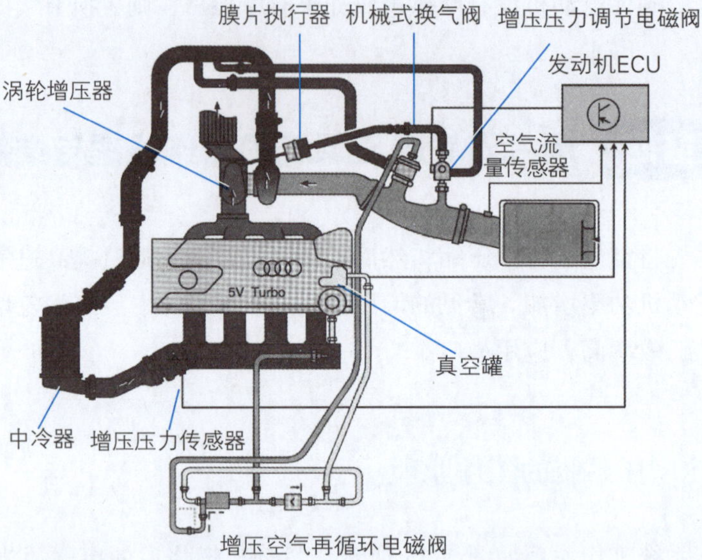

图 5-66 废气涡轮增压系统的组成

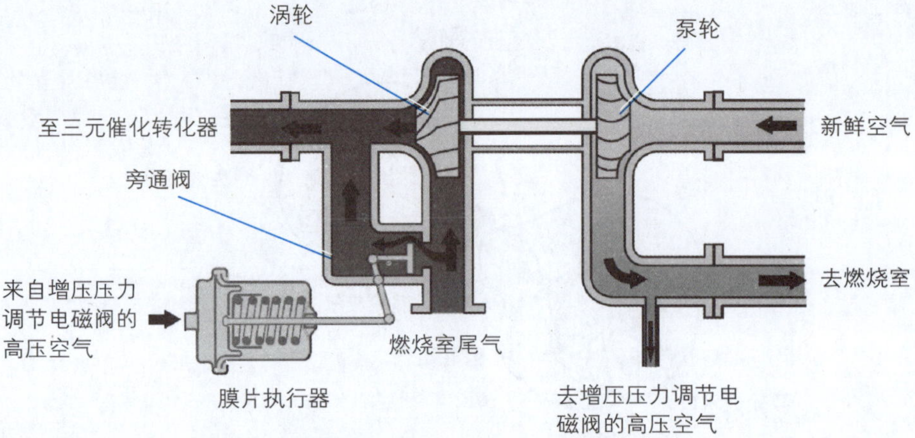

图 5-67 涡轮增压器的工作原理

二、废气涡轮增压系统的检修注意事项

1）在找出故障原因之前，不能轻率地把涡轮增压器从发动机上拆下来，应该先检查和判断涡轮增压器的工作情况。因为一旦把涡轮增压器拆下来，就很难证实产生这类问题的真正原因。

2）如果必须把涡轮增压器从发动机上拆下来，则应在把软管、夹头和接头拆下来前，确定接头是否漏气。

3）检测涡轮增压系统机械部分之前，发动机必须熄火并等待发动机温度降至正常，以防烫伤。

4）在不装进气管和不连接空气滤清器的情况下使涡轮增压器运转，会造成人员伤害。外来物体进入涡轮增压器内可能会造成机体损坏。

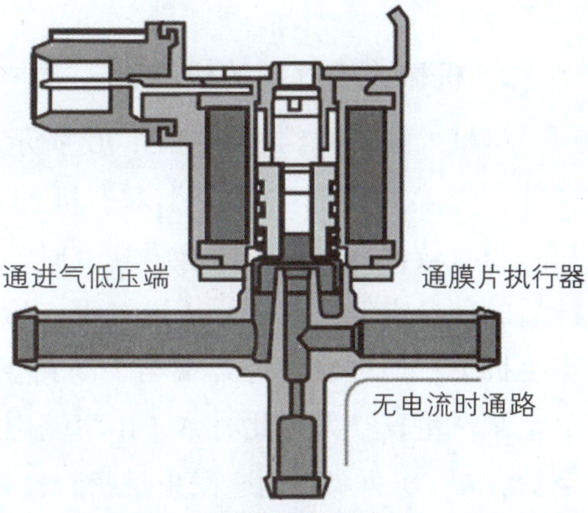

图 5-68　增压压力调节电磁阀

三、废气涡轮增压系统的检修

1. 增压压力调节电磁阀的检查

增压压力调节电磁阀连接了三根空气软管，如图5－68所示，当发动机 ECU 通过增压压力传感器检测到进气压力低于 98kPa 时，该阀不通电，进气高压端的空气进入膜片执行器，膜片执行器的膜片克服弹簧压力将旁通阀打开，废气流经涡轮室使涡轮增压器工作。当进气压力大于 98 kPa 时，ECU 控制增压压力控制电磁阀通电，此时该阀三条管路导通，膜片执行器内压力被释放，废气经旁通阀排出，因而涡轮增压器不工作。

（1）利用仪器检测

连接故障检测仪，再从增压压力调节电磁阀上拆下软管，接上辅助软管，操作诊断仪激活增压压力调节电磁阀，电磁阀将发出响声，通过向辅助软管吹气，确认该阀能正常打开和关闭。

（2）对电源进行检测

2013 年帕萨特 1.8T 发动机增压压力调节电磁阀电路如图 5-69 所示，断开其插接器，用二极管试灯检查其供电电源。启动执行元件诊断功能，用二极管试灯分别检查插接器两个端子，触发增压压力调节电磁阀，二极管试灯应闪亮。如果不亮，则要进一步检查电源线路。

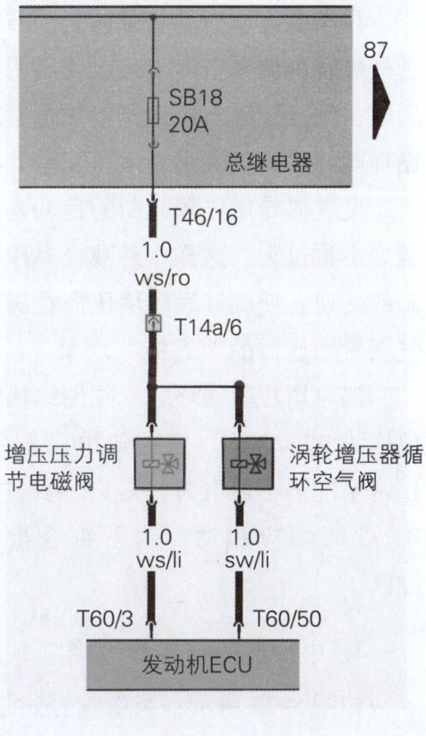

图 5-69　帕萨特 1.8T 发动机增压压力调节电磁阀和涡轮增压器循环空气阀电路

从增压压力调节电磁阀上拔下连接软管和电线插头，用万用表测量电阻值，正常值应为 25～35Ω。给电磁阀施加 12V 电压，用压缩空气吹气检查，通电时三个端口应互通，断电时膜片执行器的左室与低压空气端连通。

2. 机械式换气阀的检查

图 5-70 机械式换气阀

机械式换气阀结构如图 5-70 所示，阀内有真空膜片，当膜片室真空度较小时，机械式换气阀不开启；当有较大真空度作用于膜片上时，该阀开启，增压后的部分空气又返回低压进气管。检查时，将其从车上拆下，通过软管将 C 端与手动真空泵连接，扳动真空泵产生真空力，此时 A、B 两端应相通；解除真空后，A、B 两端应迅速截止且密封良好。

3. 检查涡轮增压器循环空气阀

涡轮增压器循环空气阀受 ECU 控制，不通电时进气歧管与机械式空气再循环阀的膜片室相通，通电时真空罐与机械式空气再循环阀的膜片室相通。

在怠速或小负荷时，进气歧管的真空度较大，发动机进气不需要增压，此时涡轮增压器循环空气阀不通电，进气歧管的真空度使机械式空气再循环阀开启，压气机出口的高压空气回到低压端，此时废气涡轮增压器不起作用。

在车辆高速行驶急减速时，节气门突然关闭，瞬间废气涡轮增压器需要卸荷。因为此时进气歧管内的真空度不足以开启机械式空气再循环阀，故 ECU 立即给增压器再循环电磁阀通电，使真空罐与机械式空气再循环阀接通，在真空罐强大的真空吸力作用下机械式空气再循环阀开启，废气涡轮增压器被卸荷。

废气涡轮增压器卸荷的目的是使泵轮到节气门前存在的高压压力瞬间卸掉，使泵轮叶轮阻力不致过大，这样一是减轻高压气体对叶轮等的冲击，二是能使废气涡轮增压器保持在较高的转速，使废气涡轮增压器在需要时能更迅速地向发动机提供所需要的增压压力，减小废气涡轮增压器的“迟滞”现象。

涡轮增压器循环空气阀的结构如图 5-71 所示，拆卸该阀，用万用表测量其阻值，正常值应为 27 ~ 30Ω。直接给电磁阀供 12V 直流电，正常情况下不通电时，A、B 两端应相通，通电时 B、C 两端应相通。若不符合要求，应更换电磁阀。

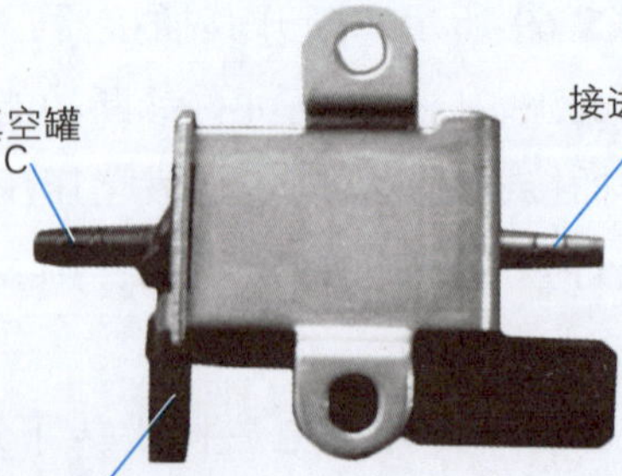

图 5-71 涡轮增压器循环空气阀

4. 中冷器的结构和检修

如图 5-72 所示，当空气经过增压器泵轮被压缩后，温度会升高 40 ~ 60℃，高温气体体积膨胀，相当于发动机吸进的空气量又变少了。同时高温空气对于发动机燃烧特别不利，功率会减少、废气排放会增多，因此，需要把增压后的空气冷却后再送进发动机。

中冷器如图 5–73 所示。中冷器安装在废气涡轮增压器之后、节气门之前，其作用是将增压后的较热空气进行冷却以增加其密度，提高进气量。增压压力传感器安装在中冷器出口处，用于检测冷却后空气的进气压力。

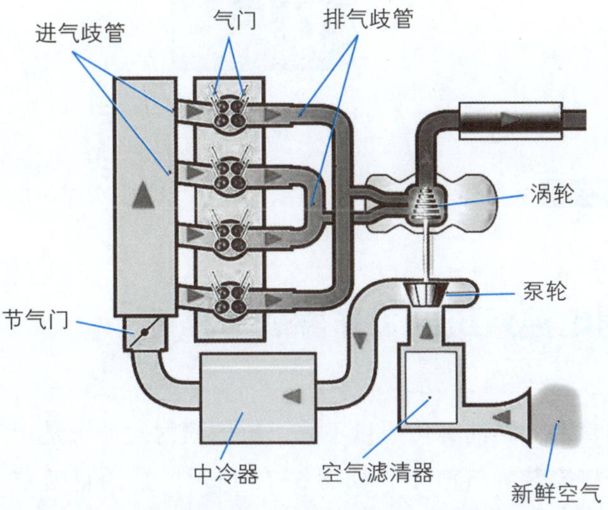

图 5–72 涡轮增压进气路线

中冷器脏污会造成散热不良，因此需要清洗中冷器的外部及内部。在发动机怠速时，在中冷器附近喷积炭清洗剂，观察发动机转速是否变化，如有明显变化，即证明中冷器漏气，需要检修或更换。

图 5–73 中冷器

5. 涡轮增压器的工作原理和检修

1）在拆卸之前，检查有无异常的机械噪声。目测是否漏气、堵塞，检查有无明显的热变色等情况。

2）检查螺母、螺栓、压板和垫片有无漏装、松动现象；检查发动机进、排气管及其管道和固定件是否松动、损坏；检查机油通道有无节流、损坏现象；检查涡轮增压器壳体是否有裂纹或损坏，如图 5–74所示。

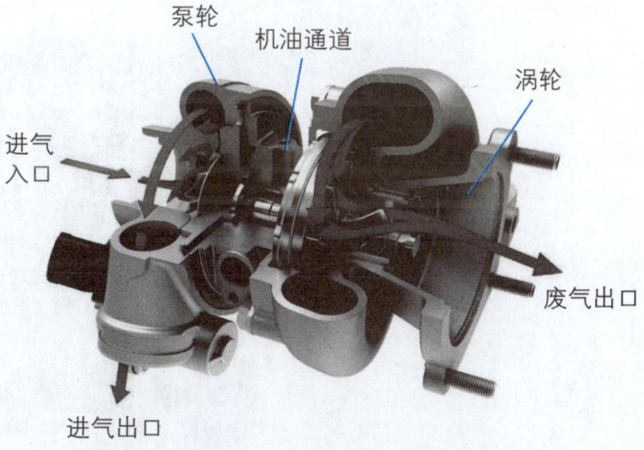

图 5–74 废气涡轮增压器

3）检查外部机油或冷却介质是否泄漏，检查涡轮增压器外表面，如有污物沉淀，则表明空气、机油、排气或冷却介质泄漏。

4）废气旁通阀由阀门、推杆、膜片执行器等组成，如图 5–75 所示，需要检查废气旁通阀能否自由运动或是否损坏，必须确保膜片执行器软管连接情况良好。

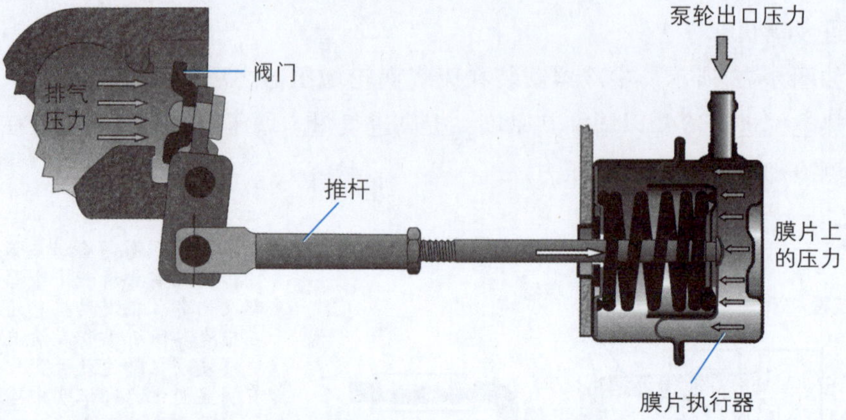

图 5-75 废气旁通阀

任务五 缸内喷射电控系统的工作原理与维修

传统发动机的喷油器安装在进气歧管上，燃油雾化质量不高。缸内喷射发动机是指向气缸内直接喷射燃油的发动机，喷油器直接安装在气缸上，如图 5-76 所示。缸内直喷技术可以使燃油以极高压力精准地直接注入到燃烧室中，这种喷射方式在燃油雾化和油气混合效率方面更为优异。采用缸内直喷技术的发动机，燃烧效率大幅提升，增加了动力输出，更加节油和环保。

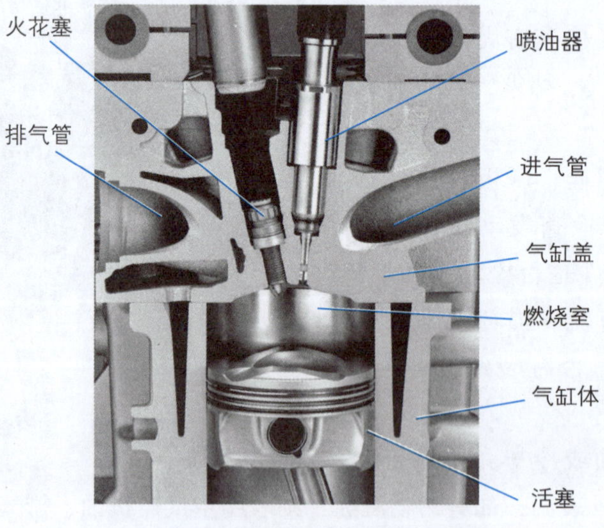

图 5-76 缸内喷射发动机结构

一、缸内喷射电控发动机燃油供给系统的基本原理

缸内喷射电控发动机燃油供给系统分为低压部分和高压部分，如图 5-77 所示。燃油供给系统低压部分主要包括燃油泵、燃油泵 ECU、燃油滤清器、低压燃油压力传感器等。低压燃油压力传感器用来监控不同压力的保持状况。发动机 ECU 通过燃油泵 ECU 来控制燃油泵的转速，这样可以实现按照实际需要来调节，从而节省电能。缸内直喷燃油系统的低压油路增加了燃油泵门控开关，燃油泵门控开关能使燃油泵在驾驶人侧车门打开时即开始工作，车门开关信号被送至燃油泵 ECU，燃油泵被触发 2s。燃油泵提前工作是为了迅速建立高压以缩短起动时间。燃油滤清器内部集成了压力调节器，如果错装会导致燃油低压部分压力偏低。

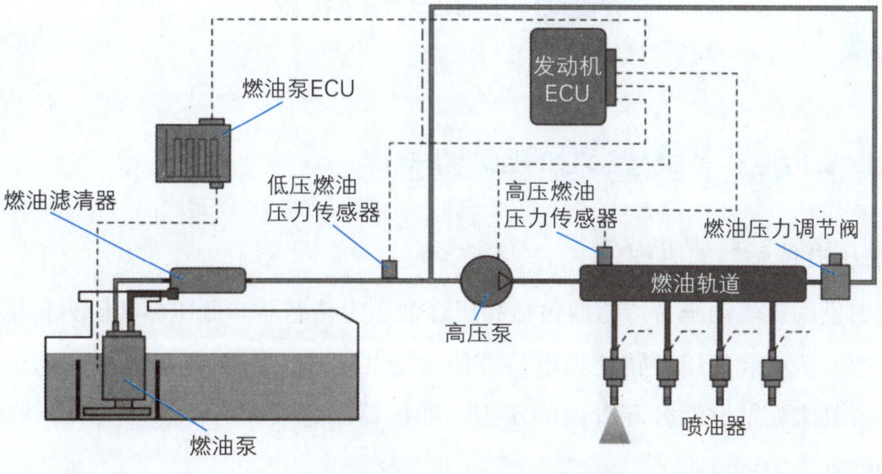

图 5-77　燃油供给系统

燃油泵给高压泵供应压力约为 0.6MPa 的燃油。在下述工况，预供油压力必须提高 0.2MPa：在发动机停机时，发动机起动前，在发动机起动过程中以及发动机起动后的 5s 之内。在热起动以及热机运行时，其控制时间取决于温度，目的是防止燃油内产生气泡。

燃油供给系统高压部分主要包括高压燃油分配管、高压燃油压力传感器和燃油压力调节器、高压泵、高压喷油器等。如图 5-78 所示，高压泵通常由凸轮轴以机械方式来驱动，发动机 ECU 根据发动机负荷和转速，控制高压泵上的燃油压力调节器，使高压泵输出燃油压力达到 5.0～11.0MPa。限压阀被拧紧在高压燃油分配管上，它保护部件不因燃油压力过高而产生热膨胀或损坏，该阀在压力超过 12.0MPa 时打开，通过泄漏管路把高压燃油分配管中的燃油送回供油管路。

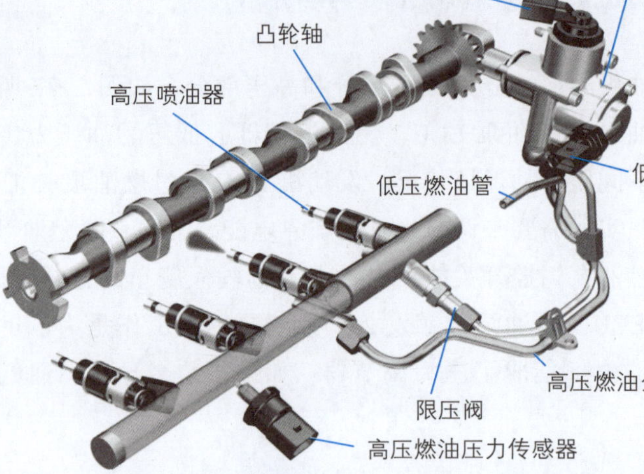

图 5-78 燃油供给系统高压部分

二、缸内喷射电控系统传感器的原理和检修

1. 燃油压力传感器的原理

缸内喷射发动机燃油压力传感器包括高压燃油压力传感器和低压燃油压力传感器。高压燃油压力传感器能将燃油压力转换为电信号传给 ECU，ECU 分析高压燃油压力信号，通过燃油压力调节阀来调节燃油分配管内的压力。如果高压燃油压力传感器失灵，ECU 以一个固定值控制燃油压力调节阀。

ECU 根据低压燃油压力信号控制低压燃油系统中的压力。根据不同的发动机，燃油压力在 0.05 ~0.5MPa 之间。如果低压燃油压力传感器失灵，ECU 将用固定脉冲宽度调制信号来控制燃油泵，低压燃油系统中的压力将会升高。

燃油压力传感器结构如图 5-79 所示，当燃油通过测压口流向燃油压力传感器时，传感器内电阻应变片形状和电阻发生改变，进而引起惠斯通电桥输出端的电压变化，通过集成电路的处理，使信号端输出的电压发生变化，ECU 根据此电压计算出当前的燃油压力。

大众帕萨特轿车 ACE 发动机高压燃油压力传感器电路如图 5-80 所示，ECU 给传感器供电，供电电压为 5V，当燃油压力升高时，电阻降低，信号电压升高，可在不同油压下测量其信号电压。

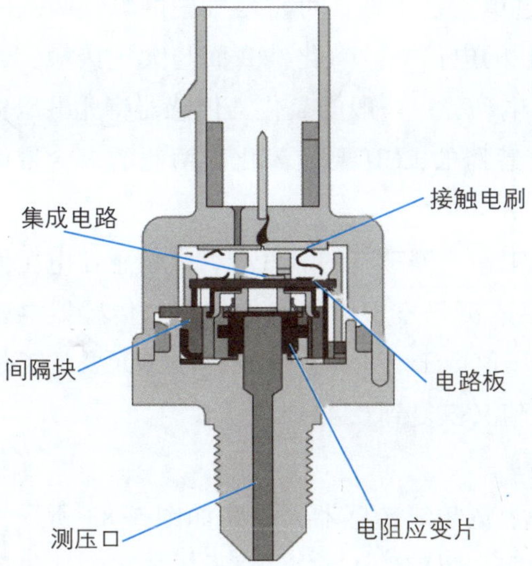

图 5-79 燃油压力传感器结构

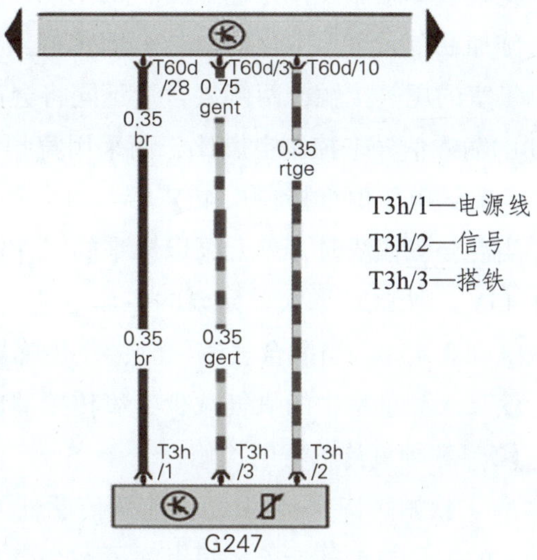

图 5-80 帕萨特 ACE 发动机高压燃油压力传感器（G247）电路

2. 宽频氧传感器的工作原理和检修

缸内直喷发动机采用稀薄燃烧，空燃比范围是 10～20，原有的氧传感器已无法适应，于是就采用了宽频氧传感器。宽频氧传感器装在三元催化转化器前，使发动机调整空燃比更加精确。

（1）宽频氧传感器的工作原理

宽频氧传感器也称为宽带氧传感器，它包括单元泵、测量室、加热器、电极等，如图 5-81所示。宽频氧传感器是在普通氧化锆型氧传感器基础上发展起来的，它利用了氧化锆的两种特性：一是氧化锆两侧含氧量不同时，氧化锆两侧的电极产生电动势；二是氧化锆两侧的电极加载电压时，可以使氧离子移动。

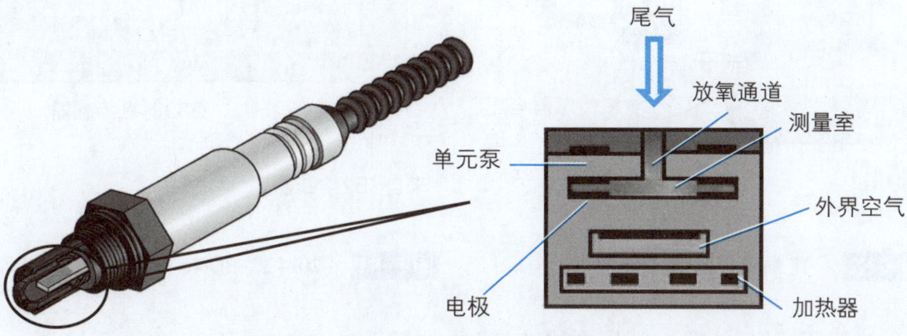

图 5-81 宽频氧传感器

宽频氧传感器工作原理如图 5-82 所示，通过单元泵工作，可将尾气中的氧气吸入测量室。施加在单元泵上变化的电压，即传递给 ECU 的电信号。氧化锆一面与大气接触，一面与测量室的尾气接触，两侧氧含量不同将会产生电动势。一般的氧化锆传感器将此电压作为 ECU 的输入信号来控制空燃比，而采用宽频氧传感器的 ECU 要使氧化锆两侧的氧含量保持一致，需让电压值维持在 0.45V。

当混合气偏浓时，单元泵以原来的工作电流工作，测量室的氧气少，氧传感器电压值超过 0.45V，则 ECU 增大单元泵的工作电流，使泵入测量室中的氧气增加，氧传感器电压值又恢复到 0.45V。当混合气偏稀时，氧传感器电压值低于 0.45V，ECU 减小单元泵的工作电流，使泵入测量室中的氧气减少，氧传感器电压值又恢复到 0.45V。

（2）宽频氧传感器的检修

2014 款帕萨特 1.8T 发动机前氧传感器 G39 为宽频氧传感器，电路如图 5-83 所示，其侧插头的 1 号与 5 号端子之间串联了一个微调电阻，阻值约 125Ω。端子 3 与 4 为加热器供电，来自 SB2 熔断器的 12V 电压由 4 号端子输入，6 号端子由控制单元 J220 控制搭铁。加热器电阻为 2～5Ω。

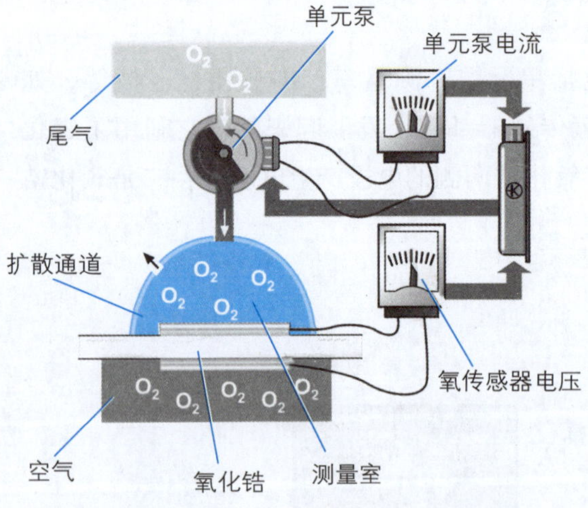

图 5-82　宽频氧传感器工作原理

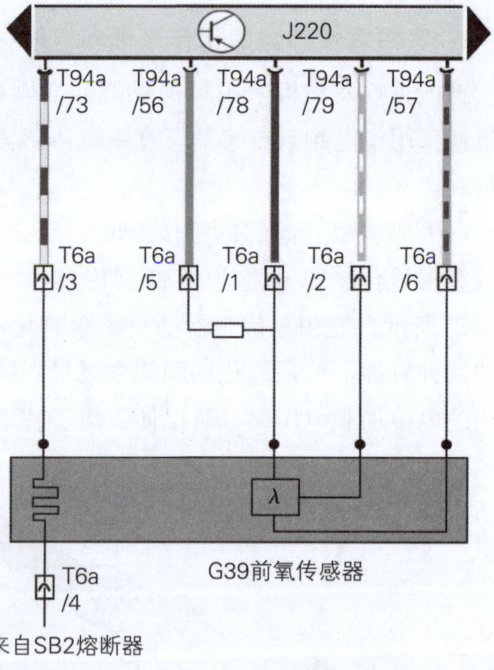

图 5-83　2014 款帕萨特 1.8T 发动机宽频氧传感器电路

点火开关置于 OFF 位置，拔下前氧传感器的插头，安装便于测量的插接器。点火开关置于 ON 位置，在刚装入的插接器上测量各端子的电压值，2 号与 6 号端子之间的电压差应为 0.45V 左右，4 号端子对地电压应为 12V，2s 后变为 0，这是因为点火开关置于 ON 位置时不起动，控制单元 J220 控制油泵继电器只有 2s 左右的通电时间。

用诊断仪读取宽频氧传感器的电压信号应为 1.0～2.0V。电压值大于 1.5V 时，混合气过稀；电压值小于 1.5V 时，混合气过浓。

三、缸内喷射电控系统执行器的工作原理

1. 喷油器的工作原理

燃油经过高压油泵加压之后进入高压油轨，会在高压油轨内稳压。由于高压油轨和燃烧室之间存在压力差，燃油可以直接喷入气缸内。喷油器（图 5-84）的任务就是在精确的时刻将精确的燃油量喷入燃烧室。喷油器内部设有电磁阀，可以实现对喷油量和时机、精度的控制。喷油器结构如图 5-85 所示，当 ECU 控制电磁线圈通电时，衔铁打开针阀，喷油器的喷孔能在短时间内喷出大量的燃油。

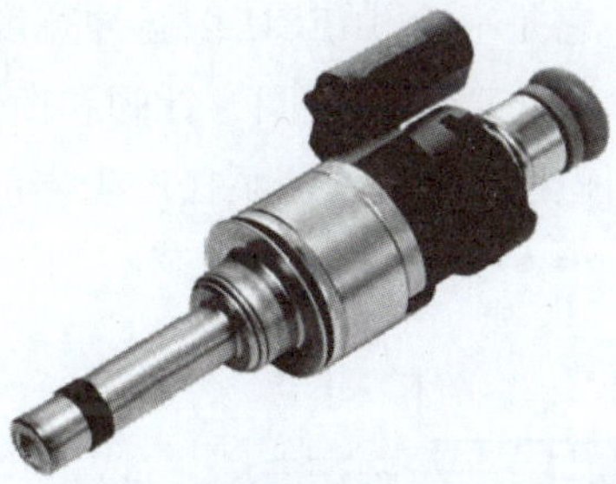

图 5-84　喷油器

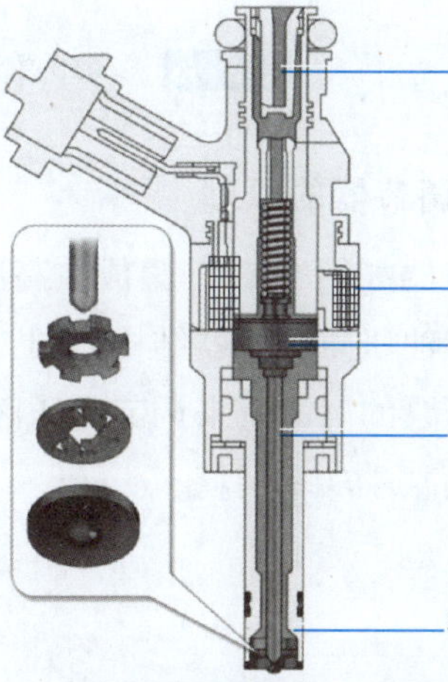

图 5-85　喷油器结构

喷油器工作电压约为 65V，喷射出的燃油量由针阀开启时间和燃油压力来决定。喷油针阀与燃烧室之间由一个聚四氟乙烯密封圈来密封，每次拆卸后必须更换该密封圈。2015 款途安 1.4T 发动机喷油器电路如图 5-86 所示。

拆卸喷油器或其他高压系统部件时，需要先卸压，否则高压时流出的燃油可能会灼伤皮肤和眼睛。燃油供给系统卸压方法是：①拔下活性炭罐插头；②拔下燃油泵熔丝；③起动发动机；④连接专用诊断仪，注意 01/08/106 的显示区 1 下的燃油压力（怠速时为 5.0MPa）；⑤当燃油压力在 0.6～0.8MPa 时，关闭发动机（否则会损坏三元催化转化器），拆下喷油器或其他高压部分；⑥完成修理后，要清除故障码。

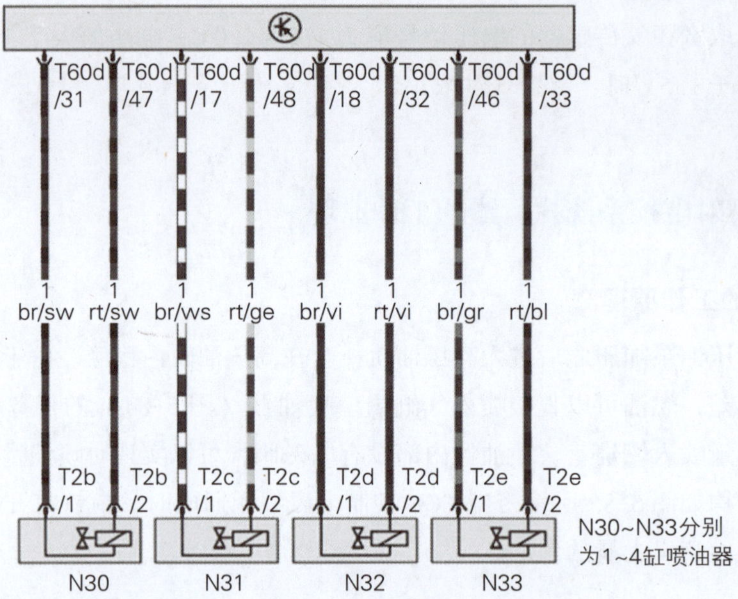

图 5-86　2015 款途安 1.4T 发动机喷油器电路

2. 燃油压力调节器的原理

燃油压力调节器（图 5-87）集成在高压油泵内，它是一个由 ECU 以脉冲宽度调制方式控制的电磁阀。燃油压力调节器结构如图 5-88 所示，它由壳体、线圈、针阀和衔铁等组成，通过控制流入高压泵的燃油量来调节高压区域的燃油压力，使高压油泵仅产生当前工作状态必需的压力，从而减小功率消耗。

图 5-87　燃油压力调节器

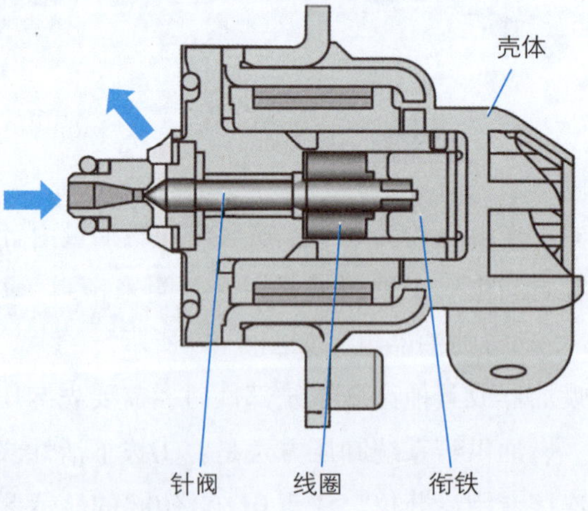

图 5-88　燃油压力调节器的结构

出于安全原因，如果不通电，燃油压力调节器打开，高压油泵会通过打开的阀座将总供油量泵回到低压循环回路中。当驱动线路失效时，高压油泵进入低压模式，发动机仍可应急运行。

如图 5–89 所示，高压油泵建立油压时，燃油压力调节器通电后产生磁场，使进油口的低压油与泵腔内高压油通道关闭。泵活塞向下运动时，燃油经进油阀进入泵腔。泵活塞向上运动时，燃油被压缩，高压燃油就被输送到燃油分配管内。高压油泵的单向阀用于防止燃油分配管内的压力卸掉。当燃油压力超过所需压力时，燃油压力调节器在供油升程结束前使进油口的低压油与泵腔内高压油通道连通，泵腔内的压力就会卸掉，燃油流回高压油泵的进油侧。2015 款途安 1.4T 发动机燃油压力调节器（N276）的电路如图 5–90 所示。

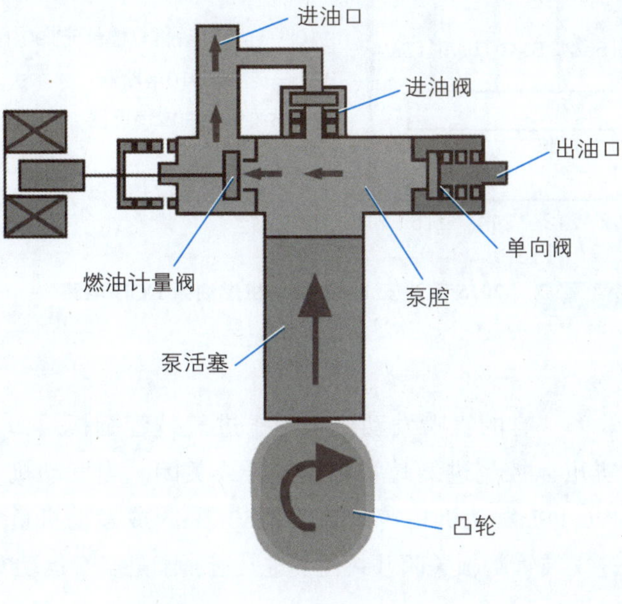

图 5–89　燃油压力调节器工作原理

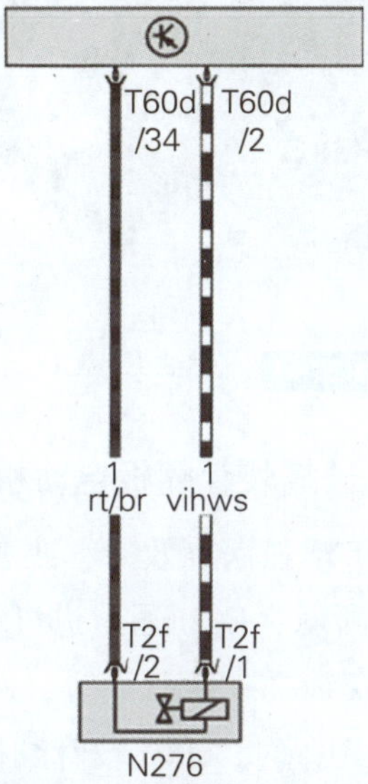

图 5–90　2015 款途安 1.4T 发动机燃油压力调节器（N276）的电路

3. 低压燃油泵及燃油泵 ECU

低压燃油泵的检查方法与普通车辆燃油泵的检查方法相同。注意：当发动机处于停转状态而油泵运转时，燃油泵上的电压比蓄电池电压低约 2V。如果需要更换燃油泵，需要使用专用诊断仪学习燃油泵特性。

燃油泵 ECU 通过 PWM 信号控制燃油泵，如图 5–91 所示，它通常位于燃油泵输油管旁。它将低压燃油系统中的压力控制在 0.05 ~ 0.5MPa 之间。暖机和冷机起动时，压力最高可升至 0.65MPa。根据不同的系统，该数值可能会有不同。失灵时的影响：如果燃油泵 ECU 失灵，发动机将无法运行。2015 款途安 1.4T 发动机燃油泵 ECU 电路如图 5–92所示。如果燃油系统燃油耗尽或在装配工作期间打开，此时管路中会进入空气而难以起动，此时需要对燃油供给系统排气，通过连接诊断仪操作“燃油系统排气”功能完成排气。

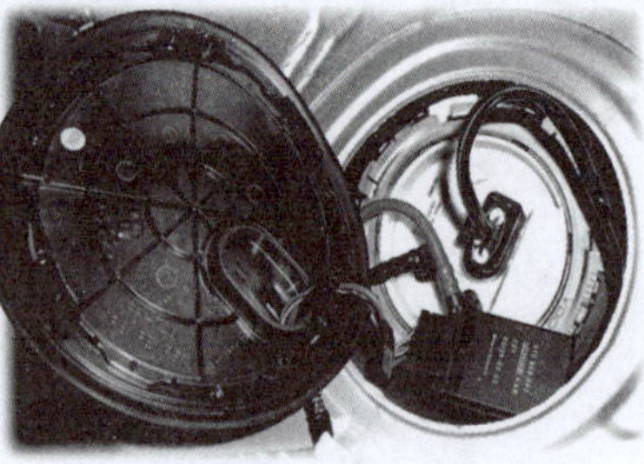

图 5-91　燃油泵 ECU

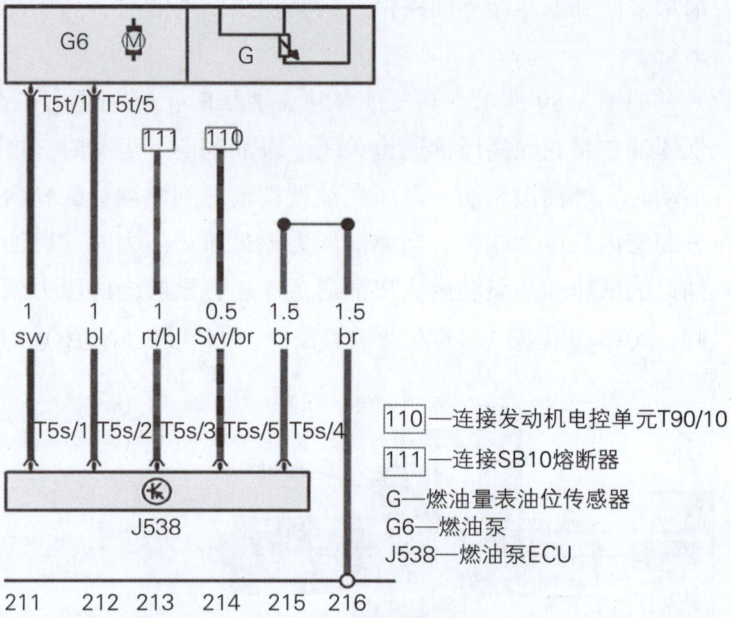

图 5-92　2015 款途安 1.4T 发动机燃油泵 ECU 电路

4. 进气歧管翻板电动机的工作原理

为了增强涡旋效果，改善发动机进气效率，有的直喷发动机采用了进气歧管翻板。如图 5-93所示，ECU 通过进气歧管翻板电动机可以控制进气歧管翻板打开或关闭。当发动机转速和负荷在一定范围时，例如奥迪 3.2L V6 FSI 发动机在转速低于 3750r/min 或发动机负荷低于 40% 时，进气歧管翻板是关闭的。进气歧管翻板关闭并封住下进气道，于是空气运动

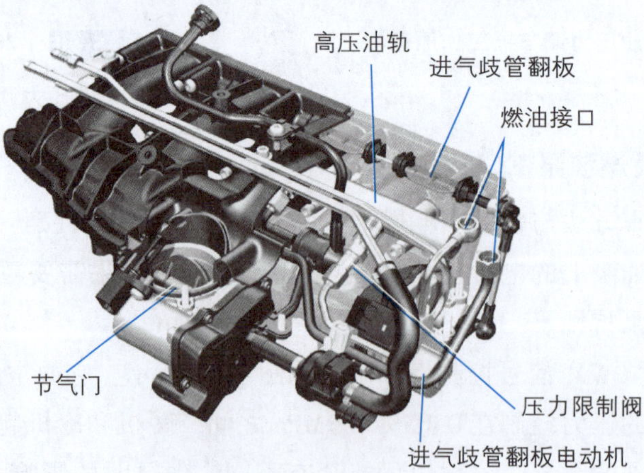

图 5-93　进气歧管翻板位置

就加快了，吸入的空气旋转着进入气缸，如图 5–94 所示。在其他转速范围内，进气歧管翻板会保持打开状态，以免产生流动阻力并导致功率降低。当进气歧管翻板电动机失灵时，ECU 无法调节进气歧管翻板，进气歧管翻板将处于打开位置。为了更有利于燃油和空气的混合，直喷发动机采用表面有凹坑的活塞（图 5–95）。

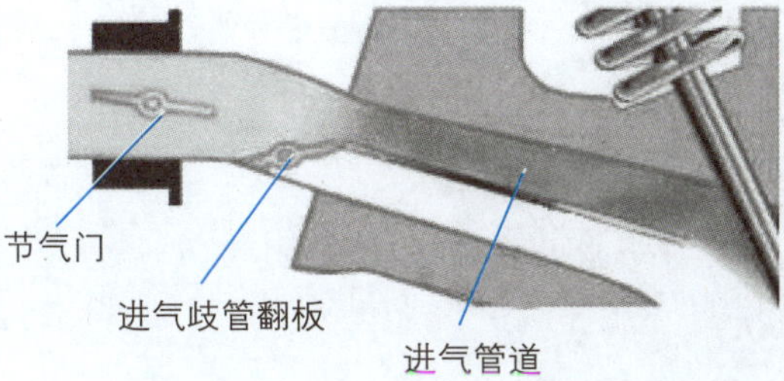

图 5–94　进气歧管翻板工作原理图

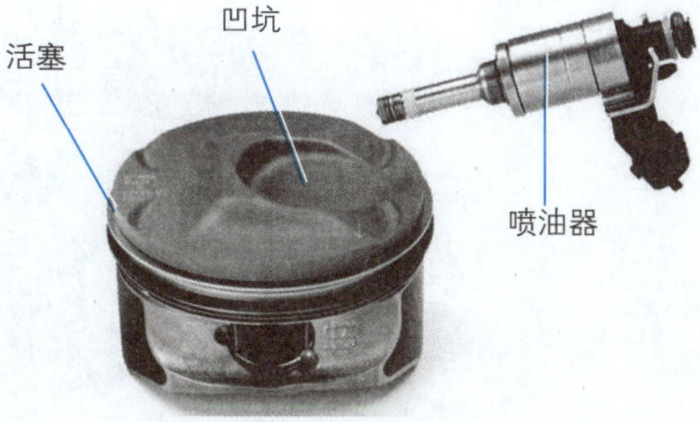

图 5–95　直喷发动机活塞

四、缸内喷射柴油发动机燃油供给系统

柴油发动机工作原理和汽油发动机类似，但柴油发动机没有点火系统，它的混合气是被压燃的。在压缩行程，气缸内压力和温度都提高，为燃烧创造了条件。在压缩行程结束前，喷油器将柴油喷入气缸，柴油与空气混合形成可燃混合气并被压缩自燃，在做功行程中产生动力。

柴油发动机相比汽油发动机，优缺点如下：

1）经济性较好。柴油比汽油热效率高 30%，因此柴油发动机能节省燃料，降低燃料成本。

2）可靠性比较高。柴油发动机无需点火系统，供油系统也比较简单，所以柴油发动机的可靠性比汽油发动机好。

3）压缩比高。柴油机工作压力大，要求各有关零件具有较高的结构强度和刚度，所以柴油发动机比较笨重，体积较大。

4）柴油发动机工作粗暴，振动噪声较大。柴油不易蒸发，冬季冷车时起动困难。

如图 5–96 所示，传统柴油发动机燃油供给系统主要包括高压柴油泵、柴油滤清器、高压油管、喷油器、回油管等。传统柴油发动机的喷油压力随着发动机转速与喷油量的增加而增加，因此无法精确地控制喷油量，导致废气排量大，这种柴油发动机已经无法满足日益严格的排放法规和降低油耗的要求。

目前电控柴油发动机普遍采用共轨系统，共轨系统是将燃油储存在高压油轨中，从本质上克服了传统柴油机喷射系统的缺陷，可根据发动机不同的工况灵活控制喷射压力和油量，从而实现低转速高喷射压力，达到低速高转矩、低排放及优化燃油经济性等目的。

图 5-96　四缸柴油发动机

如图 5-97 所示，电控柴油发动机控制单元根据加速踏板位置传感器、发动机转速传感器等信号，可以推算出理想的喷油量和喷油时间，控制带有电磁阀的喷油器精确喷油，达到更好的排放性能和更低的燃油消耗。

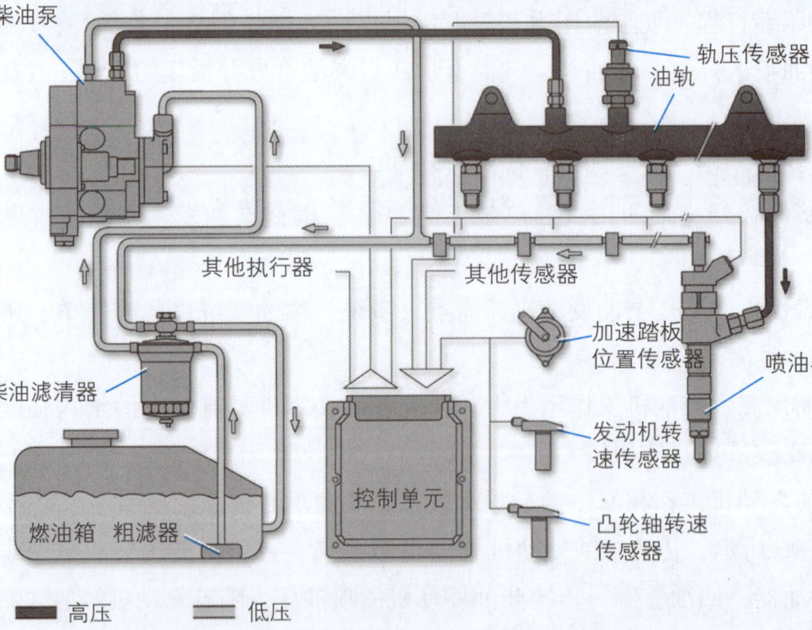

图 5-97　电控柴油发动机燃油喷射控制系统

复习题

任务一　空气供给系统的工作原理与维修

1. 空气进入发动机气缸前经过了哪些部件？
2. 发动机燃烧后的废气从发动机气缸排到车外经过哪些部件？
3. 发动机空气滤清器总成由哪些部分组成？
4. 观察实习所用发动机，写出电子节气门体和拉索控制节气门体有哪些区别？
5. 电子节气门体的清洗和检修包括哪些内容？

任务二　燃油供给系统的工作原理与维修

1. 发动机燃油从燃油箱进入发动机气缸经过了哪些部件？
2. 燃油泵单向阀有什么作用？燃油泵单向阀损坏后对发动机有何影响？
3. 燃油滤清器的作用是什么？它通常安装在什么位置？
4. 阐述燃油系统泄压的方法，拆卸燃油管路前未泄压有何危害？
5. 在目视燃油管路无泄漏的情况下，分析燃油压力过低的原因。
6. 使用喷油器清洗仪清洗喷油器，写出相应的步骤。
7. 画出实习用发动机燃油泵电路图，当燃油泵不工作时应该如何检查？

任务三　电控系统的工作原理与维修

1. 观察实习用发动机，发动机上所有传感器的位置分别在何处？
2. 观察实习用发动机，发动机上所有执行器的位置分别在何处？
3. 查找实习用车辆的维修手册，简要地画出发动机 ECU 的电源电路。
4. 画出实习用发动机空气流量传感器或进气歧管压力传感器电路，当其产生故障后，怎样对其进行检查？
5. 画出实习用发动机进气温度传感器电路，当其产生故障后，怎样对其进行检查？
6. 写出实习所用的一款发动机节气门位置传感器类型，断开节气门位置传感器后，起动发动机并尝试加速，观察并记录故障现象。

7. 前氧传感器和后氧传感器的作用是什么？它们分别在什么位置？

8. 怎么检查故障指示灯工作是否异常？

9. 阐述炭罐电磁阀损坏后发动机的故障现象。

10. 电子节气门体由哪些部分组成？各部分起什么作用？

11. 怎样检查节气门电动机？

任务四 废气涡轮增压系统的工作原理与维修

1. 空气进入废气涡轮增压发动机气缸经过了哪些部件？

2. 废气涡轮增压发动机的废气排至车外经过了哪些部件？

3. 如何采用诊断仪对增压压力控制电磁阀进行检查？

4. 涡轮增压发动机为什么需要安装中冷器？

任务五 缸内喷射电控系统的工作原理与维修

1. 缸内喷射电控发动机燃油供给系统由什么部件组成？

2. 缸内喷射发动机高压燃油压力传感器和低压燃油压力传感器的作用是什么？

3. 怎样给缸内喷射发动机燃油系统泄压？

4. 怎样检查低压燃油泵及其电路？

5. 试运用诊断仪读取燃油管路的高压压力值，如果压力过低，分析可能是哪些原因造成的。

6. 柴油发动机相比汽油发动机有何优缺点？

项目六

点火系统的工作原理与维修

任务一 点火系统的认知

一、点火系统的作用

由于汽油自燃温度高，难以被压燃，因此汽油发动机设置了点火系统，采用电火花点燃可燃混合气，如图 6–1 所示。点火系统的作用是将电源供给的低压电转变为高压电，并按照发动机的做功顺序与点火时间的要求适时、准确地配送给各缸的火花塞，在其间隙处产生电火花，点燃气缸内的可燃混合气。

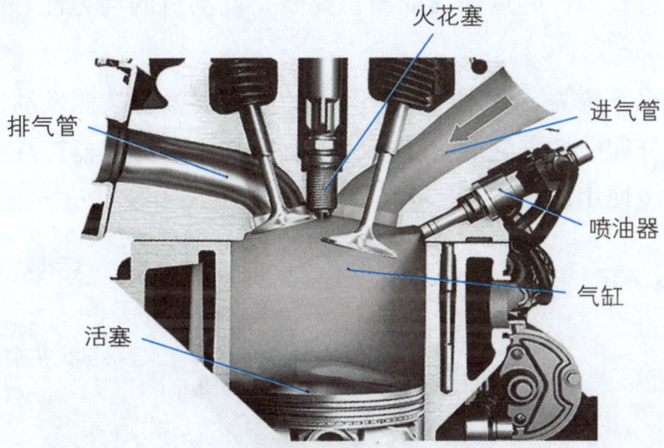

图 6–1 点火系统作用

二、点火系统的工作原理

1. 传统点火系统的工作原理

点火系统根据工作原理分为传统点火系统、电子点火系统和微机控制点火系统。传统点火系统如图 6–2 所示，电流从蓄电池正极到初级绕组、断电器、蓄电池负极。当断电器断开时，初级绕组电路被切断，初级绕组中电流下降为零，在点火线圈次级绕组中产生感应电压，此感应电压称为次级电压，次级电压经高压线传递给火花塞，击穿火花塞间隙后产生火花，点燃混合气。

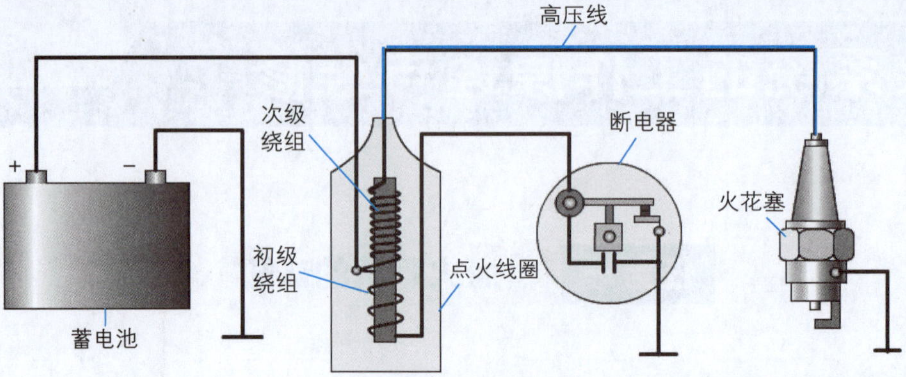

图 6-2　传统点火系统

传统点火系统及后来的电子点火系统由于控制精度不高已经被淘汰。

2. 微机控制点火系统的工作原理

微机控制点火系统即电控点火系统，这种点火系统的点火提前角由微机控制，从而使发动机在各种工况下都具备最佳的点火提前角，提高了发动机的动力性和经济性，且保证排放污染最小。

早期微机控制点火系统需要使用图 6-3 所示的分电器，它按照发动机的点火顺序，在规定的时间内将高压电分配给各气缸的火花塞，点燃混合气。分电器存在触点容易磨损和烧蚀等缺点，目前已经很少使用。

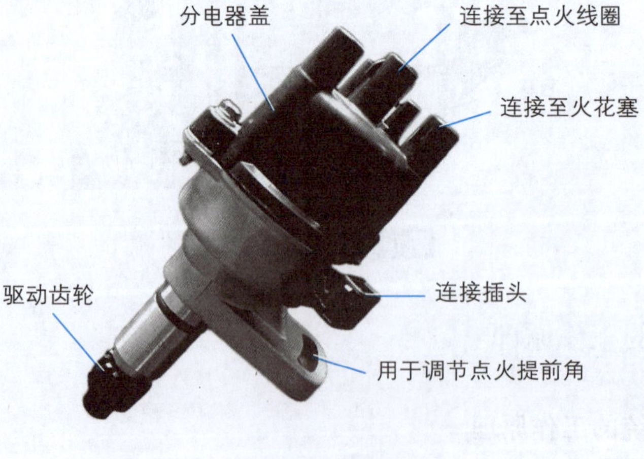

图 6-3　分电器

无分电器的微机控制点火系统如图 6-4 所示，发动机工作过程中，曲轴位置传感器、节气门位置传感器等将检测到的信号输送至 ECU。ECU 根据各传感器信号确定出最佳点火提前角，并在适当时刻向点火模块发出点火信号。点火模块通过其内部的功率晶体管控制点火线圈初级电路周期性通断，点火线圈产生高电压，使火花塞跳火，点燃缸内的可燃混合气。

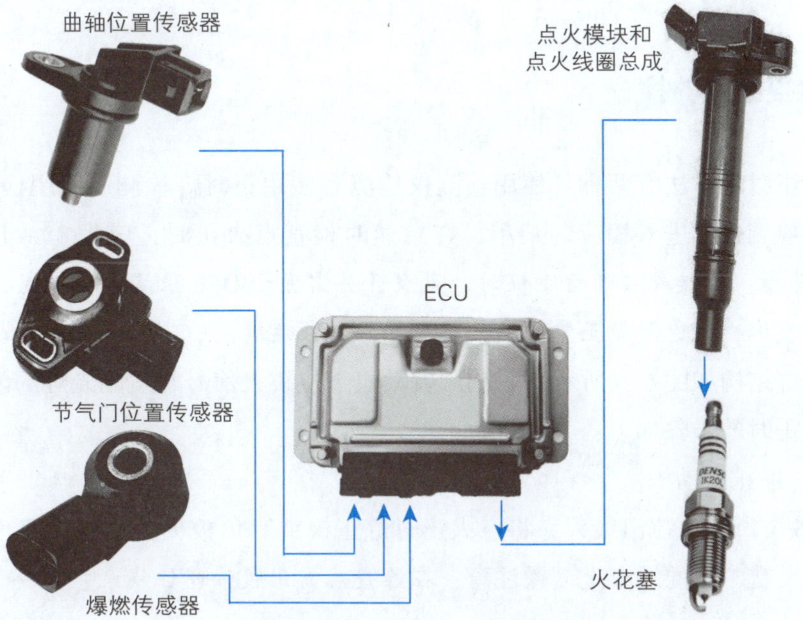

图 6-4　微机控制点火系统

三、对点火系统的要求

点火系统要点燃气缸内的可燃混合气，让发动机正常工作，必须具备足够高的击穿电压、点火能量并适时点火。

如图 6-5 所示，能使火花塞两电极间产生电火花的足够高的电压称为击穿电压，击穿电压一般为 1 万 ~2 万 V。气缸内混合气的浓度、压力与温度、火花塞电极的间隙及温度、发动机工况等都会影响击穿电压。发动机正常工作时，点火能量很小就能点燃混合气。而发动机起动、怠速和急加速时，由于低温、混合气浓度等因素，需要很高的点火能量才能点燃混合气。

图 6-5　电火花

点火系统应满足发动机工作顺序的点火要求，例如，一般直列四缸发动机点火顺序为

1-3-4-2。另外，点火系统必须在最佳的时刻进行点火。点火时刻用点火提前角来表示，点火提前角是指从火花塞产生电火花到活塞运行至上止点时曲轴转过的角度。通常把发动机发出最大功率和最小油耗时的点火提前角称为最佳点火提前角。最佳点火提前角随发动机转速升高而加大，随负荷增大而减小。汽油辛烷值越高，其抗爆燃性能越好，不易产生爆燃，故可以增大点火提前角。

四、点火提前角的检查

检查点火正时的方法有两种：使用检测仪检测和使用正时灯检测。使用检测仪检测时，在暖机后连接检测仪，进入相应的菜单，在怠速时检查点火正时，应为8°～12°BTDC（上止点前）。**需注意：**连接或断开检测仪时，点火开关需置于OFF位置；检测时，还需关闭所有电气系统和空调，变速器换至空档，散热风扇应停止运转。

点火正时灯结构如图6-6所示，它利用发动机1缸跳火信号触发闪光灯的闪亮。使用正时灯检查点火正时的步骤如下：

1）暖机并停止发动机。

2）如图6-7所示，拉出线束，将点火正时灯正极夹和负极夹分别连接蓄电池的正、负极，将感应钳夹在1缸的线束上。**需注意：**在检查后需用胶带包住线束。

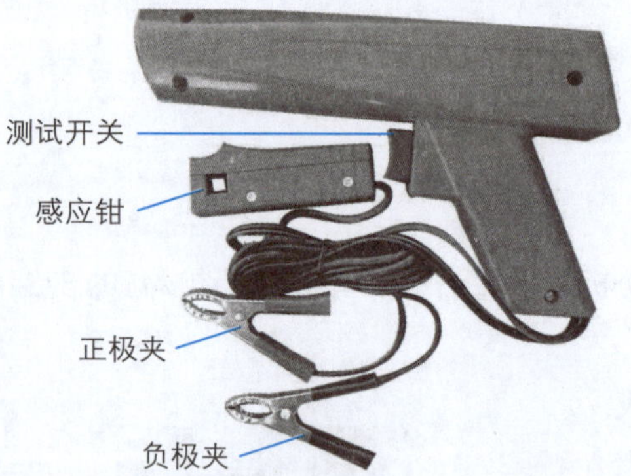

图6-6 点火正时灯

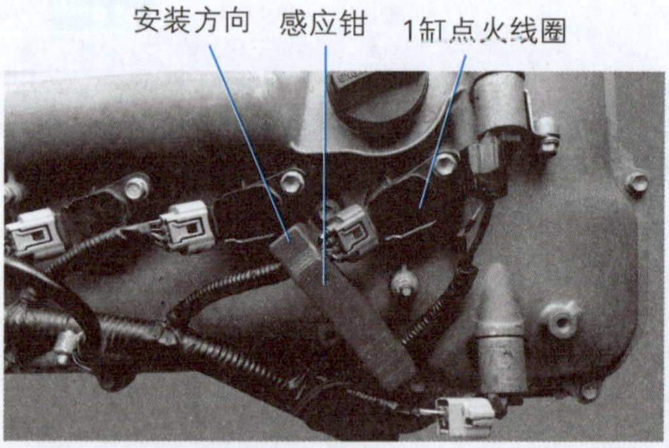

图6-7 连接正时灯

3）将点火开关置于ON位置，如图6-8所示，使用SST连接DLC3（OBD-Ⅱ插接器）的端子13（TC触发）和4（CG底盘搭铁）。连接端子前，应先检查端子号，如果端子连接错误可能会损坏发动机。

4）关闭所有电气系统和空调，检查散热风扇应停止运转，变速器处于空档。如图6-9所示，将点火正时灯对准曲轴传动带轮，在怠速时，点火正时应为8°～12°BTDC。

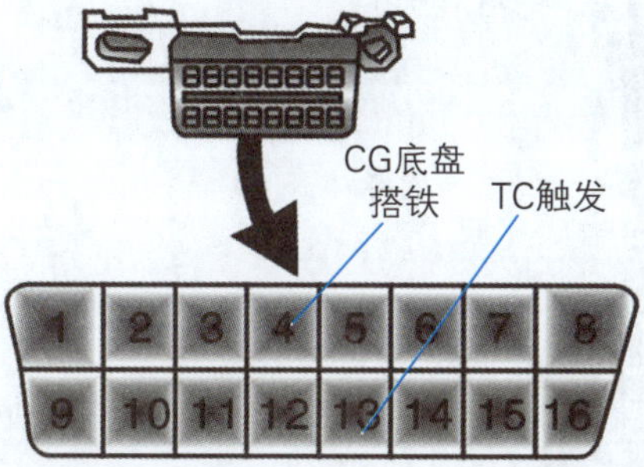

图 6-8　OBD-Ⅱ插接器

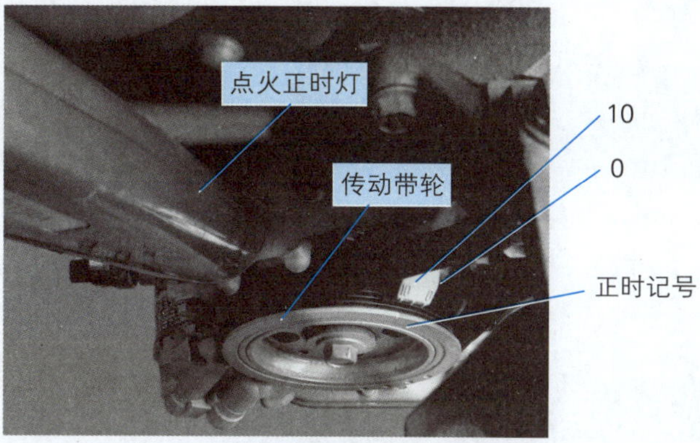

图 6-9　检查点火正时

5）断开 DLC3 的端子 13 和 4，将点火开关置于 OFF 位置，拆下正时灯。

任务二　点火系统的工作原理与维修

一、火花塞的工作原理与检修

1. 火花塞的工作原理

火花塞的作用是将高压电引入气缸燃烧室，产生电火花来点燃混合气。汽油发动机混合气在压缩以后还需要点燃才能“引爆”，安装在气缸盖上的火花塞就是扮演“引爆”的角色。火花塞点火的原理类似雷电，其头部有中心电极和侧电极，两个电极之间间隙为 0.9 ~ 1.3mm，当通电时能产生 1 万多伏的电火花，可以瞬间“引爆”气缸内的混合气。

火花塞结构如图 6-10 所示，它由绝缘体、金属杆、中心电极、侧电极等组成，金属杆上部安装带有螺母的接线螺杆，中间用绝缘瓷管绝缘，下部是中心电极，中心电极与金属杆之间是导体玻璃密封剂，它既能导电，又能承受混合气燃烧的高压，还能抑制无线电干扰，同时可保证其密封性。

火花塞热值表示其散热的快慢，数值越大散热越快。不同的发动机要求使用的火花塞不同，必须严格匹配。乘用车的行驶速度快，压缩比高，一般需用热值较高的火花塞。如图 6-11所示，根据火花塞的热值可分为热型、中型、冷型。冷型火花塞裙部短，适用于压缩比高的发动机。热型火花塞适用于中低速低压缩比的小功率发动机。能够大量散热的火花塞称为冷型火花塞，即高热值火花塞。冷型火花塞的绝缘体裙部相对较短，由于受热面积小，散热面积相对较多，不易造成中心电极温度的上升。

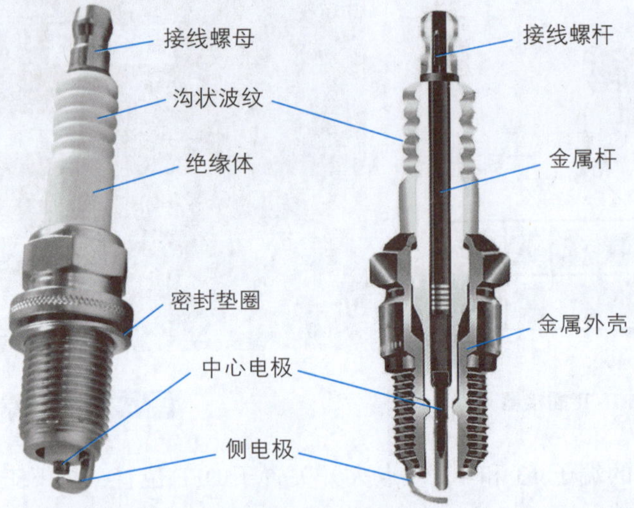

图 6-10　火花塞结构

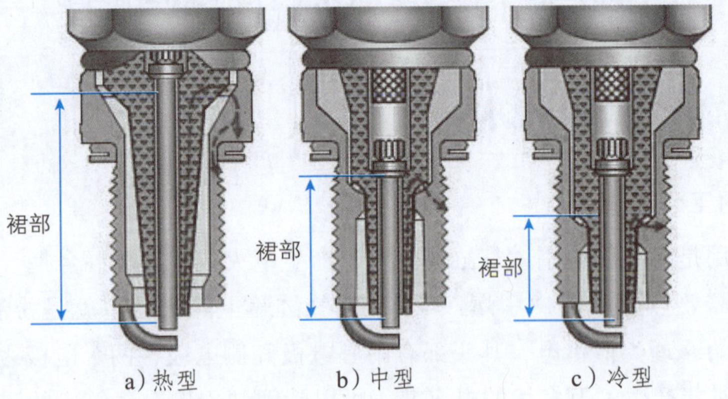

图 6-11　火花塞热值类型

2. 跳火测试

1）为防止未燃汽油进入三元催化转化器对其造成损坏，需断开所有喷油器插接器或相关熔断器。

2）如图 6-12 所示，将拆下的火花塞安装到点火线圈上，并将火花塞搭铁。起动 2s 过程中，检查火花塞是否有白色或紫色的火花。

3）如果火花较暗，说明点火能量不足，需更换火花塞或检查原因。跳火位置应在电极间隙，如果跳火位置在火花塞裙部，应该清理火花塞裙部的积炭或更换火花塞。如果无火花，应检查故障原因。

图 6-12 跳火测试

3. 火花塞的检修

(1) 目视检查

直观检查火花塞，如图 6-13 所示，正常火花塞通常头部呈暗红色。检查火花塞绝缘体表面是否出现电弧烧蚀的痕迹，如果有痕迹则说明存在漏电现象。检查火花塞是否有积炭，火花塞积炭具有一定的电阻，会影响跳火电压，甚至造成不跳火，因此需要清理火花塞的积炭。如果积炭严重，需要查明原因。

(2) 检查火花塞间隙

如图 6-14 所示，火花塞间隙一般为 1.0 ~ 1.3mm，测量时，塞尺与电极之间应有轻微的阻力。

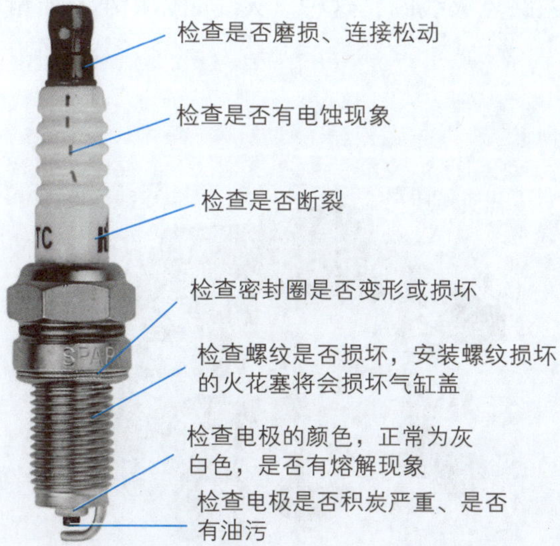

图 6-13 直观检查火花塞

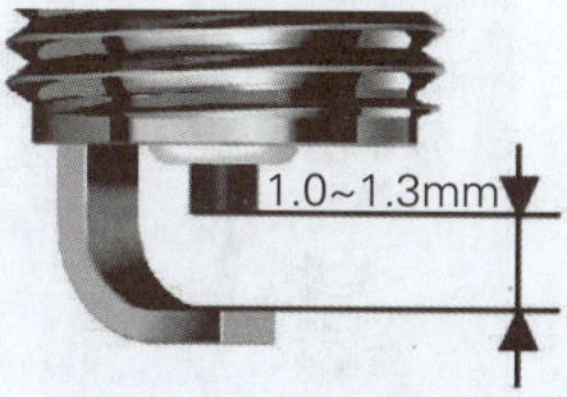

图 6-14 检查火花塞间隙

（3）检查绝缘电阻和内阻

如图 6–15 所示，用万用表测量火花塞两电极之间的绝缘电阻，应为 10MΩ 或更大。火花塞电阻可以减缓点火电流变化和抑制产生电磁波，把电磁干扰限制在最小限度内，火花塞电阻应在 1 ~ 20kΩ 之间。

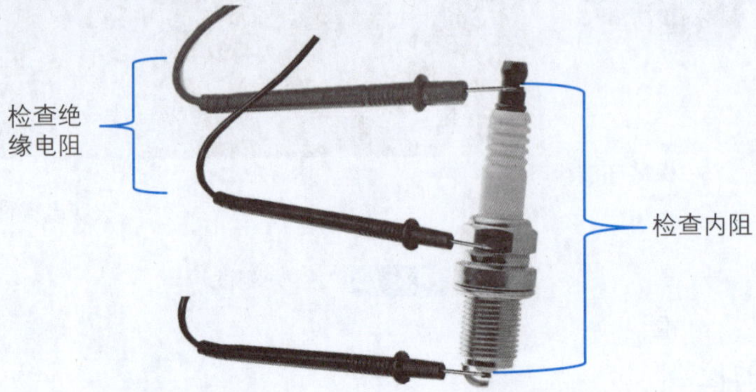

图 6–15 检查火花塞绝缘电阻和内阻

二、点火线圈的工作原理

点火线圈的功用是将 12V 的低压电转变成 15 ~ 20kV 的高压电。火花塞要点火，需要提供高压电，而蓄电池只能提供 12V 电压，为此，需要采用点火线圈将 12V 的低压提高至 15 ~ 20kV。

点火线圈实际上是一个升压变压器，它由初级绕组、次级绕组和铁心等组成，如图 6–16所示。通过线圈自感和互感原理实现电压升高，当初级绕组中的电流被切断时，次级绕组中产生高压。现在汽车普遍使用闭磁路点火线圈，这种点火线圈体积小，质量轻，对无线电的干扰小，其结构如图 6–17 所示。

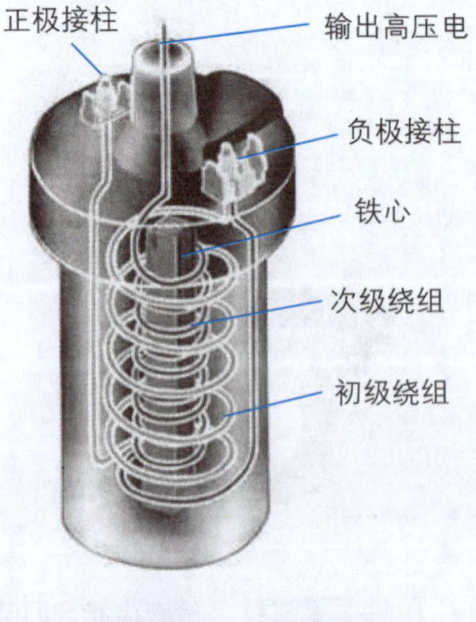

图 6–16 点火线圈结构

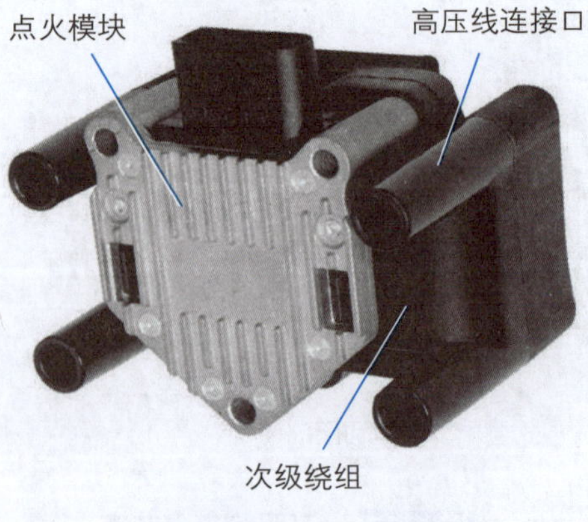

图 6–17 点火线圈

控制汽车点火线圈工作的控制器称为点火模块，点火线圈按 ECU 的指令，在指定的时刻根据对应的工况所需能量进行点火。有的点火模块还给 ECU 提供反馈信号，以便 ECU 判断点火线圈工作是否正常。例如，丰田 1ZR 发动机 ECU 如果没有接收到反馈信号，只控制喷油器喷油 3s 便停止喷油。

目前，普遍使用每缸都有点火线圈的独立点火系统，其点火线圈还集成了高压线、点火控制器等功能。如图 6-18 所示，单缸点火系统每个气缸由一个点火线圈点火，火花塞连接各个点火线圈次级绕组的末端。点火线圈次级绕组中产生的高电压直接作用到各个火花塞上。

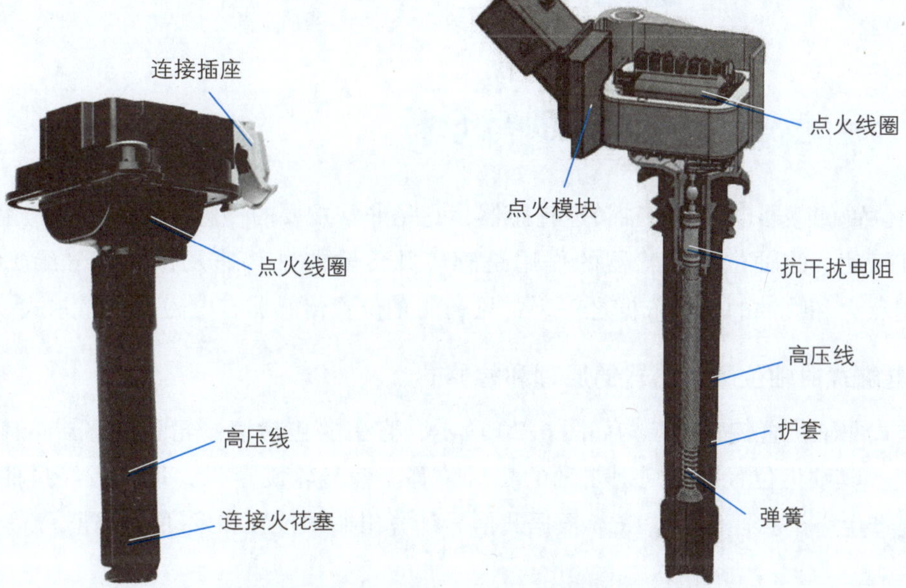

图 6-18　点火线圈 – 点火模块总成

单缸独立点火系统工作原理如图 6-19 所示，ECU 确定点火正时并向每个气缸发送点火信号 IGT。ECU 根据 IGT 信号接通或关闭点火模块内功率晶体管的电源。功率晶体管进而接通或断开流向初级绕组的电流。当初级绕组中的电流被切断时，次级绕组中产生高压电，此高压被施加到火花塞上并使其在气缸内部产生火花。一旦 ECU 切断初级绕组电流，点火模块会将点火确认 IGF 信号发送回 ECU，用于各气缸点火。初级电流中断产生的反电动势，使整个电路传送一个 IGF 信号至 ECU，ECU 由此信号检测点火是否实际发生，同时此信号用于诊断和失效保护。

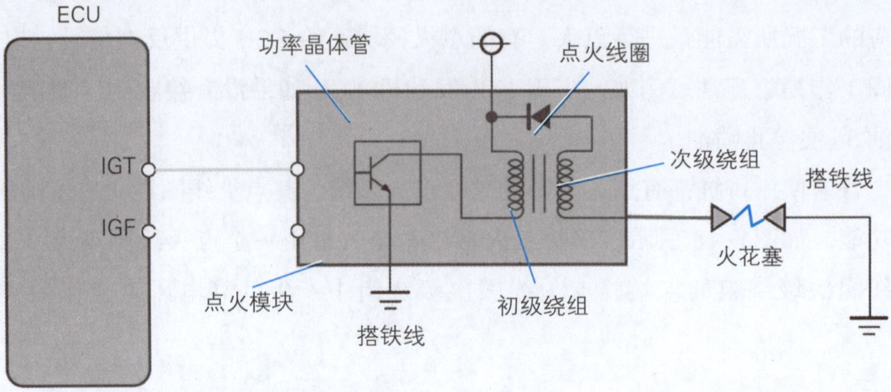

图 6-19　丰田 1ZR 发动机单缸独立点火系统

三、曲轴位置传感器的工作原理与检修

曲轴位置传感器也称为曲轴转速传感器，它是非常重要的传感器之一，若产生故障会影响发动机起动。曲轴位置传感器的作用是感应并传输曲轴转速及位置信号给 ECU，作为 ECU 控制点火和喷油的主要依据之一。常见的曲轴位置传感器有电磁式和霍尔式。

1．电磁式曲轴位置传感器的原理和检修

电磁式曲轴位置传感器结构如图 6-20 所示，它主要包括信号轮和传感器本体，信号轮有 N 个齿，其缺齿位置用于判别曲轴的相对位置。信号轮旋转时，每个齿经过曲轴位置传感器，便产生一个脉冲信号，ECU 根据此信号计算出曲轴位置和发动机转速。

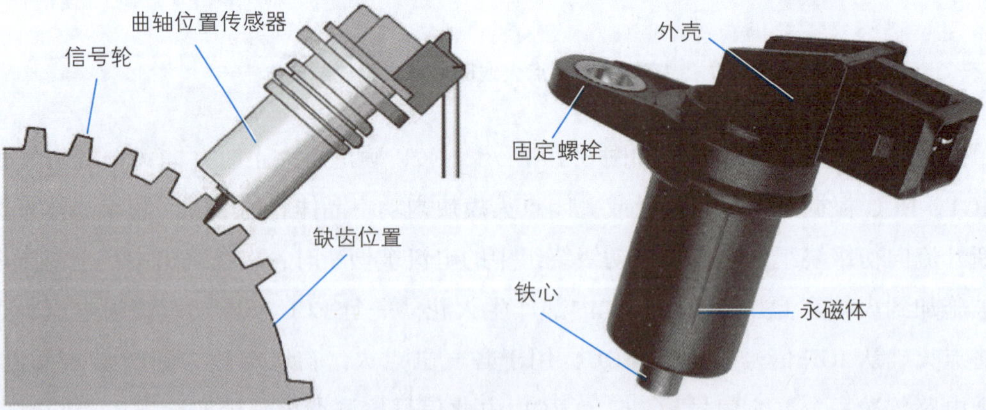

图 6-20　电磁式曲轴位置传感器结构

丰田 1ZR 发动机曲轴位置传感器电路如图 6–21 所示，NE +、NE – 分别是该传感器信号正极、负极。检查曲轴位置传感器（B13）的电阻，20℃时，其阻值应为 1850 ~ 2450Ω；检查曲轴的安装情况，检查信号盘是否缺齿或存在其他损坏情况；检查导线是否存在断路或短路；利用示波器检查其波形。

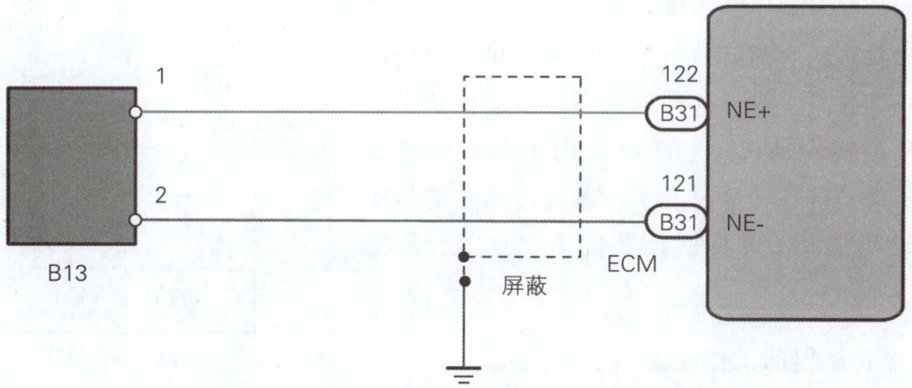

图 6–21　丰田 1ZR 发动机电磁式曲轴位置传感器电路

2. 霍尔式曲轴位置传感器的工作原理和检修

如图 6–22 所示，霍尔式和电磁式曲轴位置传感器外形基本相同，它也包括信号轮和传感器本体。霍尔式曲轴位置传感器应用霍尔效应制成，如图 6–23 所示，当电流垂直于外磁场通过导体时，垂直于电流和磁场的方向会产生附加电场，从而在导体两端产生电势差，这一现象就是霍尔效应，这个电势差也被称为霍尔电势差。

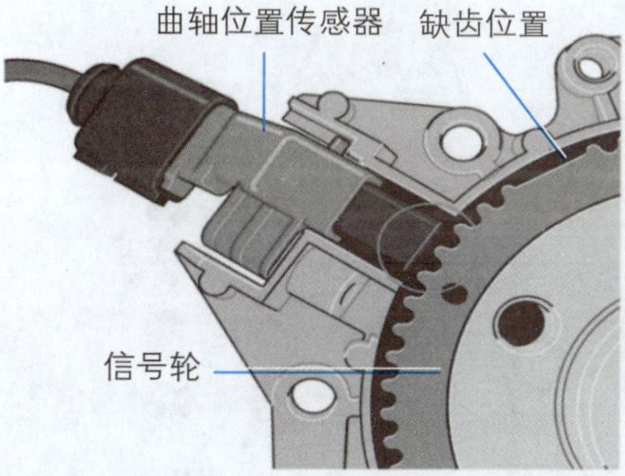

图 6–22　霍尔式曲轴位置传感器

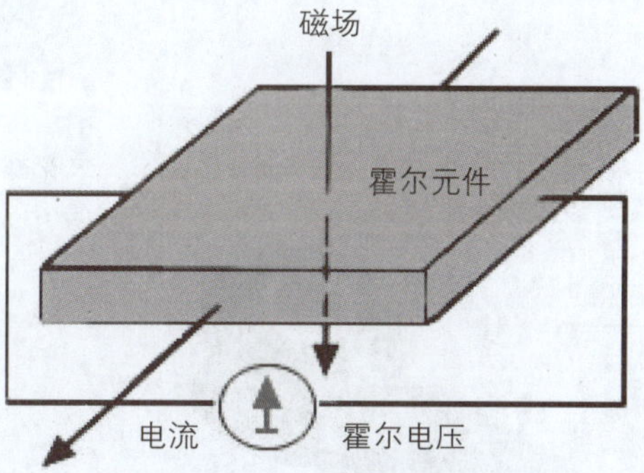

图 6–23　霍尔效应

桑塔纳 2000 霍尔式曲轴位置传感器电路如图 6–24 所示，检修时先断开传感器插头，测量电控单元 1 号端子和 3 号端子之间的供电电压，应为 4. 5V，否则应检查 ECU 和插头之间的导线是否断路，最后检查信号线与搭铁线之间电压是否交替变化。

四、爆燃传感器的工作原理与检修

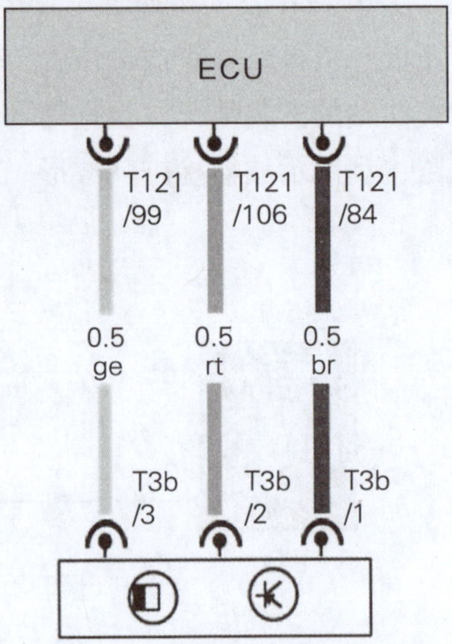

图 6-24 桑塔纳 2000 霍尔式曲轴位置传感器电路

发动机如果点火太迟，燃烧是在活塞下行时进行的，炽热的气体与气缸壁接触面积增加，这会导致发动机过热和功率下降。发动机如果点火太早，混合气在火焰还没有到达之前就自行发火，发动机这时会产生一种高频金属敲击声，这种现象会使发动机功率减小，也容易损坏发动机。发动机采用了爆燃传感器（图 6-25）来预防这种情况发生，爆燃传感器的作用是检测发动机振动，并将振动转化为电信号，传输给 ECU。

1. 爆燃传感器的工作原理

如图 6-26 所示，爆燃传感器安装在气缸体上，用于检测发动机爆燃。发动机发生爆燃时，发动机 ECU 利用爆燃 KNK 信号延迟点火正时，以防止爆燃。爆燃传感器有一个压电元件，当由于爆燃使气缸体振动导致压电元件变形时，压电元件就产生一个电压，ECU 依此判断发动机是否发生爆燃。若 ECU 判断发动机发生爆燃，就延迟点火正时；若爆燃停止，经过一段预定的时间后，点火正时再次提前。

图 6-25 爆燃传感器外形

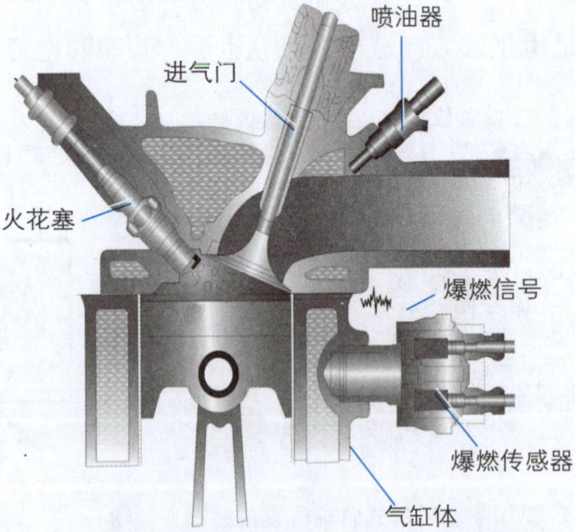

图 6-26 爆燃传感器安装位置

2. 爆燃传感器的检查

1）检查爆燃传感器。丰田 1ZR 发动机爆燃传感器电路如图 6-27 所示，检查电路中爆燃传感器和 ECU 之间的线束有无断路，信号线 KNK1 与 2 号端子之间有无对地短路；点火开关置于 ON 位置时，检查两端子之间的电压，应为 4.5～5.5V；在 20℃时，检查两端子之间的阻值，应为 120～280Ω。

2）爆燃传感器的安装位置和拧紧力矩非常重要，确保爆燃传感器在正确的位置，其拧紧力矩为 20N·m，如图 6-28 所示。

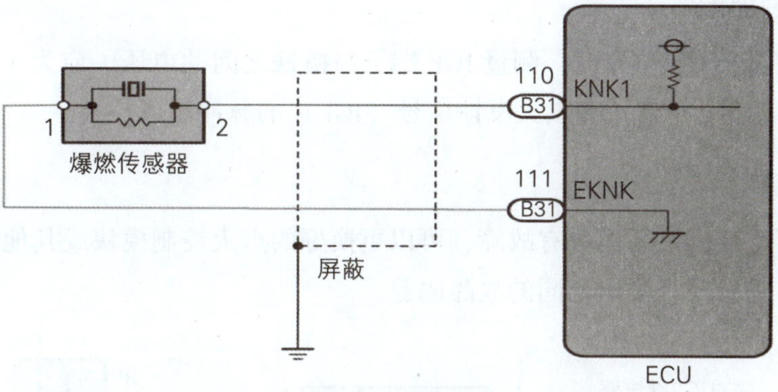

图 6-27　丰田 1ZR 发动机爆燃传感器电路

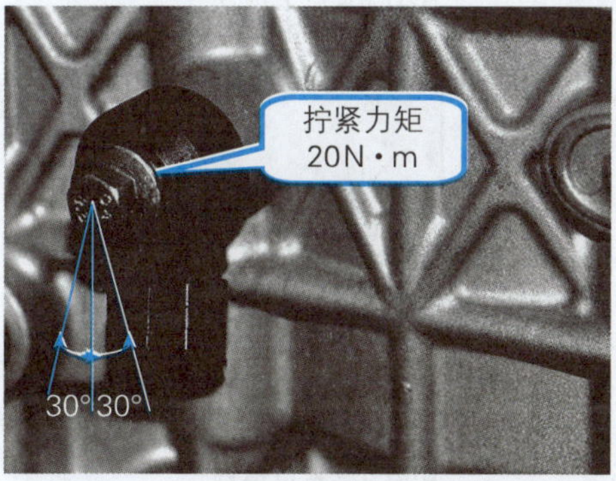

图 6-28　爆燃传感器安装位置和拧紧力矩

五、点火控制模块的检查

1. 检查电源与搭铁线

将点火开关置于 ON 位置，测量图 6-29 所示的丰田 1ZR 发动机点火系统电路中 +B 和 GND 端子之间的电压，应为 12V 左右。如果异常，检查 +B 与搭铁之间的电压；如果为 12V 左右，则检查 GND 与搭铁之间的阻值，应小于 1Ω，否则应检修或更换 GND 相关线束。如 +B 与搭铁之间的电压为 0V，则检查点火控制模块与 IG2 继电器之间的线束等。

2. 检查线束是否短路或断路

检查点火控制模块 IGT、IGF 端子与 ECU 之间的线束是否对地短路、断路。对地短路时，IGT 或 IGF 端子与搭铁之间的阻值小于 10kΩ；断路时，IGT 或 IGF 端子与 ECU 之间的线束阻值大于 1Ω。

3. 检查脉冲波形

在点火开关置于 ON 位置时，测量 IGF 端子与搭铁之间的电压，应为 4.5～5.5V。在怠速时，检查点火信号（IGT）和点火反馈信号（IGF）的脉冲波形。

4. 换件检查

如果怀疑某个点火控制模块有故障，可以更换好的点火控制模块或其他缸点火控制模块进行试验检查，查看是否输出相同的故障码等。

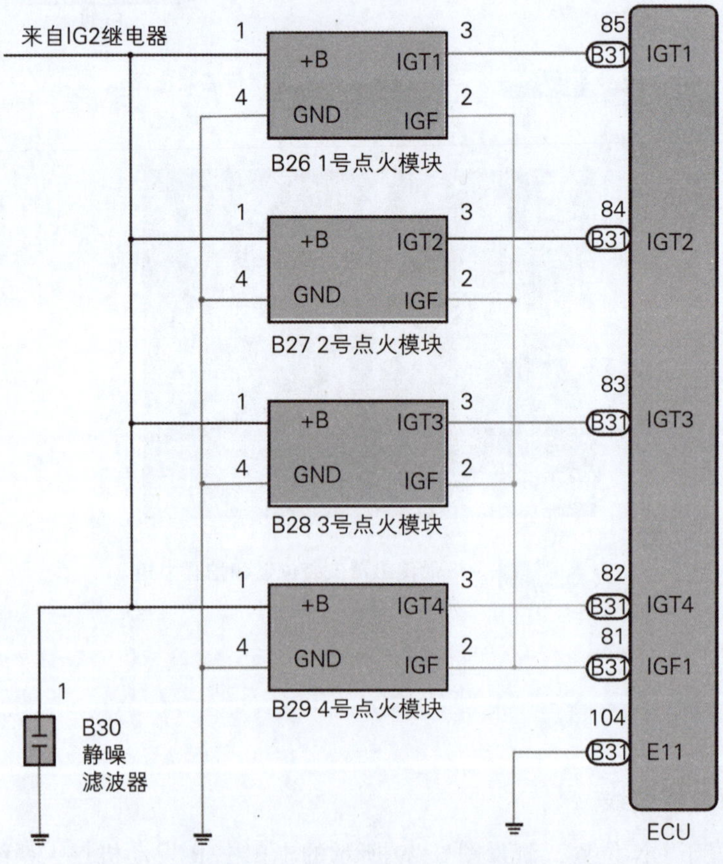

图 6-29 丰田 1ZR 发动机点火系统电路

复习题

任务一　点火系统的认知

1. 传统点火系统低压电和高压电分别经过哪些部件？

2. 微机控制点火系统由哪些零部件组成？

3. 什么是点火提前角？什么是最佳点火提前角？

4. 怎样检查点火提前角？

任务二　点火系统的工作原理与维修

1. 简要说明火花塞的结构和各部分的作用。

2. 怎么做跳火测试？

3. 如何检查火花塞绝缘电阻和内阻？

4. 怎样检查曲轴位置传感器？

5. 怎样检查凸轮轴位置传感器？

6. 起动发动机后，使用铁锤轻轻快速敲击气缸体，模拟发动机爆燃，观察发动机有何变化，试说明理由。

7. 观察实习用发动机点火模块所在的位置，怎样使用排除法检查其好坏？

项目七

润滑系统的工作原理与维修

任务一 润滑系统的认知

一、润滑系统的功能

发动机润滑系统具有润滑、冷却、清洗、密封和防锈等功能。如图 7-1 所示，润滑作用是指在两个零件的工作表面之间加入一层机油（润滑油）使其形成油膜，将零件完全隔开，使之处于完全的液体摩擦状态。还可以设置专门的机油喷嘴（图 7-2），利用机油带走热量，对活塞进行冷却。机油还可以冲洗零件表面带走金属屑，增强活塞环和气缸壁之间的密封，防止零件生锈并可作为液压介质。

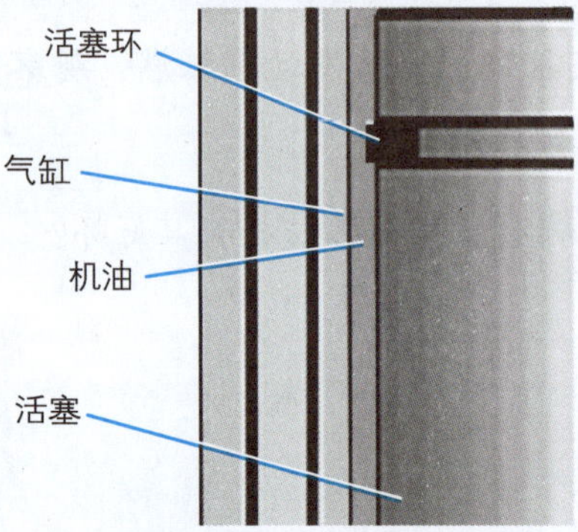

图 7-1 机油的润滑作用

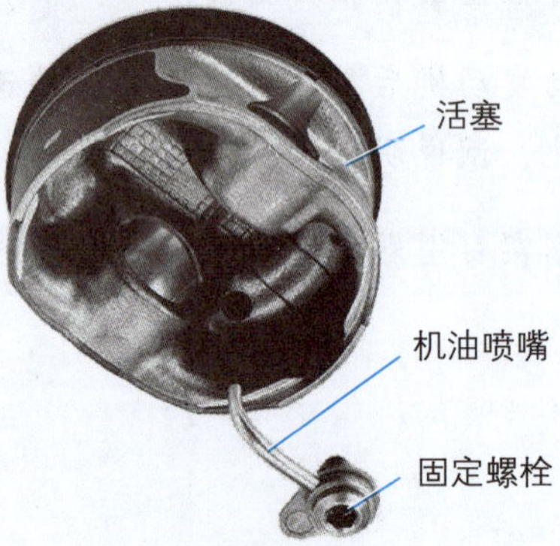

图 7-2 机油的冷却作用

二、润滑方式

发动机零件表面的润滑，按供油方式可分为压力润滑和飞溅润滑。如图 7-3 所示，压力润滑是用机油泵将机油运送到需要润滑处，机油形成油膜以保证零件的润滑，例如曲轴主轴承、凸轮轴轴承等处，因为这些地方承受的载荷及相对运动速度较大，需要采用压力润滑。

如图 7–4 所示，飞溅润滑是利用运动零件飞溅起来的油滴或油雾来润滑零件摩擦表面。负荷较轻的气缸壁、活塞环等处采用飞溅润滑。

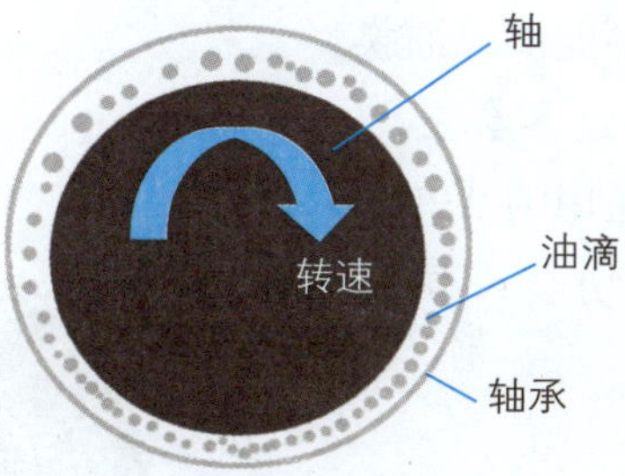

图 7–3 压力润滑

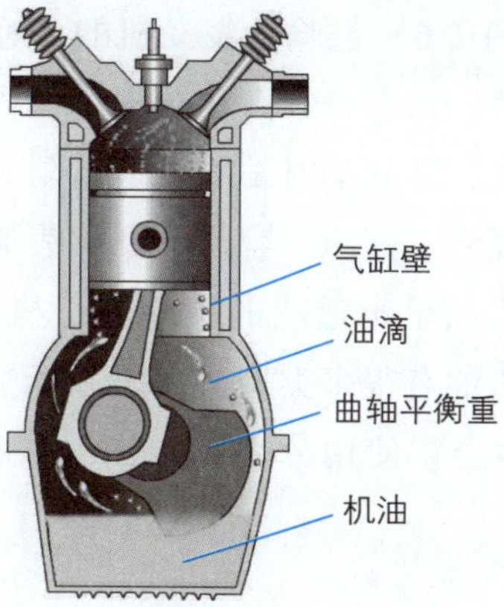

图 7–4 飞溅润滑

三、润滑油路

润滑系统一般由机油、机油泵、集滤器、油底壳、机油滤清器等组成。如图 7–5 所示，发动机工作时，机油泵通过集滤器及油道从油底壳吸取机油，被吸取的机油一部分经机油泵上的限压阀流回油底壳，另一部分经过机油滤清器和气缸体主油道，到达曲轴主轴承、连杆轴承等处，还有一部分经过机油滤清器、气缸体主油道、缸盖油道等，到达凸轮轴、液压挺柱等处，后两部分机油润滑、清洗完零件后又流回油底壳。

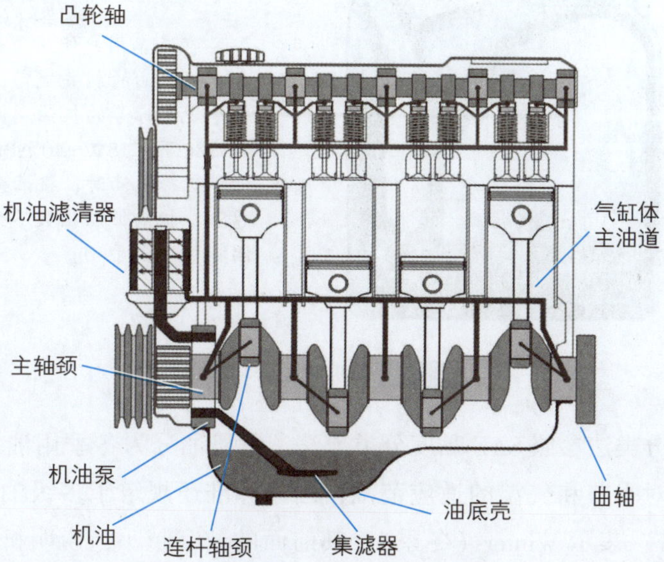

图 7–5 润滑系统及油路

四、机油

机油（图 7–6）被喻为发动机的“血液”，发动机特殊的运行环境要求机油黏度、抗氧化性、防腐性、清净分散性和抗泡沫性等性能符合规定。机油黏度对发动机性能有很大的影响：黏度过大，冷起动时发动机运行阻力大，起动困难，机油也不容易泵送到摩擦表面；黏度过小，在高温、高压下容易从摩擦表面流失，不能形成油膜。

正常的机油呈半透明的黄棕色，机油中含水过多会变成乳白色。机油有很多类型，我国国标参照国际通用的 API（美国石油学会）使用分类和 SAE（美国工程师协会）黏度分类法。

图 7–6　机油

1. 机油的分类

我国机油参照 API 使用分类方法，采用简单的代码来描述机油的工作能力，通过两个字母组合表示。“S”开头系列代表汽油机用油，一般规格依次由 SA 至 SN，每递增一个字母，机油的性能都会优于前一种。如图 7–7 所示，通常机油瓶上有机油型号和级别标示。“C”开头系列代表柴油发动机用油。若“S”和“C”两个字母同时存在，则表示此机油为汽柴通用型。

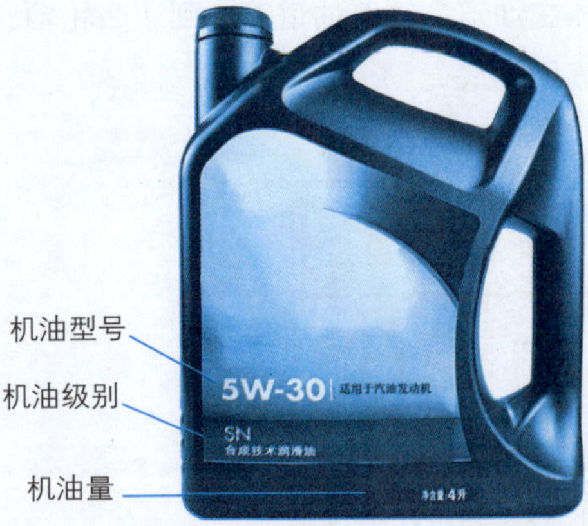

在汽车用户使用手册上有使用和更换机油的相关规定，需选择不低于规定标号的机油。例如手册上规定使用“15W–40 API SL”的机油，选择机油时，机油分级要不低于SL，机油低温指数不大于15，高温指数不小于40。

图 7–7　机油型号和级别

我国机油黏度分类法参照 SAE 黏度分类方法，将机油分为冬季用油（W 级）和非冬季用油。为增大机油对季节和气温的适应范围，国家标准还规定了多级油的黏度级别。例如“5W－30”中，“W”表示 Winter（冬季），其前面的数字越小，说明机油的低温流动性越好。“W”后面的数字代表机油在 100℃时的运动黏度，数值越高，说明黏度越高。

2. 机油的检查

在使用车辆时，需经常检查机油。在平坦地面停机至少 5min 以后，拔出机油尺（图 7-8）并擦干净，重新把机油尺插入导孔后拔出检查，机油量应该位于上限和下限刻度之间，如图 7-9 所示。检查机油尺时，机油尺不宜过平，两面显示油量不一致时，以低刻度为准。

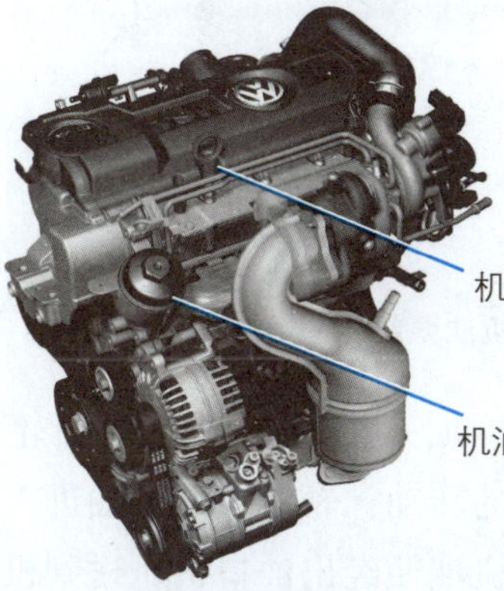

图 7-8　机油尺位置

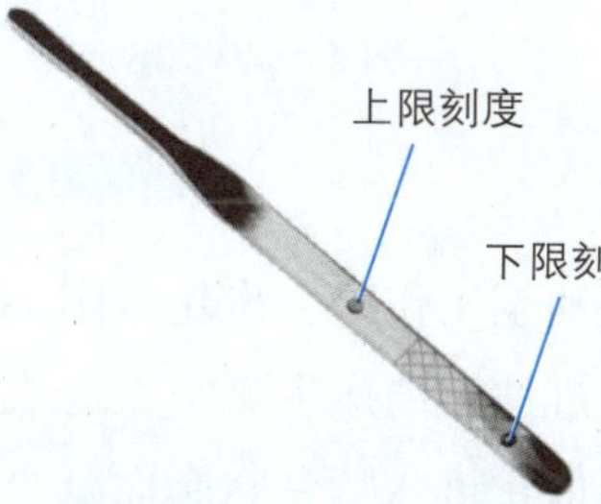

图 7-9　机油量的检查

机油不应呈现乳白色，不应有汽油的气味，不应含有金属杂质，用手指感觉其黏度应正常。机油在使用过程中，由于高温氧化及燃烧物混入等原因，会劣化变质，导致润滑性能下降。因此，机油通常每 5000km 更换一次。

任务二　润滑系统的工作原理与维修

一、机油泵的结构与检修

机油泵将机油提高到一定压力后，强制压送到发动机各摩擦表面。机油泵一般安装在曲轴箱内，由曲轴、凸轮轴或中间轴驱动。汽车多采用齿轮式机油泵、转子式机油泵和变排量机油泵。

1. 齿轮式机油泵

齿轮式机油泵有外啮合式和内啮合式。外啮合齿轮式机油泵结构如图 7-10 所示，主动齿轮轴通过中间轴、凸轮轴或曲轴获得动力，然后将动力传给主动齿轮、从动齿轮。泵壳用螺栓安装在曲轴箱内。

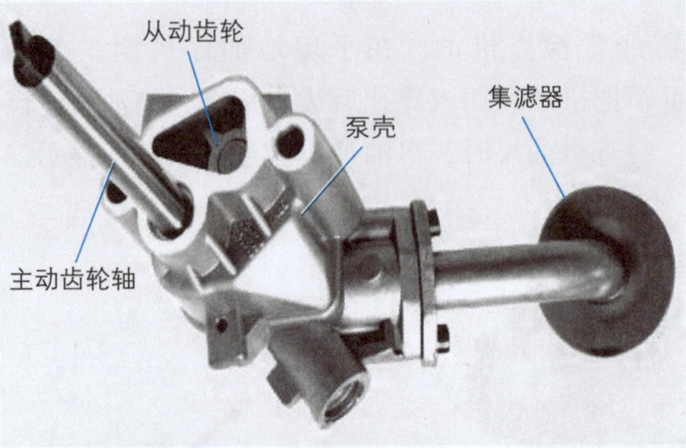

图 7-10 外啮合齿轮式机油泵结构

齿轮式机油泵工作时，齿轮按图 7-11 所示方向转动，进油腔的容积因齿轮脱离啮合的方向而增大，进油腔内产生真空吸进机油。随着齿轮的转动，轮齿间的机油进入出油腔。出油腔的容积因齿轮进入啮合状态而减小，油压升高，机油便经出油口被压送到机油道中。

内啮合齿轮式机油泵和外啮合齿轮式机油泵工作原理基本相同，但它们结构不同。内啮合齿轮式机油泵结构如图 7-12 所示，主动小齿轮与内齿圈的中心线不重合，啮合后形成的空腔内安装了月牙形块。月牙形块将小齿轮和内齿圈隔开，形成进油腔和出油腔。

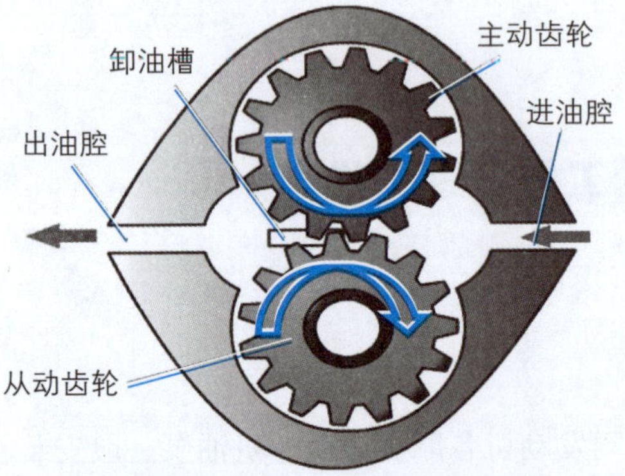

图 7-11 外啮合齿轮式机油泵原理

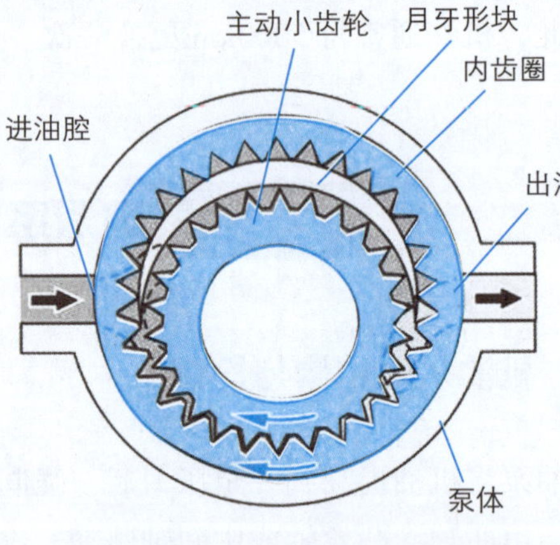

图 7-12 内啮合齿轮式机油泵原理

2. 转子式机油泵

如图 7-13 所示，转子式机油泵由壳体、内转子和外转子等组成。内转子由曲轴齿轮直接或间接驱动，内转子和外转子有一定的偏心距，使得内外转子之间形成 4 个工作腔，随着转子的转动，这 4 个工作腔的容积不断变化，完成吸油和压油的过程。

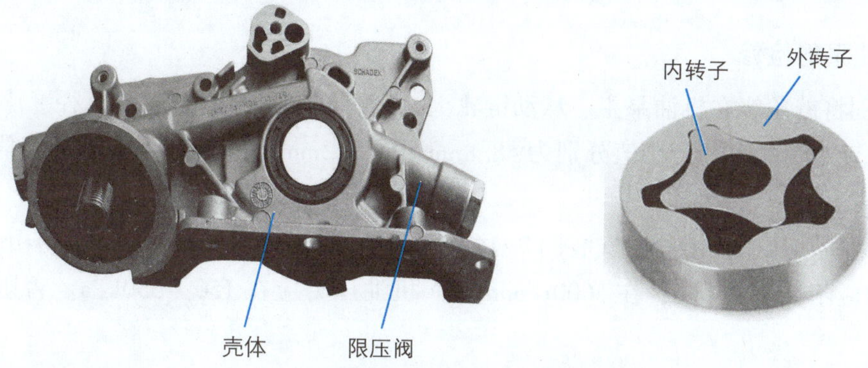

图 7-13　转子式机油泵

3. 变排量机油泵

当发动机的转速逐渐上升时，机油泵泵油量和压力随着转速增加而增加，泵油量和压力满足润滑需要后，继续增加就会多消耗一部分发动机功率，所以需要采用变排量机油泵。采用变排量机油泵一般能降低发动机 1% ~2% 的燃油消耗。如图 7-14 所示，变排量机油泵采用叶片泵，由转子、叶片、滑阀、调节油室和机油压力控制电磁阀等组成。机油压力控制电磁阀安装在主油路上，由 ECU 控制。

如图 7-15 所示，当发动机低速转动时，ECU 控制机油压力控制电磁阀使调节油室的油压降低，此时弹簧推动滑阀向左移动（图 7-15a），进油腔容积变大，机油泵排量变大，满足发动机低速下的润滑要求。当发动机高速转动时，ECU 控制机油压力控制电磁阀使调节油室的油压增加，滑阀向右移动（图 7-15b），进油腔容积变小，机油泵排量变小，避免回流，节约能耗。

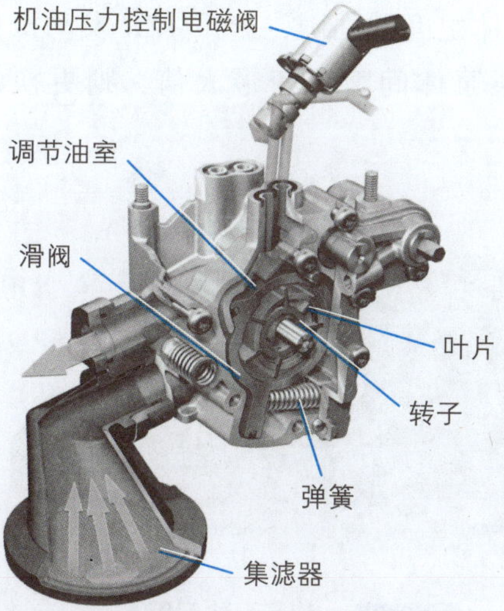

图 7-14　变排量机油泵

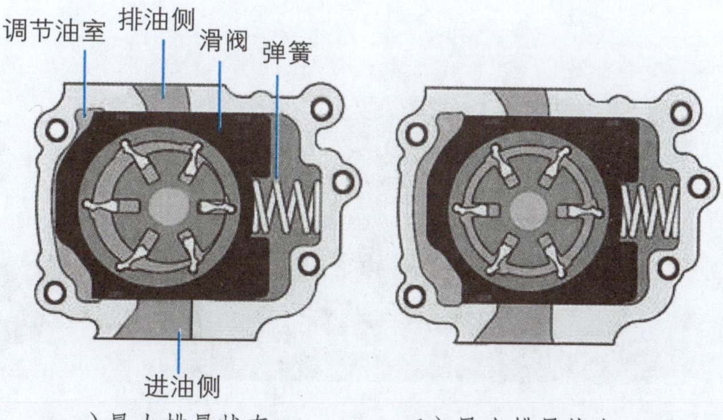

a）最大排量状态　　b）最小排量状态

图 7-15　变排量机油泵原理

4. 机油泵的检修

1）分别将链条绕在机油泵主、从动链轮上，用游标卡尺测量链轮的直径。丰田 1ZR 发动机主、从动链轮的直径最小值分别为 48. 8mm 和 48. 2mm，如果直径小于最小值，则应更换链条和链轮。

2）拆下机油压力传感器，安装图 7–16 所示的机油压力表。在怠速时，丰田 1ZR 发动机机油压力应不低于 25kPa；在 3000r/min 时，机油压力应在 150 ~ 550kPa。否则需要检查机油泵。

3）如图 7–17 所示，用塞尺测量主动转子和从动转子之间的间隙，丰田 1ZR 发动机该间隙标准值为 0. 08 ~ 0. 16mm，最大值为 0. 35mm。如果该间隙大于最大值，则更换机油泵。

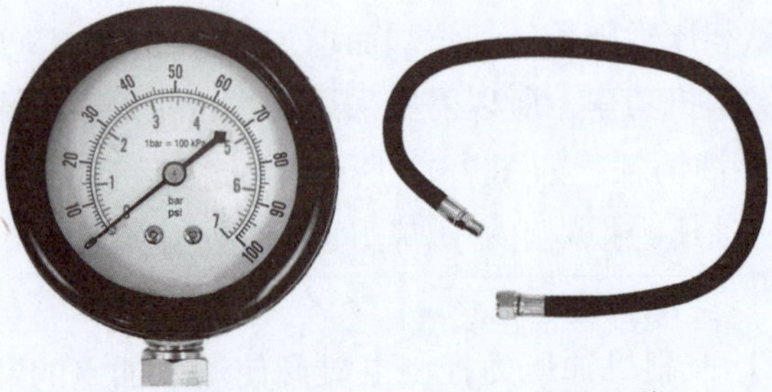

a) 压力表　　b) 连接管

图 7–16　机油压力表和连接管

图 7–17　测量啮合间隙

4）如图 7–18 所示，用塞尺和钢直尺测量两个转子和端面之间的间隙。丰田 1ZR 发动机该间隙标准为 0. 03 ~ 0. 08mm，最大值为 0. 16mm，如果间隙大于最大值，则更换机油泵。

5）如图 7–19 所示，用塞尺测量从动转子和机油泵体之间的间隙，丰田 1ZR 发动机该间隙标准为 0. 12 ~ 0. 19mm，最大值为 0. 325mm，如果泵体间隙大于最大值，则更换机油泵。

图 7–18　测量转子和端面间隙

图 7–19　测量泵体间隙

二、限压阀的工作原理和检修

如图 7-20 所示，限压阀一般安装在机油泵上，由柱塞（或球阀）、弹簧和螺塞组成。当主油压超过规定时，柱塞克服弹簧压力被顶开，限压阀打开，泄去部分压力，维持主油道内的正常油压，如图 7-21 所示。

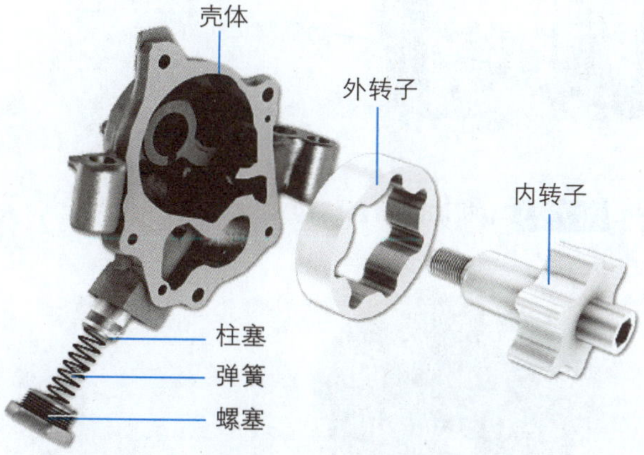

图 7-20　限压阀结构

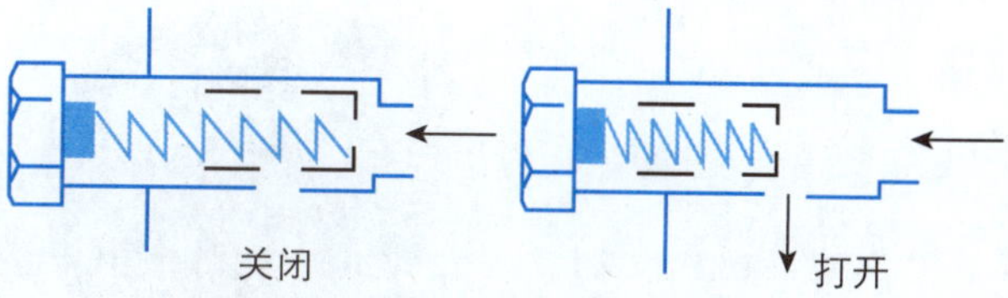

图 7-21　限压阀工作原理

检查限压阀时，在柱塞上涂抹一层机油，检查并确认柱塞能依靠自身重量顺畅地滑入阀孔中，否则更换机油泵。

三、机油滤清器的原理和更换

为使机油泵很好地工作，在机油泵前端安装了机油集滤器，以过滤较大的杂质，其结构如图 7-22 所示。在发动机工作过程中，金属磨屑和积炭等杂质会不断混入机油，为了保证良好的润滑作用，机油在送到摩擦表面前，必须经过滤清。

机油滤清器（图 7-23），由外壳、滤芯、旁通阀和密封圈等组成，它可以滤掉机械和胶质等杂质，清洁润滑油，延长其使用期限。滤清器内部设置了旁通阀，滤芯堵塞后，机油可以经过旁通阀直接送出。

通常机油和机油滤清器需要在行驶里程为 5000 ~ 10000km 时更换。安装新的机油滤清器前，应该检查并清洗机油滤清器的安装面，在机油滤清器的衬垫上涂抹一层干净的机油。使用类似图 7-24 所示的专用套筒，将机油滤清器轻轻地旋转到位并拧紧，直到衬垫接触机油滤清器底座，将机油滤清器再拧紧 3/4 圈或达到规定的力矩。

图 7-22　机油集滤器

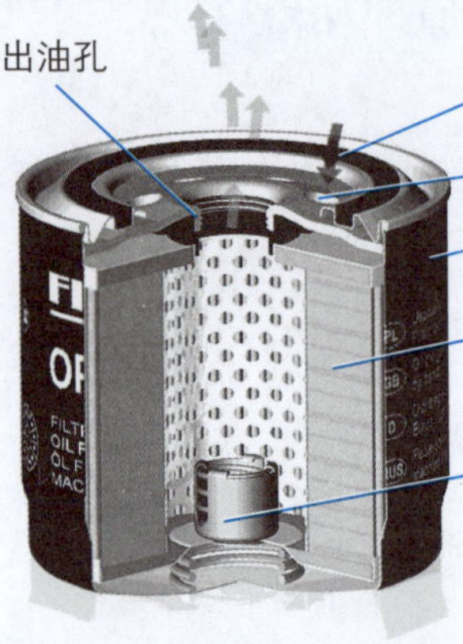

图 7-23　机油滤清器结构

图 7-24　机油滤清器专用套筒

四、润滑系统的其他零部件

1. 油底壳

油底壳用来容纳和冷却机油。如图 7-25 所示，油底壳一般由薄钢板冲压而成，内部装有稳油挡板，以利于机油杂质沉淀。放油螺塞的拧紧力矩不能过大，否则容易造成油底壳损坏。丰田 1ZR 发动机油底壳放油螺栓拧紧力矩为 37 N · m。

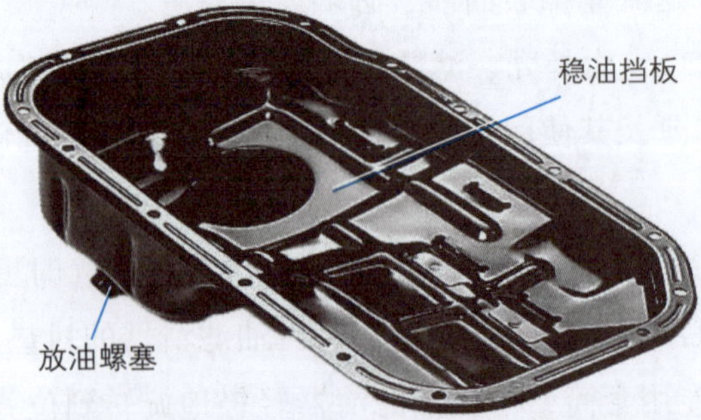

图 7-25　油底壳

2. 机油冷却器

发动机运转时，由于机油黏度随温度升高而变稀，使润滑效果变差。大功率发动机由于热负荷大必须装用机油冷却器。如图 7–26 所示，机油冷却器通常采用水冷式，它的作用是冷却机油，使油温保持在正常工作范围之内，让机油保持一定的黏度。

3. 机油喷管

缸内直喷发动机的工作温度很高，有的发动机气缸体下部装有机油冷却喷管（图 7–27）或喷嘴，通过向活塞内腔喷射机油以帮助活塞散热，这对减轻发动机爆燃倾向有明显的改善作用。如果机油冷却喷嘴堵塞，活塞就会积热升温，因而导致活塞烧顶或损坏。

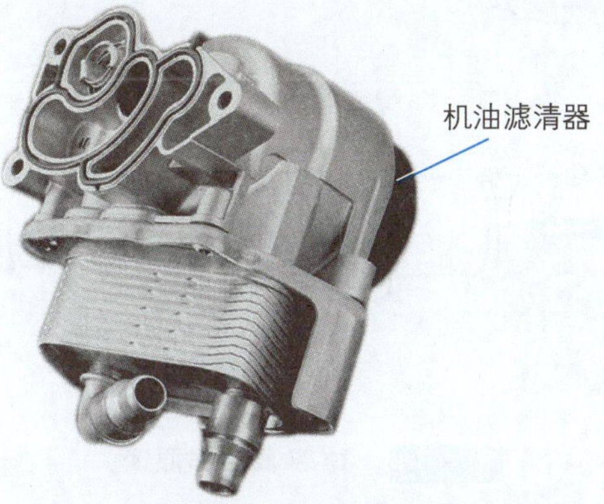

图 7–26 机油冷却器

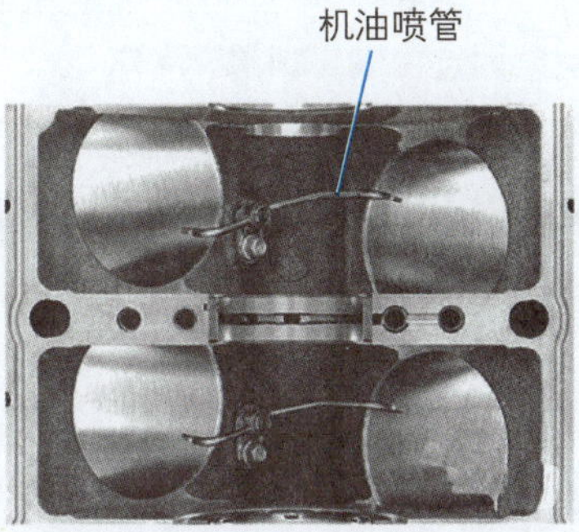

图 7–27 机油喷管

五、曲轴箱通风装置

在发动机工作时，燃烧室高压可燃混合气和已燃气体会通过活塞与气缸壁之间的间隙进入曲轴箱内。窜入的气体会稀释机油，降低机油的使用性能，形成油泥进而阻塞油路，使曲轴箱的压力过高而破坏曲轴箱的密封性。为此，设置了曲轴箱通风装置。

目前发动机上普遍采用曲轴箱强制通风装置，如图 7–28 所示，曲轴箱内的混合气通过曲轴箱强制通风（PCV）阀及通风软管导向进气管，返回气缸重新燃烧，这样既可以减少排气污染，又可提高发动机的燃油经济性。

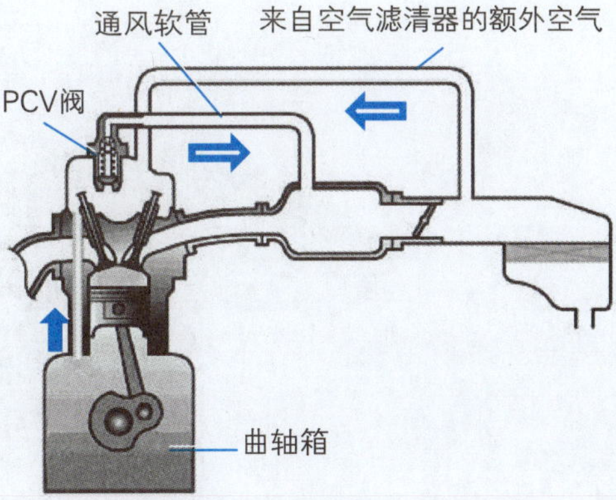

图 7–28 曲轴箱强制通风装置

1. PCV 阀的工作原理和检查

PCV 阀属于单向计量阀，它可以控制通气量的大小，还可以防止气体或火焰反向流动。如图 7–29 所示，PCV 阀安装在气缸盖罩上。将真空枪连接 PCV 阀接进气管端，按下真空枪，听听 PCV 阀是否运动自如。在 PCV 阀接进气管端吹入气体，检查 PCV 阀的单向性。如图 7–30 所示，当发动机不工作时，PCV 阀在弹簧作用下保持截止状态。当发动机工作时，进气管的真空度作用在 PCV 阀上，怠速时真空度大，流通面积小；大负荷时真空度小，流通面积大。

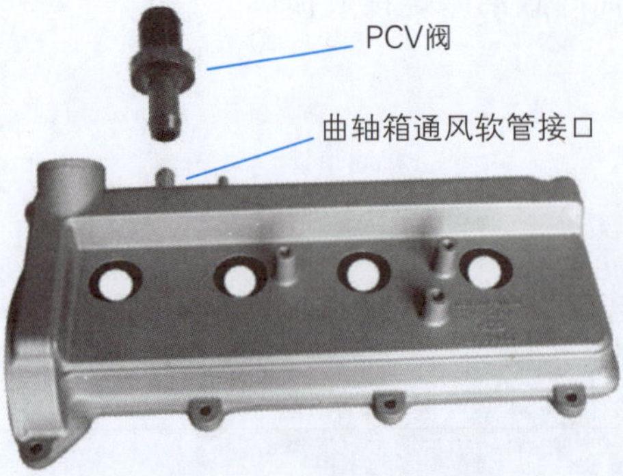

图 7–29 PCV 阀的安装位置

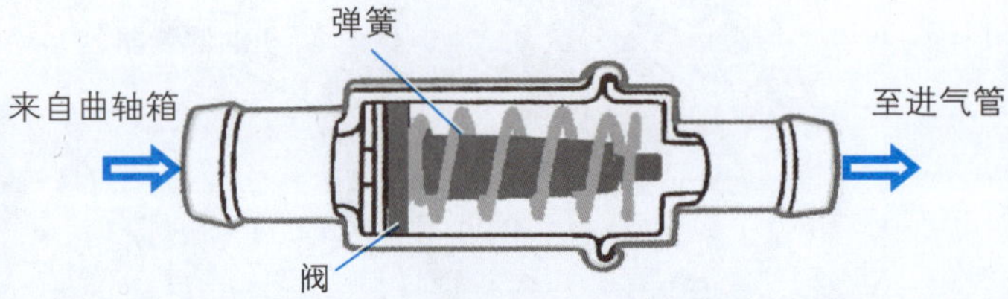

图 7–30 PCV 阀工作原理

2. 油气分离器的工作原理和检查

曲轴箱排放物经过油气分离器后，机油从混合气体中分离出来，回到油底壳，气体进入进气管。有的油气分离器设置在气缸盖罩内部，如图 7–31 所示，让油雾撞击在其迷宫板上，渐渐汇集成比较重的机油滴。有的油气分离器安装在气缸盖罩外，如图 7–32 所示，以便于清理和更换。

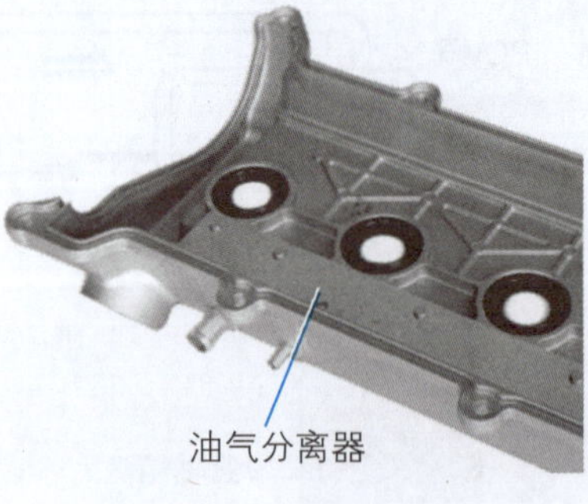

图 7–31 内置的油气分离器

图 7–32 外置的油气分离器

复习题

任务一　润滑系统的认知

1. 润滑系统具有哪些功能？你能针对每一个功能举出一个实例吗？
2. 发动机润滑方式有哪些？每种润滑方式具体在何处采用？
3. 按顺序写出机油运行所经过的部件。
4. 怎样给车辆选择合适的机油？
5. 怎么检查机油的油位和质量？

任务二　润滑系统的工作原理与维修

1. 机油泵的作用是什么？机油泵损坏后不能泵油对发动机有何影响？
2. 为什么需要采用变排量机油泵？变排量机油泵通常采用什么形式的机油泵？
3. 限压阀由什么组成？弹簧变软对机油压力有何影响？
4. 机油集滤器和机油滤清器的作用是什么？查找实习车辆的用户手册，查看机油滤清器的更换时间及里程数分别是多少？
5. 怎样检查 PCV 阀？

项目八

冷却系统的工作原理与维修

任务一　冷却系统的认知

一、冷却系统的功能

混合气在气缸中燃烧后产生大量热能，大量的热能会转化成动能，一部分热能随废气排出，还有一部分热能留存在机体上。机体、零部件、润滑系统和燃料在正常温度（一般为 80～90℃）时，才能发挥出最佳状态，冷却系统就是用来保持发动机工作在正常的温度，如图 8-1所示。

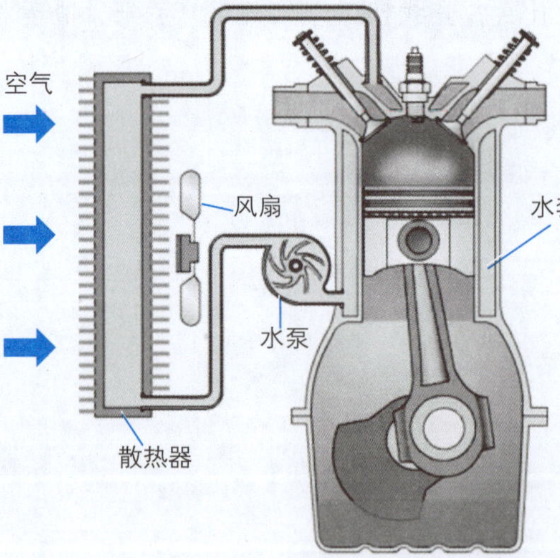

> 发动机冷却系统还能加热节气门体、空调暖水箱、冷却机油散热器、中冷器、变速器散热器等。当冷却系统出现故障时，对以上部件功能也有影响。

图 8-1　冷却系统

根据所用的冷却介质不同，发动机冷却系统可以分为风冷系统和水冷系统。水冷系统是把热量先传给冷却液，然后由散热器进行冷却的装置，目前汽车发动机上广泛采用的是水冷系统。

二、冷却系统的工作原理

如图 8–2 所示，发动机冷却液的循环路径受节温器的控制，并且随着发动机工作温度的变化而改变。当冷却液温度低于 84℃时，发动机没有达到正常工作所需的温度，节温器主阀门关闭，副阀门开启，冷却液进行小循环。

如图 8–3 所示，当冷却液温度升高到 84～94℃时，节温器主阀门部分打开，冷却液进行混合循环。如图 8–4 所示，当发动机冷却液温度过高，达到 95℃时，节温器主阀门全打开，副阀门全关闭，冷却液进行大循环，即全部进入散热器散热。

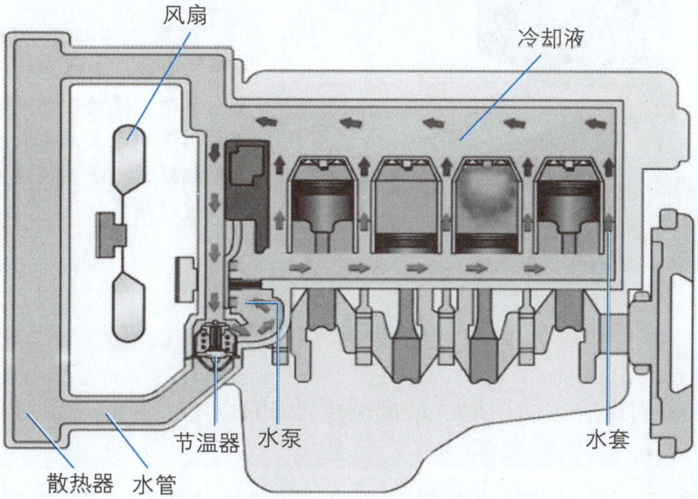

图 8–2　冷却液小循环

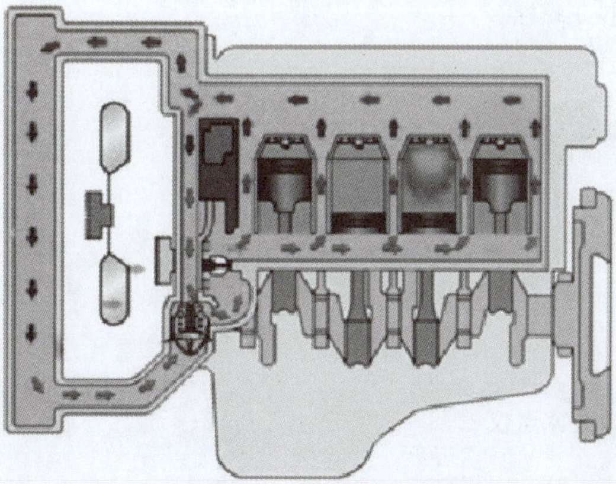

图 8–3　冷却液混合循环

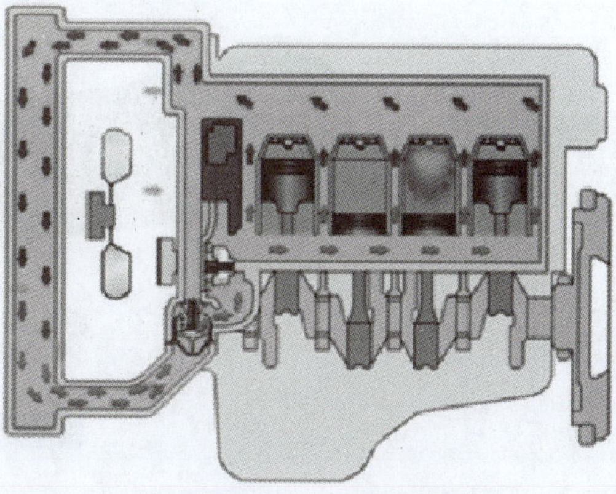

图 8–4　冷却液大循环

三、冷却液

冷却液除了作为冷却介质以外，还可以起到以下作用：寒冷季节停车时，防止水结冰而胀裂散热器，防止零部件生锈，抑制泡沫，减少水垢的形成，提高沸点等。冷却液一般呈蓝色、绿色或黄色，如图 8-5 所示。目前常用的冷却液主要是乙二醇型，它由乙二醇、防腐蚀添加剂、抗泡沫添加剂和水组成，其凝固点较低，沸点较高，不易蒸发，属于长效型防冻液。

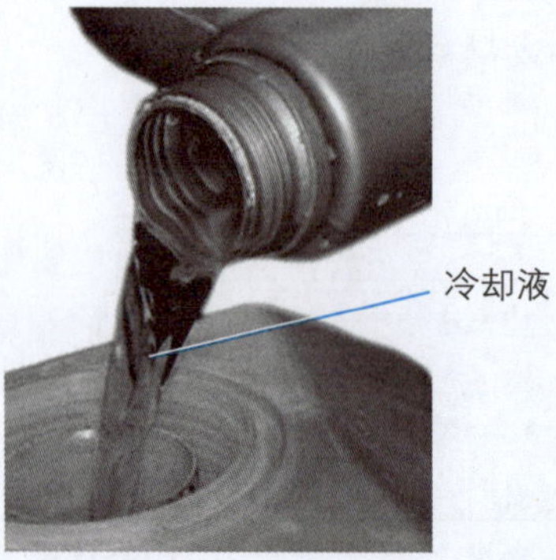

注意： 不能用自来水代替冷却液，自来水包含许多矿物质，这些矿物质会结成水垢沉积在金属表面，影响散热效果，甚至造成发动机温度过高。

图 8-5　冷却液

选用的冷却液凝固点应比使用地区最低温度低 5℃以上，因此需要对冷却液的凝固点进行检查。

1）如图 8-6 所示，将冷却液冰点仪折光棱镜对准光亮方向，调节目镜视度环，直到标线清晰为止。

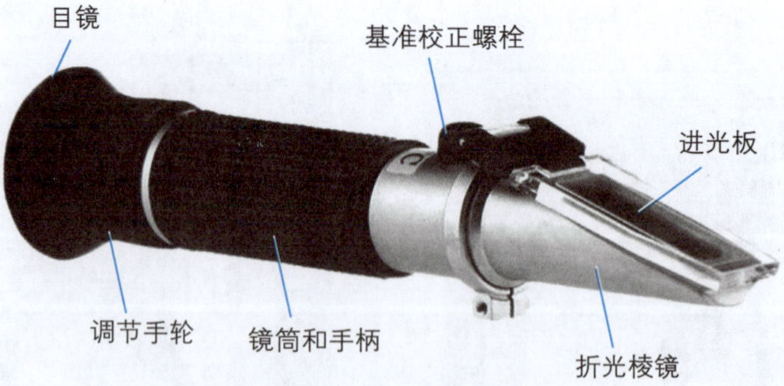

图 8-6　冷却液冰点仪

2）将一两滴纯净水滴于折光棱镜上，轻轻按压盖板得出一条明暗分界线。旋转校准螺栓使目镜视场中的明暗分界线与基准线重合。

3）擦净折光棱镜表面，取一两滴冷却液滴于折光棱镜上，盖上盖板轻轻按压，读取明暗分界线的相对刻度，即冷却液的凝固点，如图 8–7 所示。

4）测量完毕后，用潮湿绒布擦干净折光棱镜表面附着物，待干燥后，妥善保存起来。

每种冷却液的成分都是不同的，如果两种规格型号的冷却液混合使用，可能会发生化学反应造成发动机水道、散热器、水管、水泵等部件的腐蚀，除非在非常紧急的情况下，否则严禁混合使用不同规格的冷却液。

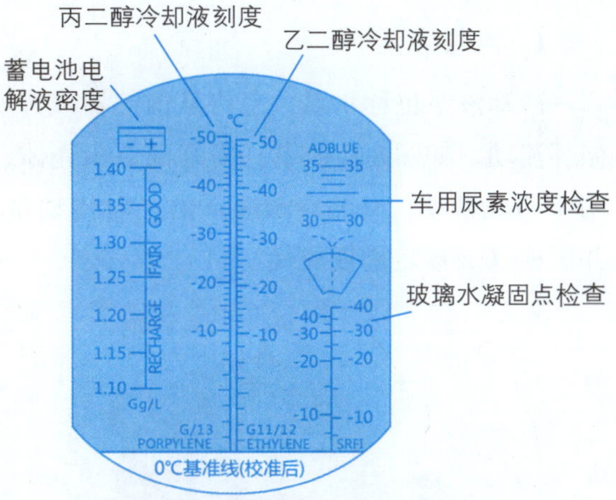

图 8–7　冷却液冰点仪读数

任务二　冷却系统的工作原理与维修

一、冷却系统的组成

如图 8–8 所示，冷却系统主要由散热器、散热风扇、节温器、冷却液泵、上水管、下水管、膨胀水箱、水套等组成。

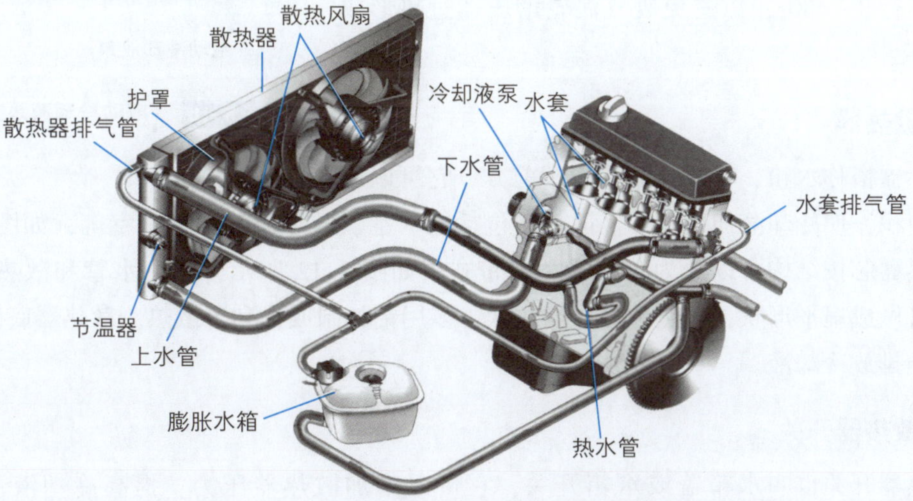

图 8–8　冷却系统的组成

1. 冷却液泵

冷却液泵也称水泵，它将从散热器或旁通道来的冷却液，压入缸体水套中，强制冷却液循环流动。如图 8-9 所示，冷却液泵由壳体、泵轴、叶轮、传动带轮等组成。有的冷却液泵用 V 带轮带动，有的冷却液泵由正时传动带驱动，在更换正时传动带时，冷却液泵也要一并更换（或规定周期更换）。

图 8-9　冷却液泵

有些发动机采用了电动冷却液泵，其安装位置如图 8-10所示。电动冷却液泵起动条件如下：在发动机起动后不久；发动机转矩过大；进气管中增压空气温度超过 50℃；增压空气冷却器前后的温差小于 8℃；在发动机运行过程中，每 120s 运行 10s，以避免废气涡轮增压器出现热量积蓄现象；根据特性曲线不同，在关闭发动机后运行 0～480s，以避免废气涡轮增压器过热形成蒸汽泡。

图 8-10　电动冷却液泵安装位置

2. 散热器

散热器俗称水箱，一般安装在汽车前方，它可以增大散热面积，使冷却液加速冷却。散热器包括上水室、散热器芯和下水室等，如图 8-11 所示。散热器芯按结构可以分为管片式和管带式，如图 8-12 所示，它由水管和散热片组成。铝制水管做成扁平形状，散热片做成波纹状，多用铝材制成，利于散热。散热器底部有放水塞，方便排放冷却液。

3. 散热器开关

散热器开关也叫水箱盖或水箱开关，它可以增加散热器压力，提高冷却液沸点。如图 8-13所示，散热器开关具有压力阀和真空阀，可自动调节冷却系统内部压力，以改善冷却效果。在发动机热态正常时，压力阀和真空阀关闭，将冷却液与大气隔开。散热器压力大于126～137kPa时压力阀打开，冷却液从溢流管流出，防止水管胀裂。当发动机熄火后，散热器压力低于大气压力10～20kPa时，真空阀打开使膨胀水箱中的冷却液流回散热器内，或者使空气从通气孔进入冷却系统，以防散热器及芯管被大气压瘪。

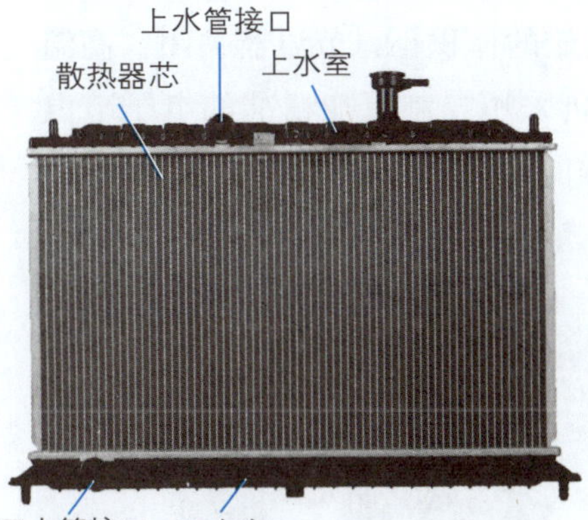

图8-11　散热器

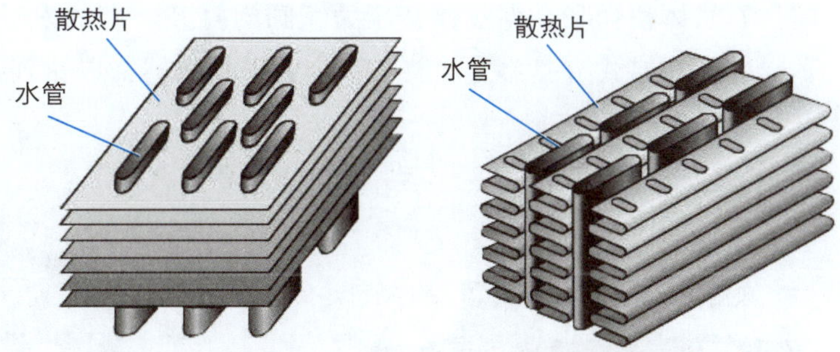

图8-12　散热器芯结构

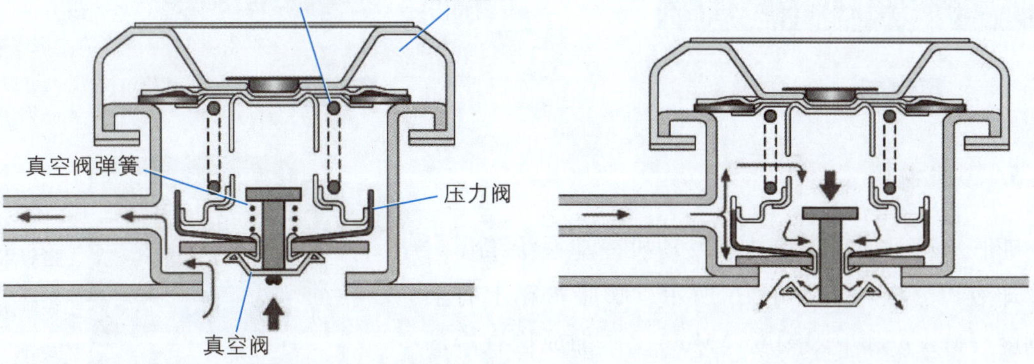

图8-13　散热器开关

4. 散热风扇

风扇装在散热器后面，它将空气吸入，空气经过散热器，可改善低速和怠速时的冷却效果。目前常用的风扇为电动风扇，通常由电动机、风扇、风扇架等组成，如图8-14所示。电动风扇运转通常受冷却液温控开关的控制。例如，当冷却液温度高于设定值（如92～98℃）时，温控开关接通风扇电动机的低速档；当冷却液温度升高至更高设定值（如99～105℃）时，温控开关接通风扇电动机的高速档；当冷却液温度降到设定的温度（如84～91℃）时，温控开关切断电源，风扇停止工作。

5. 节温器

冷却系统通常利用节温器来控制通过散热器冷却液的流量。节温器装在冷却液循环的通路中，根据发动机负荷大小和冷却液温度的高低自动地改变冷却液的循环流动路线，以达到调节冷却系统冷却效果的作用。

冷却系统一般采用蜡式节温器（图 8–15），低温时，石蜡的体积小，节温器关闭，高温时，石蜡体积膨胀，克服弹簧压力，阀门打开。有的发动机采用控制更加精准的电子节温器，它是在蜡式节温器上加装了一个电子加热器，以达到提前开启节温器的目的。

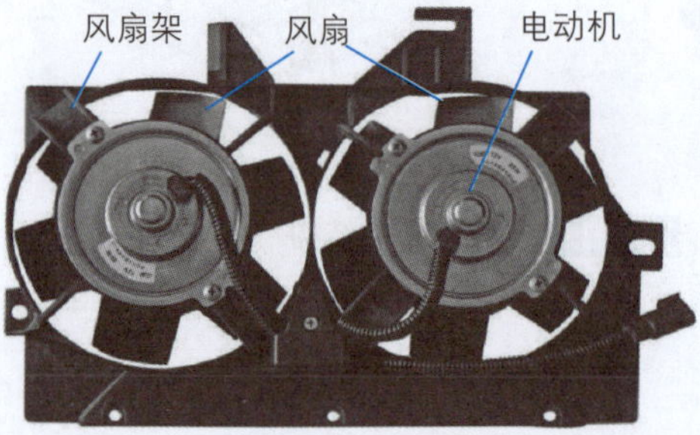

图 8–14　散热风扇

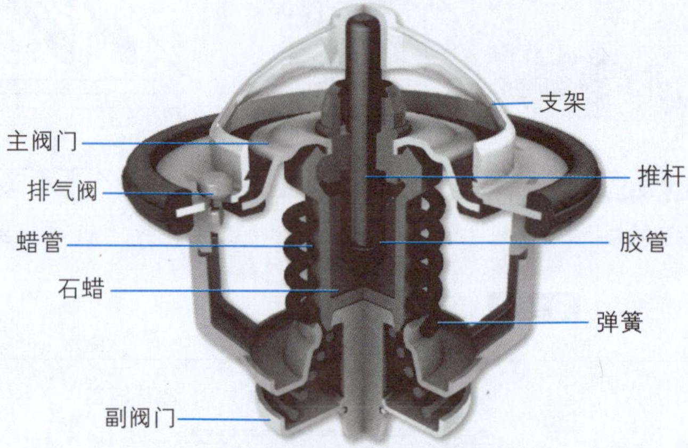

图 8–15　蜡式节温器

6. 膨胀水箱

膨胀水箱可以吸收和补偿发动机冷却系统工作时的冷却液和蒸汽。如图 8–16 所示，膨胀水箱上有上限刻度（Max）和下限刻度（Min），添加或检查冷却液时，冷却液应位于上限刻度和下限刻度之间。**注意**，不能混用不同品牌或规格的冷却液。

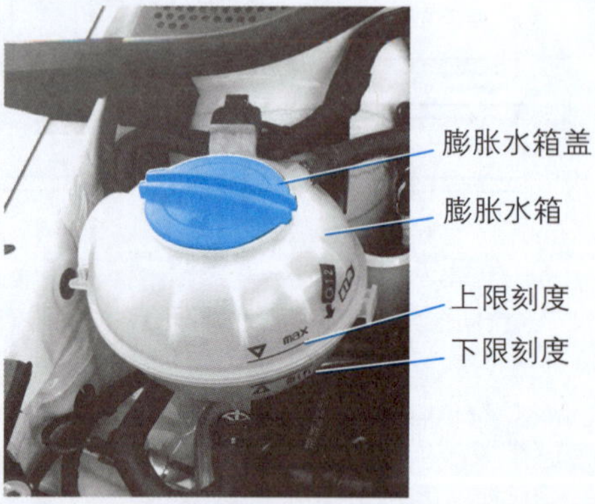

图 8–16　膨胀水箱

二、冷却系统的拆装注意事项

1）为避免被烫伤，在发动机冷却之前，不得拆下散热器盖，否则冷却系统会在压力作用下释放出滚烫的液体和蒸汽。

2）准备冷却系统压力测漏仪（图 8–17）、实训车型散热器盖和冷却系统适配器。

3）拆卸软管前，检查水管卡箍（图 8–18）的位置，以便能够将其重新安装在同一位置。

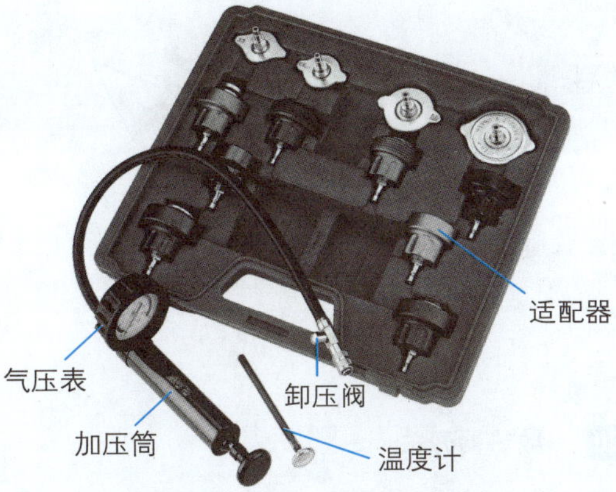

图 8-17　冷却系统压力测漏仪

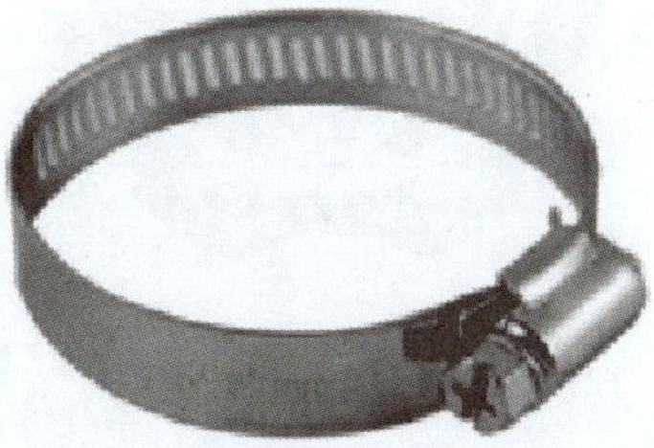

图 8-18　水管卡箍

三、冷却系统的检查

1. 直观检查

1）直观检查软管有无老化、开裂、凸起等现象，如果有，应立即更换。起动发动机，暖机后检查管路连接是否可靠，检查水管卡箍安装是否有松动。

2）检查软管，应无吸瘪等现象，否则说明散热器开关真空阀损坏。

3）检查冷却液，液位应处于上限刻度和下限刻度之间。如果低于下限刻度，应检查有无明显渗漏处。

4）检查散热器有无破损、损坏、堵塞等现象。

5）就车检查时，冷却液泵应无漏水现象。将冷却液泵拆下后，检查泵体端面、叶轮等，应无变形、锈蚀；转动水泵轴，检查轴承，应不松旷，无发卡、异响等现象，如图 8-19 所示。

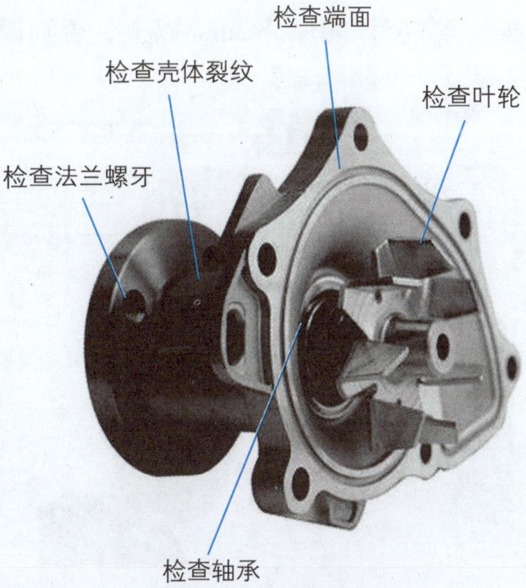

图 8-19　检查冷却液泵

2. 散热器开关的检查

1）如图 8-20 所示，散热器开关上面有安全警示，要待冷却系统基本冷却后，才能拆下散热器开关，并清洁散热器开关密封处。

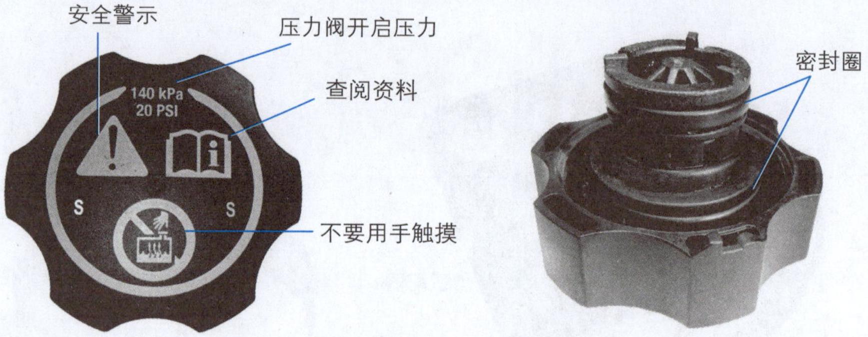

图 8-20　散热器开关

拆卸散热器开关时，发动机必须熄火，用湿抹布包住散热器开关，先旋松散热器盖45°，进行泄压再缓慢旋下。

2）选择合适的适配器，将散热器开关连接至冷却系统压力测漏仪。

3）如图 8-21 所示，加压 100kPa（1bar）左右，观察压力表应至少 10s 内无下降，否则说明散热器开关存在泄漏。

4）加压到 140kPa，观察压力表应迅速下降，否则说明散热器开关压力阀不正常。

5）按下卸压阀进行卸压，将压力测漏仪加压几次，以便排出残留的水分，然后收回。

3. 冷却系统泄漏的检查

1）待冷却系统基本冷却，才能拆下散热器开关，并清洁散热器开关密封处。

2）将合适的适配器连接到冷却系统膨胀水箱上。

3）如图 8-22 所示，加压到适合的值，其值通常需要大于 100kPa 而应小于 140kPa，压力表读数应该能保持 2min 以上，否则说明冷却系统存在泄漏。

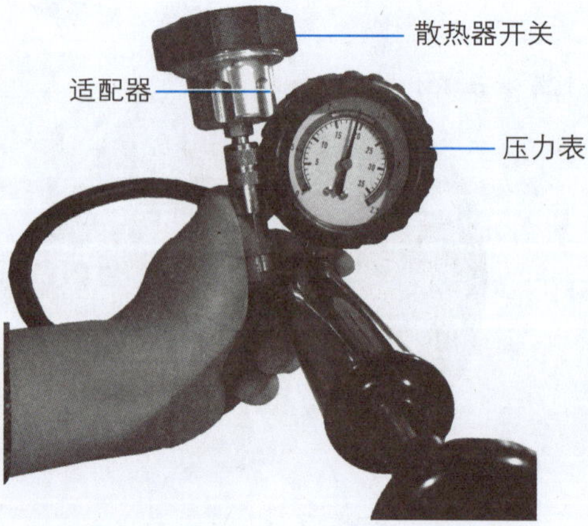

图 8-21　检查散热器开关

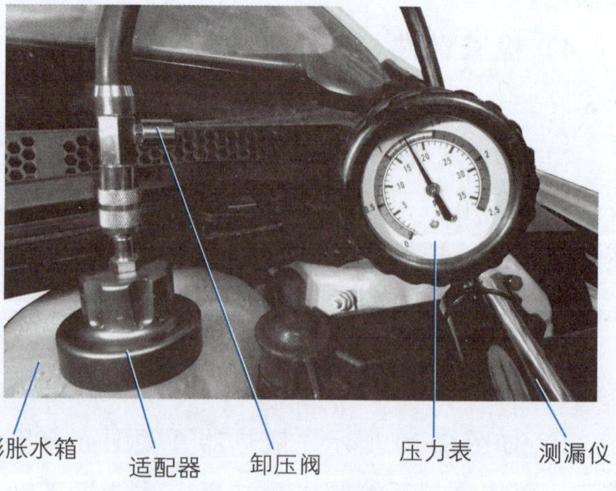

图 8-22　检查冷却系统是否泄漏

4）按下卸压阀进行卸压，将压力检漏仪加压几次，以便排出残留的水分，然后收回。

4. 节温器的检查

准备节温器和透明电热壶，如图 8–23 所示，电热壶若无温度显示，还需准备温度计或可以测量温度的万用表。

1）当水温低于 80℃时，主阀门关闭，副阀门开启。

2）当水温高于 80℃低于 90℃时，主阀门渐渐打开，副阀门渐渐关闭。

3）当水温高于 90℃时，主阀门完全打开，副阀门完全关闭。

图 8–23　检查节温器

5. 散热风扇的检查

丰田 1ZR 发动机风扇电路如图 8–24 所示，当风扇不运转时，可以按如下步骤检查：

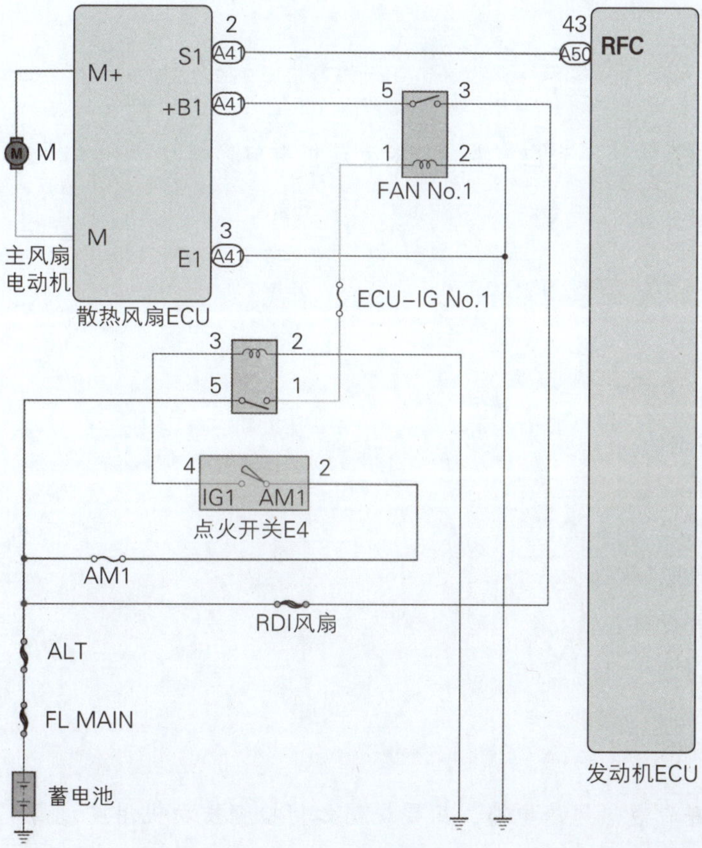

如果风扇熔断器熔断，更换后又立即熔断，则检查相应电路中的导线是否对地短路。

如果发动机控制模块一接通散热风扇，熔断器就熔断，则可能是散热风扇电动机有故障。

图 8–24　丰田 1ZR 发动机风扇电路的检修

1）断开发动机 ECU 插接器，将点火开关置于 ON 位置，风扇应该工作。如果此时风扇运转，说明发动机 ECU 存在故障，需要更换发动机 ECU，如果风扇不运转，需要进行下一步检查。

2）检查发动机 ECU 和散热风扇 ECU 之间的线束和插接器，测量其阻值，应小于 1Ω。

3）将风扇插接器端子 2、1 分别连接蓄电池正极、负极，风扇应工作。

4）将点火开关置于 ON 位置，测量 +B1 和 E1 之间的电压，应为 12V 左右。若电压正常，则更换散热风扇 ECU；若 +B1 和 E1 之间的电压不正常，依次检查相关继电器、熔断器、插接器、线束及搭铁。

复习题

任务一　冷却系统的认知

1. 冷却系统的功能是什么？冷却系统达不到应有的功能对发动机有何影响？
2. 冷却液混合循环时经过了哪些部件？
3. 为什么不能用自来水代替冷却液？
4. 怎么检查冷却液凝固点？

任务二　冷却系统的工作原理与维修

1. 有的冷却液泵为什么需要定期更换？
2. 散热器开关有何作用？
3. 节温器有何作用？如何对其进行检查？
4. 怎样检查散热器开关？
5. 怎样检查冷却液是否存在泄漏？
6. 找到实习车辆的维修手册，查看散热风扇电路，简要说明如何检查发动机温度过高时风扇不运行的故障。

参考文献

[1] 谢伟钢. 彩色图解汽车构造与原理 [M]. 北京：机械工业出版社，2017.

[2] 陈新亚. 汽车为什么会“跑” [M]. 北京：机械工业出版社，2015.

[3] 汪立亮，章宏. 汽车机修工快速上岗全程图解 [M]. 北京：机械工业出版社，2014.

[4] 徐家顺. 彩图汽车自动变速器原理及传动路线 [M]. 广州：广东科技出版社，2009.

[5] 陈新亚. 汽车为什么会跑：底盘图解 [M]. 北京：机械工业出版社，2015.

[6] 李昌风. 汽车维修全程图解 [M]. 北京：机械工业出版社，2016.

[7] 周晓飞. 汽车电工入门全程图解 [M]. 北京：化学工业出版社，2014.

[8] 陈新亚. 汽车构造透视图典：车身与底盘 [M]. 北京：机械工业出版社，2012.

[9] 陈家瑞. 汽车构造 [M]. 3 版. 北京：机械工业出版社，2013.

[10] 宋年秀. 图解汽车底盘构造与拆装 [M]. 北京：中国电力出版社. 2007.

[11] 姚科业. 图解汽车传感器识别、检测、拆装、维修 [M]. 北京：化学工业出版社，2013.

[12] 张金柱. 图解汽车原理与构造（彩色版）[M]. 北京：化学工业出版社，2016.

[13] 刘汉涛. 陪你识车每一天 [M]. 北京：电子工业出版社，2016.

[14] 谭本忠. 汽车维修入门全程图解 [M]. 北京：化学工业出版社，2015.

[15] 张金柱. 图解英汉汽车实用词典 [M]. 北京：化学工业出版社，2014.

[16] 刘汉涛. 汽车为什么会“动”：图解底盘构造与原理 [M]. 北京：机械工业出版社，2014.

[17] 裴保纯. 汽车是如何奔跑的：图解汽车构造与原理 [M]. 北京：机械工业出版社，2010.